政治与经世备忘录

启真馆 出品

■□ 文艺复兴译丛

政治与经世备忘录

〔意〕弗朗西斯科·圭恰尔迪尼 著

王忆停 译

ZHEJIANG UNIVERSITY PRESS
浙江大学出版社

导　读

一、弗朗西斯科·圭恰尔迪尼之生平概况

弗朗西斯科·圭恰尔迪尼（Francesco Guicciardini），是一个集律师、外交家、史学家、哲学家及政治家等身份于一身的意大利文艺复兴时期的标志性人物。1483 年 3 月 6 日，圭恰尔迪尼出生于佛罗伦萨一个富裕的贵族家庭，该家族政治上与美第奇（i Medici）家族有着良好的关系。家族历史上曾有人在国家司法部门担任要职，其成员路易吉（Luigi）和雅各布（Iacopo）都曾经是亲美第奇派的著名人士。圭恰尔迪尼的父亲皮耶罗（Piero di Iacopo di Piero Guicciardini）生性谨慎、处世低调，且极力避免对他人做出任何政治承诺，因此在美第奇家族被驱逐（1494 年）、萨沃纳罗拉共和革命（1494—1498）、推翻共和国的斗争、美第奇家族的复辟（1512 年）等重大历史事件中，他能够幸存下来，保全自己的政治角色，成为"十人自由和平议会"（Consiglio dei Dieci di libertà e di pace）的成员之一。

1498 年至 1505 年圭恰尔迪尼在佛罗伦萨、费拉拉（Ferrara）、帕多瓦（Padova）等地学习法律，之后回到佛罗伦萨担任律师。1504 年，圭恰尔迪尼大伯的儿子，即科尔多纳（Cortona）地区的大主教里涅里（Rinieri）病逝。为了继承其衣钵，圭恰尔迪尼动了担任神职人员的念头，希望有一天可以成为枢机主教，但遭到其父亲的坚决反对。从圭氏的《回忆录》（Ricordanze）中可以看出，他本人的志向显然不在于宗教信仰，而是要在政坛上有所作为。

1505 年，圭恰尔迪尼博士毕业后，开始从事律师职业，被派往当地的学府教授民法制度，直到 1506 年结束。次年，他渴望与阿拉马诺·萨尔维亚蒂（Alamanno Salviati）的女儿玛丽亚·萨尔维亚蒂（Maria di Alamanno Salviati）结为伉俪，因为对方的家族有钱有势，对圭恰尔迪尼的事业发展将大有帮助。萨尔维亚蒂家族在佛罗伦萨属于贵族血统，圭氏未来的岳父阿拉马诺·萨尔维亚蒂是"正义旗手"（gonfaloniere）索德里尼（Pier Soderini）民主政府的主要竞争对手。年轻的圭恰尔迪尼对于家族之间的竞争恩怨并没有多大兴趣，他关注的是自己未来扮演的政治角色，希望借助妻子家族的名声，照亮自己未来的政治人生，为自己带来实际的利益。1509 年，圭恰尔迪尼开始写作《佛罗伦萨史》（*Storie fiorentine dal 1378 al 1509*）和《家族回忆录》（*Memorie di famiglia*）。

1512 年，圭恰尔迪尼被任命为佛罗伦萨共和国驻西班牙"天主教徒"斐迪南国王（Ferdinando il Cattolico）宫廷的大使。在西班牙，圭氏并没有取得太多辉煌的外交政绩，但是创作了首部重要的政治理论作品《洛格罗诺论集》（*Discorso di Logrogno*），同时还撰写了《政治与经世备忘录》（以下简称《备忘录》）（*Ricordi politici e civili*）的 Q$^{1-2}$ 辑（*Redazione Q$^{1-2}$*）。

1514 年，圭恰尔迪尼回到佛罗伦萨，重执律师之业，但不久之前（1513 年 12 月）父亲的突然离世，对他来说是一个巨大的打击。同时，在他离开佛罗伦萨期间，之前委任他要职的政府已经被美第奇家族取而代之（1512 年美第奇家族重返政坛），然而，他却以家族的传统智慧，再次得到美第奇家族的宠幸，实现了名和利的双丰收。此后，圭恰尔迪尼被委以重任，出任政府要职，并于 1516 年得到教皇利奥十世（Leone X）的任命，成为莫德纳（Modena）地区总督。

1517 年 7 月，圭氏被任命为雷焦 – 艾米利亚（Reggio Emilia）地区总督。任职期间，他"正派而不留情面，努力铲除嗜血的斗争，去纷扰、存秩序，使得敌人惧、人民敬"。

1521 年 7 月，圭恰尔迪尼被任命为教皇军队总司令，之后开始撰写作品《关于佛罗伦萨政府的对话》（*Dialogo del reggimento di*

Firenze），同年 12 月，教皇利奥十世逝世，新教皇阿德里亚诺六世
（Adriano VI）请求圭恰尔迪尼继续留任。1523 年朱利奥·德·美第奇
（Giulio de' Medici）在阿德里亚诺六世之后继任为新教皇，又名克莱门
特七世（Clemente VII），他将圭恰尔迪尼提升为罗马涅（Romagna）地
区的最高长官。同年春天，圭恰尔迪尼正式上任，"他实施灵活的管理
手段，充分地展示出外交与政治管理的天赋。至此，圭恰尔迪尼已成
为教皇国中亚平宁山脉以北的实际统治者"。

在任教皇国领地最高长官期间，圭恰尔迪尼表现出非凡的行政才
能。当时，神圣罗马帝国皇帝查理五世（Carlo V）正在与法兰西国王
弗朗索瓦一世（Francesco I）争夺欧洲大陆的霸主，双方的斗争在意大
利日趋白热化，致使生性优柔寡断的教皇克莱门特七世不得不在两军
争锋中做出艰难的选择。就这样，圭恰尔迪尼管辖的雷焦地区成为教
皇国的前沿阵地。克莱门特教皇在圭恰尔迪尼建议下采取的行动，最
终加速了意大利灾难的降临。在此期间，圭恰尔迪尼创作了《备忘录》
的 A 辑（Redazione A）。

1526 年，教皇召回圭恰尔迪尼，让他来罗马担任自己的顾问。教
皇试图与法国结盟，共同抗击查理五世。圭恰尔迪尼再次被克莱门特
七世指派为教皇军总司令（commissario generale dell'esercito pontificio）
和教皇代理长官（luogotenente）。随后，查理五世被激怒，罗马惨遭日
耳曼神圣罗马帝国军队的洗劫（1527 年），克莱门特教皇的统治崩溃，
教廷被逼无奈，只得与帝国军队签订了停战协议。

罗马遭遇洗劫、克莱门特七世教皇被囚困于圣天使堡（Castello
Sant'Angelo），随即，美第奇家族在佛罗伦萨的统治被推翻，共和国复
辟。这一系列的变故后，圭恰尔迪尼的事业一落千丈，历经 11 年的政
治奋斗之后，此时，他已经别无选择，只得返回故乡佛罗伦萨隐居。
与其他昔日里支持美第奇家族的人一样，圭恰尔迪尼也必须支付苛捐
杂税，之前担任要职所积累的金钱也被全部没收。尽管他还在为教皇
的事务而忙活，并期盼重返罗马涅地区，但不可否认的是，"他已经从
显赫、有权势且受宠的人上人的地位跌落下来，不得不置身于对他充
满敌意的社会之中，实际上他已经成为一个无业游民了"。

之前，政治生活是圭恰尔迪尼生活的全部，而现在，他几乎从中全身息影。他回到私人庄园中开始为撰写《佛罗伦萨事务集》(*Cose fiorentine*) 收集材料。也是在这段时间里，他将自己的沉思予以笔录，重新整理创作了《备忘录》的 B 辑 (*Redazione B*)。

1528 年至 1529 年，佛罗伦萨与教皇的关系恶化。克莱门特七世试图将圭恰尔迪尼扶上佛罗伦萨政坛，而当时反美第奇家族的人士不顾危险，极力反抗，并声称要将圭恰尔迪尼打入大牢。圭恰尔迪尼前思后想，内心激荡、矛盾，最终选择了自愿流放。1530 年 3 月，圭氏遭到官方放逐，家产充公。这一年，经历了种种世事变故之后，圭恰尔迪尼又给他的《备忘录》添加了一些新的体会，并删减了 B 辑版本中的诸多内容，为作品做了最后的增补和重订，汇编成册，即《备忘录》最终完整版 C 辑 (*Redazione C*)。

1531 年，克莱门特教皇委任圭恰尔迪尼为博洛尼亚 (Bologna) 总督。1534 年，克莱门特教皇逝世，圭恰尔迪尼重回佛罗伦萨，担任当时城邦的实际统治者亚历山大·德·美第奇 (Alessandro de' Medici) 的手下。1537 年，在一些支持者的帮助下，圭恰尔迪尼扶持科西莫·德·美第奇 (Cosimo de' Medici) 登上佛罗伦萨执政者的宝座，随之成为指导科西莫行政的小议事会成员，但他并没有得到科西莫的赏识。此后，圭恰尔迪尼开始撰写历史著作《意大利史》(*Storia d'Italia*)。

1538 年，圭恰尔迪尼正式退出公共生活，回到庄园，结束了政治生涯，过起了隐居生活，专心创作《意大利史》。1540 年 5 月 22 日辞世。

二、《备忘录》之体裁风格及标题解析

圭恰尔迪尼处世哲学代表作《备忘录》是欧洲文学史上的一部重要作品，创作于作者职业生涯的黄金时期，写作过程前后经历了 18 年，是一部所谓的"私人之书"。同时，《备忘录》是作者在风云变幻的意大利文艺复兴时期，根据自身政治经历总结出的一系列对当时社会的见解，表达了自成格局、体察入微、讲究经世致用的政治见解，涉及内容极其广泛。圭恰尔迪尼虽有众多见解与其友人马基雅维利

（Niccolò Machiavelli）大致相同，但对某些问题仍坚持相反的观点，对后者既有赞同又有批判。相比较马氏的《君主论》，圭氏的《备忘录》体现的思想亦有较高的学术价值，充分体现了作者强烈的"实用主义"思想、客观准确的历史观、对宗教信仰的全面认识以及深深的悲观主义情结。

《备忘录》还被视为"欧洲文学史上第一部政治道德警句作品集，被称为古代西方官场处世哲学的范本"。瓦罗蒂（C. Varotti）教授在他的《备忘录》"注释评论版"（edizione critica）中评价道：

> 弗朗西斯科·圭恰尔迪尼的作品《备忘录》创造了一种新的文学体裁——箴言警句汇编集。作品体现了一种敏锐的智慧，展现出一种关于人类和事物老练的经验，221 条备忘录（专指 C 辑作品）使用简短、概括的语句，论述了多个领域的话题：对历史和政治问题的交替思考，语气时而悲观沉重，时而揶揄讽刺，同时探讨人类行为的局限性，描绘人类内心的虚荣、幻想乃至自欺。书中不乏一些关于存在主义哲学观点的思考，他认为人类个体及社会集体的未来是无法掌控的，面对时运，人类和社会是如此无力、如此痛苦。整部作品内容具有完美的协调性，前后经历漫长的修改、删减、整合、润色过程，是文艺复兴时期文学领域不可多得的一部佳作。

在当时欧洲文学领域，这类"道德警句"风格的作品引起了人们的高度重视。在 15 世纪中叶的佛罗伦萨，类似作品已经拥有众多追随者，而圭恰尔迪尼的作品却体现出不一样的特征：论述极具开放性，虽然涉及领域众多，但没有一条内容具备"谚语"的格式和作用，同时也与传统的"格言警句"相差甚远。一方面，圭恰尔迪尼往往从人类学和哲学视角出发，对话题展开逻辑论证，同时将自己的史学作品写作风格带入作品之中，寓政治说教于简短的道德警句中，由此在16、17 世纪形成一种全新的文学体裁，并与佛罗伦萨传统格言警句汇编集中那种狭隘的格言教育思想有着巨大差异；另一方面，圭恰尔迪尼在作品中大量使用人类心理分析法，对政治和社会实际行为做出推理和评析，而不仅仅是抛出"教育式"的警句。他习惯借助历史经验提出劝诫和建议，很多内容值得反复阅读并深入思考，有些甚至需要通过实践来验证。整部作品篇幅不长，适合随身携带、随时阅读、反复思考。作品更像是一本能帮助我们解决社会具体问题的"行为处世建议手册"，而不仅仅是一部振奋心灵的"格言警句集"。

因此，圭恰尔迪尼的"道德警句"完全是一种新型的文学创作，开创了近代欧洲文学史上"格言和警句"类别文学体裁的新篇章。

《备忘录》中所谓的"格言和警句"到底是什么呢？

我们知道，整部作品由许多短小精悍的"备忘录"（称为"ricordi"，大部分内容篇幅在5至10行文字之间）组成，内容涉及很多领域。事实上，"圭恰尔迪尼没有一部作品在其生前公开出版，他的许多作品实际上是写给自己的'秘密之书'，就如同彼特拉克（F. Petrarca）的《秘密》（Secretum）"。作品包含的一些经验总结和警世建议，至多在其家族内部流传。《备忘录》也不例外，最初作者并没有给这部作品命名，历史上首次将作品命名为"Ricordi"（意大利文原名）是在19世纪中叶，当时的研究者发现作品手稿中作者频繁使用单词"ricordo"，即作者将作品中每一条"内容"称为"ricordo"，于是便将整部作品命名为"Ricordi"（单词"ricordo"的复数形式）。另外，在作品手稿中，圭恰尔迪尼还时常将自己写下的内容称为"ghiribizzi"，即"心血来潮、异想天开之作"（也有译作"杂感、随笔记录"），实则为"schizzi"（速写、草稿）、"scarabocchi"（乱涂、潦草）之意，而并没有将其作品内容视作"格言"、"箴言"或"谚语"。因此，作品最终名称中的"ricordi"，并不等同于我们日常使用的单词"ricordo"，没有"回忆、记忆"的含义，而是包含"ammonimento"（训诫、告诫）、"avvertimento"（警告、告知）、"consiglio"（建议、提议）之意，即一个拥有众多人生及社会经验的人，对后人提出的经验总结或是处世行为的实用建议。

另外，值得一提的是，19世纪30年代意大利浪漫派诗人、哲学家莱奥帕尔迪（G. Leopardi）创作了一部作品，但并没有在其生前完稿，后于 1845 年由其友人安东尼奥·拉涅里（Antonio Ranieri）首次出版。据说，莱奥帕尔迪受到圭恰尔迪尼"格言警句"（16 世纪晚期的零星手稿）的启发，参考了圭氏的写作手法和作品结构，创作了那部作品，即后来我们所熟知的《沉思录》（Pensieri），可以说是对圭恰尔迪尼作品的致敬。之后，在莱奥帕尔迪出生地雷卡纳蒂（Recanati）的莱奥帕尔迪图书馆中，也发现了圭恰尔迪尼"格言警句"的一些零星手稿，但都以"Avvertimenti"（警告、告知）、"Consigli"（建议、提议）、"Considerazioni civili"（社会经世思考）等命名。

因此，这部作品不是其本人的"回忆录"（圭恰尔迪尼曾在早年创作了一部记录其家庭和私人生活的作品《回忆录》），而是作者一生的经验总结与对后世的训诫及建议。在当时的佛罗伦萨，很多家庭都有"给家人提出建议和训诫"的传统，家族中最重要的成员也有撰写家书的习惯。考虑到圭恰尔迪尼本人生前并没有公开出版之意，整部作品也应该是其写给家族及后代的一部家书，是对家族中有意在官场谋得一官半职之人的"告诫、建议、备忘录"。他在作品中也经常使用"voi"（你们）一词，意在营造出一种面对家人谆谆教诲的场景。另外，"ricordo"一词在古意大利语中更多地含有"将自身观察、经历的事件和感想记录下来，以便指导未来行为"之意，即"记录内容不是单纯地对过去的追忆和回想，而是为将来处世行为所得出的经验总结和指导建议"。按照这样的理解，"ricordo"的含义恰恰与中文"备忘"一词完美契合。

虽然作品被命名为"Ricordi"，但是却与传统"格言警句"的内容和写作模式不尽相同，考虑到作者撰写家书以及为将来行为处世提出个人经验和建议的写作目的，将"Ricordi"译为"备忘录"是一种更好的解读。

《备忘录》对圭恰尔迪尼具有重要意义，也是他唯一一部毕其一生精力创作的作品。作者从 1512 年起开始创作该书，其间历经三次重大修订，直到 1530 年才完成最终版本。作品创作时间恰逢圭恰尔迪尼政治生涯的黄金时期，他将自己一生的政治、外交经验以及对于人类本性、心理活动、社会行为的观察和总结，全部记录到作品中，就历史、政治、宗教、行为处世等各类话题展开评论并提出观点。书中包含众多实用的处世行为建议，涉及政治、历史、道德、认识论、方法论等内容，甚至还包括圭恰尔迪尼本人对一些社会问题的个人思考。

作品的意大利文名称为"Ricordi politici e civili"，根据字面意思，"politici"毫无疑问意为"政治的"，纵观作品内容，作为一名明智审慎的政治家，圭恰尔迪尼在作品中就政治这一主题耗费了大量篇幅；而"civili"一词的诠释则相对困难些，其字面本意为"民事的、文明的、公民的"，当然更多的是指"非政治、民间和社会"层面的内容。抛开作品政治主题内容，圭恰尔迪尼亦将大量的笔墨用于对人类行为、人性品质、经世哲学等社会类问题的描述和评论，因此这里的"civili"其实更多地包含"non politici ma sociali"（社会的而非政治的、经世的）之意。

因此，将"politici e civili"理解为"政治与经世"应该是比较恰当的。

根据作者的写作目的、作品内容以及原文词汇解析，将作品"Ricordi politici e civili"译为"政治与经世备忘录"应该是最符合作品结构、内容、意图的选择。但是，国内现有两个中译本均将其译为《格言集》，译者分析，一部分原因是受到传统文学体裁"格言警句"的影响，例如存在一些其他作者类似风格的作品以《格言集》来命名；另一个更为重要的原因在于，作品的权威英译本均将标题译作"Maxims and Reflections"，意大利文为"Massime e Riflessioni"，中文字面意为"格言与思考"，这是对作品原名称"Ricordi politici e civili"的意译。如果仅是根据英译本的名称，而不考虑作品的结构、内容、意图等因素，简单地将其译为《格言集》或《格言与思考》都是不恰当的，无法体现作品的实际内容和作者的写作目的。

综上所述，译者认为作品"Ricordi politici e civili"的标题应该译为《政治与经世备忘录》。

三、《备忘录》之主要内容及版本简介

《备忘录》是一部类似"建议、训诫、警示录"的小册子，作者将他对政治和经世问题的观点用简洁而精练的语言汇编成书，强调处世

的明智审慎原则。他认为，人们理应关心国家和社会的利益，但也不可为此牺牲自身的利益。圭恰尔迪尼并未想出版他的《备忘录》，而只是想将其一生的政治、外交、处世经验以及对于人性、历史、宗教等方面的见解记录下来，以供家族后人学习借鉴并引起他们的持续反思。作品类似一本"家书式的备忘录"，因此，所叙内容前后并没有严格的逻辑性和连贯性，完全是作者不同时期针对不同社会现象，表达的不同意见和想法；甚至，在前后不同的版本中，有时同样的论题，观点却相互矛盾。但是，这样的作品往往更具真实性，也更能够充分地反映作者内心的实际想法，因此是研究圭恰尔迪尼思想的理想选择之一。

作品阐述的内容丰富，涉及的领域众多，其中包括宗教信仰、君臣相处、历史纵横、经验获得、施恩思想、朋友相处、政治手段、人生总结、经世技巧、人物心理等诸多方面。圭恰尔迪尼的许多论述对人类的思想行为曾产生过巨大影响，与今天的现实生活仍具有颇为紧密的联系，因而，《备忘录》也是对当代人提出的有益建议。通过对圭恰尔迪尼《备忘录》的研读与分析，人们可以更清晰地认识人性本质，了解当今社会与世界，从而更好地处理各种关系，解决各类问题。

圭恰尔迪尼在这部作品中提出的人类利己主义动机、人性、人文主义、历史有益的教训、实用主义、现实主义等元素是他作为政治史学家的显著特征，理应成为其思想研究的重点内容。通过对这部作品的研究，我们能够抛开作者政治史学家的身份，看到一个不一样的圭恰尔迪尼，更多地了解其对人性、时运、处世行为、经验、未来、信仰等方面的观点，掌握其"实用主义"经世哲学和现实主义理论分析原则，同时还可以窥见作者历史观、人性观的思想精髓。这些内容对于全面了解圭恰尔迪尼的思想至关重要，也为重新定位作者的身份奠定了坚实的基础。

《备忘录》的创作时间从 1512 年起至 1530 年结束，前后共计 18 年。其间历经三次修改，因而出现了四个不同的版本：1512 年的 Q^{1-2} 辑，1523—1525 年的 A 辑，1528 年的 B 辑以及 1530 年的 C 辑。前后版本之间，既有内容的继承，又有删减；既有合并，又有拆分；既有修改，又有重写。

同时，作品的创作时间恰逢作者政治生涯的四个关键阶段，从圭恰尔迪尼出任佛罗伦萨共和国驻西班牙斐迪南国王宫廷大使（1512年）开始，直到佛罗伦萨第二共和国终结（1530年）为止。因此，不同版本之间的变化，可以充分体现作者不同时期面对不同社会现实所产生的不同理念和不同观点。通过对作品不同版本的文本解析以及对前后内容变化的研究，我们可以窥见作者的思想变化。

《备忘录》版本信息汇总

版本	篇幅（条）	创作年份	历史背景
Q^{1-2} 辑	29	1512	驻西班牙宫廷大使，佛罗伦萨第一共和国垮台
A 辑	161	1523—1525	辅佐两任教皇，担任教皇国要职，佛罗伦萨美第奇家族僭主统治时期
B 辑	181	1528	"罗马浩劫"后，横遭指责，自愿流放期间，佛罗伦萨第二共和国时期
C 辑	221	1530	佛罗伦萨遭遇围困、投降前夕，第二共和国濒临垮塌，美第奇家族酝酿重返政坛

最早的《备忘录》版本研究要追溯到1857年意大利学者卡内斯特里尼（G. Canestrini）出版的作品，该作品包含两个版本，后来被证实为 B 辑和 C 辑。但是，这两个版本之间的对比说明并没有留下任何研究证据，很多 B 辑中的备忘录似乎被简单地收录到 C 辑中，只是内容和形式稍有差异。之后，研究者又在圭恰尔迪尼家族档案馆里发现了两份圭氏亲笔手稿，创作时间被证实为1512年，一共包含大约30条备忘录，这些内容大部分收录于1857年版本的 B 辑和 C 辑中。1951年，斯彭加诺（R. Spongano）教授总结了前人的研究成果，编辑出版了今天我们所熟知的《备忘录》"注释评论版"，这个版本被视为20世纪意大利文学研究领域的一个重大成果。

在《备忘录》18年的创作过程中，圭恰尔迪尼从一个驻外大使，到教皇国的重要官员，再到政治生涯经受挫折，一路走来，经历了佛罗伦萨第一共和国、美第奇家族僭主统治、佛罗伦萨第二共和国、美第奇君主的建立等一系列历史时期。作品四个版本各具特征，形式不一：Q^2 辑为早期作品，篇幅较短，大部分内容涉及政治话题；A 辑作品创作于圭恰尔迪尼职业生涯的巅峰时期，初显其思想的成熟特质，涉及领域众多，此次修订是 Q^2 辑的延续和补充，两者相辅相成，不可互相替代；B 辑是 Q^2 辑、A 辑作品的融合与汇编，是作品创作第一阶段的综合成果，内容丰富，结构初具条理性，是作品的第二次修订，但作者称其为 "Ghiribizzi"（心血来潮、异想天开之作）；C 辑是最成熟、最完善的版本，是作品创作第二阶段的最终成果，在编排、结构、内容、表述、用语、思想等各个方面均呈现出与第一阶段（1512—1528）截然不同的写作风格，此次综合修订是 B 辑作品的 "再创作"，也是针对前期所有作品的润色与升华，可以视作一部全新的作品，作者称其为 "Ricordi"（备忘录）。考虑到篇幅和上述分析，译者在重译《备忘录》过程中，最终选择对 C 辑和 B 辑两个版本进行意大利文到中文的翻译，Q^2 辑和 A 辑不作为翻译内容，读者在译文后的附录一《备忘录》前后版本对照表中可以找到相互对应关系（Q^{1-2}、A、B、C 辑四个版本）。

作品版本的前后三次修订，恰逢作者所处的三段不同历史阶段，社会政治局势变动较大，作品创作的背景条件也不尽相同，对于之前版本的内容有传承和删减，也有修改和升华。在作品的版本分析和文本考据基础上，我们自然会提出一个巨大的疑问：圭恰尔迪尼 1530 年创作《备忘录》C 辑（其他版本暂不考虑）的目的难道真的只是将其当作一部 "家书"，即留给家族后人的经验总结和处世建议吗？我们知道，马基雅维利撰写《君主论》(Il Principe) 是为了向佛罗伦萨的统治者美第奇家族进言，那么圭恰尔迪尼创作《备忘录》有没有类似的意图呢？也许，将来我们会在圭氏众多未被发掘的作品中找到解开这一疑问的线索。

目前，我们还无法从现有研究成果中清晰地总结出圭恰尔迪尼真正的创作意图和他的政治立场，但是，无论怎样，至少可以看出，圭恰尔迪尼作为一个明智的政治家，具有良好的 "洞察力"（discrezione）和分析力，对眼前的政治局势（政府、统治阶级、人民群众对政治斗争的反应）具有极其明确的认识，对出现的政局变化（共和国政府与美第奇家族僭主统治的交替）具有较强的敏感度；他处事审慎且富有智慧，能够对自身的行为、言论、政治态度及时做出调整，充分迎合当局者的政治意图；他明白"应该怎样"（dover essere），懂得掩饰"实际情况"（essere），善于适应局势的变化，从而最大限度地保证自身利益。这便是圭恰尔迪尼的高明之处，也是他一生保持政治生涯灿烂辉煌的根本原因。透过圭恰尔迪尼的经世哲学，我们可以清晰地看出文艺复兴时期人文主义者的思想观念和价值取向的变化趋势。

四、《备忘录》之国内外研究综述

圭恰尔迪尼的所有著作，无一例外，都未在其在世时出版，其中《意大利史》和一些篇幅较短的文集及部分《备忘录》手稿最早于16世纪下半叶出版，成为圭恰尔迪尼思想研究最初的文献来源。早期对《备忘录》的研究资料非常匮乏，部分内容在巴黎和威尼斯先后发行过三个版本，出版时间分别为1576年、1582年和1583年。但是，这三个版本所收录的备忘录无论是排列次序还是陈述内容，甚至是收录数量都有较大差异，因此这三个版本到底是依据圭恰尔迪尼哪份手稿编辑出版的，我们不得而知。

历史上首次比较完整收录圭氏生前的作品是在1857年，意大利学者卡内斯特里尼汇编成册、分10卷（1857—1867）出版了一部作品集，名为《圭恰尔迪尼未刊作品》（*Opere inedite di Francesco Guicciardini*，illustrate da Giuseppe Canestrini e pubblicate per cura dei conti Piero e Luigi Guicciardini, vol. I, Firenze, Barbèra, Bianchi e comp., 1857, 81–224. Edizione critica.）。作品集收录了《备忘录》首部注释评论版文本（后被证实仅包含作品C辑和B辑），并首次将作品命名为《政治与经世备忘录》（*Ricordi politici e civili*）。此外，这部作品集也是在1951年斯彭加诺推出他的《备忘录》版本之前所有学者和专家研究圭恰尔迪尼思想的主要来源，可以说是19世纪研究圭氏作品与思想的不二之选。

1933年帕尔马罗基（R. Palmarocchi）教授推出新版《备忘录》，收录在《政治杂文与备忘录》（*Scritti politici e Ricordi*, a cura di R.

Palmarocchi，Bari，Laterza，1933，pp. 241–336. Edizione critica.） 中。此版本是历史上第二部注释评论版作品，收录内容与 1857 年卡内斯特里尼的版本一样，仅包含后来的 B 辑和 C 辑，并按照时间顺序进行编号，没有收录上世纪版本中其他的内容（Q 辑及后来被证实存在的 A 辑）。

在帕尔马罗基推出他的《备忘录》注释评论版本之后，争论就出现了。大约在相同的时间，巴尔比（M. Barbi）教授提出了不同观点。最初他通过对比研读 16 世纪出版的少量圭恰尔迪尼作品集，发现不同出版社的版本和内容不尽相同，例如 1576 的版本包含 158 条备忘录，1582 的版本则包含 145 条备忘录；之后再通过对比研读卡内斯特里尼和米凯里尼（F. Michelini）两个版本的作品，对同时期帕尔马罗基的作品版本提出了质疑：除去 Q^{1-2} 辑之外，在 B 辑和 C 辑的基础上，应该还存在一个已经无法找到作者手稿的 A 辑版本。

虽然巴尔比教授本人并没有像帕尔马罗基那样编纂注释评论版作品，但是他通过对现有版本之间的语言对比及文字记录变化的研究，提出了"A 辑是否存在"的疑问。这样的疑问为后续编纂更加完整、更加合理版本的《备忘录》作品提供了指引，也为之后 1951 年斯彭加诺推出最终完整版本的作品奠定了基础。

根据巴尔比教授的观点，《备忘录》作品应该由四个部分组成：Q^{1-2} 辑（1512），A 辑（1523—1525），B 辑（1528）和 C 辑（1530）。

历史上，从 16 世纪少部分《备忘录》汇编集开始，到 19 世纪卡内斯特里尼的首部注释评论版作品，再到后来 20 世纪初帕尔马罗基教授的第二版注释评论版文本，中间针对作品版本的争论一直没有停止过，主要争论点集中在 1932 年巴尔比教授提出的作品"是否存在 A 辑版本"问题上。直到 1951 年，斯彭加诺在总结前人研究的基础上，出版了 20 世纪以来最官方、最权威的作品注释评论版文本（F. Guicciardini，*Ricordi*，ed. critica a cura di R. Spongano，Firenze，Sansoni，1951. Edizione critica.），结束了 20 世纪上半叶关于作品版本的争论。他于 1948 年撰写文章当作该版本作品的出版说明，并在出版作品后的 1952 年，继续发文对作品进行解读分析。

在接下来的半个世纪里，斯彭加诺的作品注释评论版几乎被所有《备忘录》研究者视为官方文本。在作品的进化研究史上，此版本也有着里程碑式的意义，它证实了 20 年前巴尔比教授提出的"A 辑文本存在"论断，是 20 世纪中叶内容最完整、分析最深入、结构最合理的版本，也为圭氏思想的后续研究提供了最丰富、最完善的参考和理论依据。

进入 20 世纪下半叶，圭恰尔迪尼研究知名学者斯卡拉诺（E. Scarano）出版编译了大量圭氏生前作品，并于 1970 年译注出版了另外一版《备忘录》（F. Guicciardini, *Opere*, a cura di E. Lugnani Scarano, UTET, Torino, 1970, vol. I: 723-848.），在斯彭加诺之后同样影响了众多学者，成为作品研究爱好者的范本之一。

在 1970 年斯卡拉诺版本之后，相继又出现了几个新的注解评论本，其中有两个版本成为 20 世纪末、21 世纪初作品研究的主要参考范本：

1）F. Guicciardini, *Ricordi*, a cura di E. Barelli, introd. di M. Fubini, Rizzoli, Milano, 1977（2a ed. 1984）. 现有流行版本之一，圭氏生平事迹介绍详细，作品内容完整，并附带作品中的核心词语分析和国外学者的分析评论。导语编写者富比尼（M. Fubini）及作品序言编写者巴雷里（E. Barelli）教授都是圭恰尔迪尼的知名研究者，他们对作品内容、外界评价、版本结构及进化史进行了透彻的解析。

2）F. Guicciardini, *Ricordi*, a cura di G. Masi, Mursia, Milano, 1994. 现有流行版本之一，20 世纪末作品内容对比解析、学术参考文献呈现最为详细的版本。主编马西（G. Masi）教授撰写了导语，其中作品先后四个版本的对比分析说明十分翔实。该版本作品首次将 C 辑内容与之前版本（B 辑、A 辑、Q^{1-2} 辑）进行前后对照，并对版本前后变化进行了详细说明，对于作品版本的宏观研究具有重要价值，也为作品版本历史研究者提供了权威参考。

进入 21 世纪，对《备忘录》版本及内容的研究臻于完善，相继出现了一些新的文本，其中巴伦布（G. Palumbo）教授于 2005 年发表文章，使用语文学（filologia）研究法对 C 辑文本结构与形式内容进行了深入的解读，之后于 2009 年出版专著（F. Guicciardini, *Ricordi*,

Edizione diplomatica e critica della redazione C, a cura di G. Palumbo, Commissione per i testi di lingua–Bononia University Press, Bologna, 2009.），将 C 辑作者亲笔手稿影印件呈现出来，推出作品"手稿印刷版"（edizione diplomatica）和"注释评论版"两个对照文本。专著对 C 辑的起源、经过、编排等内容进行了详细的分析解读，同时还对作品中圭氏常用的书写符号、缩写标识、惯用语等进行了说明，并将 C 辑与之前的版本（B 辑、A 辑、Q^{1-2} 辑）内容进行了对比分析。

2013 年瓦罗蒂（C. Varotti）教授编辑的《备忘录》注释评论版（F. Guicciardini, *Ricordi*, Introduzione e commento di Carlo Varotti, Carocci editore, Roma, 2013.）是目前学界公认为最新、最完整、最权威的参考范本。该版本对作品的进化史、内容注释、前后版本对比有着详尽的说明，特别是针对圭恰尔迪尼亲笔手稿中笔迹符号进行了深入解析，同时瓦罗蒂教授对 C 辑中每一条备忘录都添加了版本来源（前后对照）、简要评论及必要的说明，并在附录部分列出了未被收录在 C 辑中的"被抛弃的备忘录"（"ricordi" scartati）。另外，作品文后的参考文献被公认为当今最权威、最齐全、最新的学术文献资料参考来源之一。

2015 年莫里（E. Mori）教授推出全新版《备忘录》作品，就作品的语言特征及叙述风格进行了深入的解析，并用现代意大利文对 B 辑和 C 辑内容进行了改写。同时，作者针对新时期背景下的研究现状，对作品的内容及标题进行了全新释义，也对马基雅维利和圭恰尔迪尼的对比研究进行了简要说明。

国内学术界，相比较马基雅维利作品和思想在国内受关注度的持续升温，被誉为"从公元 1 世纪的塔西佗（Tacito）至 18 世纪的伏尔泰（Voltaire）、吉本（Gibbon），最伟大的历史学家，也是近代史上最伟大的史家之一"的圭恰尔迪尼，其作品和思想研究尚处于探索阶段。在我国，圭恰尔迪尼的代表作之一《备忘录》仅有两个中译本：王坚译的《圭恰迪尼格言集》（2012 ［2014 修订版]，译林出版社）及周施廷译的《格言集》（2013，广西师范大学出版社）；另一部作为文艺复兴史学典范的代表作《意大利史》更是只有一个中译本，即辛岩译的

《意大利史》（2014，广西师范大学出版社）。上述译本均是通过英译本转译的，特别是两个《备忘录》的中译本，只是对前后 400 多条备忘录进行了翻译，并没有必要的评论、注释及分析，对于作品前后四个版本（Q^{1-2} 辑、A 辑、B 辑、C 辑）内容的对比研究更是空白。另外，两个中译本只是根据英译本的编排对内容进行了转译，并没有针对其内在逻辑、矛盾、前后删减修正等情况进行归类、分析和说明。

近年来，国内关于圭恰尔迪尼作品及思想的研究鲜有其他专著和出版物，少量学术论文（包括 2 篇硕士论文）主要集中于圭恰尔迪尼政治历史思想研究以及圭氏与马氏的思想对比研究。其中关于《备忘录》作品的研究成果主要有以下 2 篇论文：

1）冯克利. 圭恰迪尼和他的《格言集》[J]. 浙江社会科学，2013（11）：30–43.

作者为山东大学当代社会主义研究所教授、博士生导师。文章着重介绍《备忘录》，并将作品思想与马基雅维利的思想进行了比较，分析了圭恰尔迪尼与马基雅维利在思想风格上的异同，以及二者对后世产生不同影响的原因。作者认为《备忘录》可以被视作一部"阅世备忘录"，强调以经验、实践为特征的实用主义远优于从书本中得来的知识。

2）王倩. 公民与国家——从《格言集》的三次修改看圭恰迪尼政治思想的演变 [J]. 历史教学，2015（24）：54–60.

作者为北京大学历史系博士生。文章依据《备忘录》的三次修改分析圭恰尔迪尼政治思想的演变，并在平民政治、共和政治、公民国家三个问题上，提出了不同看法。作者认为，作品先后三次修改恰逢佛罗伦萨政治经历的三次重大变革时期。因此，通过对作品各个版本修改内容的分析，可以较全面地了解圭恰尔迪尼思想的演变过程。

此外，圭恰尔迪尼的名字和生平概述还出现在一些文学、政治学、史学理论读本教材中，且多数为概述性的文字，对其思想及《备忘录》的深入解读还有待进一步的挖掘。

总之，国内的大部分研究只是泛泛地评述圭恰尔迪尼的历史作品和思想，或者将重点放在圭恰尔迪尼与马基雅维利的政治历史思想的对比之上。尚没有一部从意大利原文直接译成中文并带有详细注释和评论的《备忘录》，因而，也不存在对该作品文本的深入解读；同时，对该作品内容的分析、前后版本的对比研究几乎是一片空白。没有对作品文本的深入解读，提炼作者的思想精髓便是一句空话。因此，深入解读该作品的文本，从而准确地理解作者的思想便成为当今国内圭恰尔迪尼研究的当务之急。

而国外的学者，特别是意大利文艺复兴的权威专家，更多的将圭恰尔迪尼视为政治史学家，对其史学代表作《意大利史》进行了详尽的解读与分析。在《备忘录》研究领域，多数学者继承了前人的研究成果，并在此基础上进行了大量的引用和转述，特别是几个权威的"注释评论版"，几乎成为众多研究人员的标准参考。国外学者对《备忘录》既有文本研究，也有内容解析，但对作品版本前后变化内容的分类解析、作者核心思想的提炼等工作似乎还有进一步拓展的空间。另外，对圭恰尔迪尼的历史身份还应该有一个更加客观、全面、准确的定位。

五、《备忘录》中译本之主要依据说明

在对国内外研究现状及趋势深入分析的基础上，译者对意大利文《备忘录》的版本进行了认真的筛选，之后进行翻译、注释和评论。在重译作品的过程中，参考现有的两个中译本，并对其中部分由于曲解而产生的或从英译本转译过程中出现的错误进行了校对和修正。在进行此项工作中，译者前后共计参考了四本权威意大利语原文本（F. Guicciardini, *Ricordi*, Introduzione di Mario Fubini e premessa al testo e bibliografia di Ettore Barelli con breve glossario ideologico, Ottava edizione BUR Classici giugno 2012（I edi.: BUR 1977）; F. Guicciardini, *Ricordi*, Introduzione e commento di Carlo Varotti, Carocci editore, Roma, 2013; F. Guicciardini, *Ricordi*, ed. critica a cura di R. Spongano, Firenze, Sansoni, 1951. Edizione critica; F. Guicciardini, *Ricordi*, Edizione integrale commentata a cura di Giorgio Masi, Ugo Mursia

Editore, Milano, 1994.）以及作品 C 辑圭恰尔迪尼 “手稿影印本”（F. Guicciardini, *Ricordi*, Edizione diplomatica e critica della redazione C, a cura di Giovanni Palumbo, Bologna, Commissione per i Testi di Lingua, Casa Carducci, 2009.），以意大利语原文及作者手稿为基础，避免多次转译可能造成的错误，力求向中国读者推出一部更为可靠的《备忘录》译本。译文主要参考译本为：F. Guicciardini, *Ricordi*, Introduzione e commento di Carlo Varotti, Carocci editore, Roma, 2013.

同时，译者在直接从原语（意大利文）到译语（中文）对作品进行重译的过程中，将标题更正为《政治与经世备忘录》，并对作品进行了全新的解读和释义。新版中译本包含作品 C 辑和 B 辑全部内容，并对正文作详细的注解。此外，译者首次在新译本中添加了大量的注释和评论，以及作品前后四个版本的内容对照，以便中国读者更好地理解作品的核心思想。译文中相关的人名、地名、作品名及其他专有名称，仅在第一次出现的地方标注原文（意大利文），个别特殊名词的释义请参见相关注释。

我们知道，实用主义（Pragmatismo）一词从希腊文单词 πραγμα（行动）派生出来，是一种产生于 19 世纪 70 年代的现代哲学派别，20 世纪在美国成为一种主流思潮，长期占据主导地位，后成为美国影响最大的哲学流派，代表人物有詹姆斯（William James, 1842—1910）、皮尔士（Charles Sanders Perirce, 1839—1914）、莫里斯（Charles William Morris, 1901—1979）、席勒（Ferdinand Canning Scott Schiller, 1864—1937）、杜威（John Dewey, 1859—1952）等。圭恰尔迪尼作为 “西方实用主义思想鼻祖”，他的 “实用主义” 思想深深影响了 19 世纪末西方实用主义思想的发展，是后者的先驱和雏形，在实用主义发展史上意义重大；早期圭恰尔迪尼的 “实用主义” 思想虽与传统意义上的西方实用主义有所差异，但从历史发展的角度看，两者之间有着很大的相似性。为避免混淆并加以区别，译文中提到的 “实用主义” 思想，如无特别说明（如明确表示为西方实用主义思想），均指 “圭恰尔迪尼的实用主义思想”，特此说明。

对于圭恰尔迪尼《备忘录》的研究而言，翻译原文文本是一项严肃、艰巨但又极其重要的基础性工作：只有逐字逐句地对原文进行研读，并对其进行认真译介，才能透彻地领会作品的核心思想，并在此基础上展开有理有据的研究和分析，是为"学者翻译、译者研究"之理。在这一过程中，尽管译者曾反复琢磨、多方请教、再三对比，先后进行了四次修订，仍难免在翻译中出现令人遗憾的瑕疵。在此恳请诸位同行学者提出指正之见，使得该研究能够取得预期的成果。

王忆停

2019 年 2 月于浙江外国语学院

目 录

《政治与经世备忘录》C辑（1530）

1. 信仰神灵的宗教人士常说，信仰可以成就大事，正如福音书所言："拥有信仰的人，可使山峰为之所动。"[1] 其原因在于信仰可以带来坚定与执着。拥有信仰，意味着即使对那些不合事理之事也深信不疑，奉其为真理；面对那些合乎常理之事，则信得无法动摇，甚至超越了理性的范畴。因此，拥有信仰的人会变成自身信仰的坚定守护者，他会坚持自己的道路，无所畏惧、百折不挠、坚韧不拔，即便面对外界各类险境和诸多苦难，也都能欣然接受。

信仰成就大业 [2]

世事变化无常，机缘巧合在所难免。时光漫漫，只有那些坚守不移的人，才有可能拥有突如其来的好运。信仰是坚守之母，只有信仰才能成就大业。

时下拥有此类坚定不移信仰的最佳代表当属佛罗伦萨（Firenze）人。与世上所有的理性意识相反，佛罗伦萨人在孤立无援、内外交困、压力

---

[1] 《圣经·福音书》（i Vangeli）中的谚语，参见《马太福音》（Vangelo secondo Matteo）第17、19节（dicetis monti huic: "Transi hinc illuc." Et transibit, et nihil impossibile erit vobis）。《马可福音》（Vangelo secondo Marco）第11、23节中也有类似引用。

[2] 根据作品内容提炼的"小标题"（下同），内容参考"F. Guicciardini, I Ricordi riuniti per argomenti e trascritti nella lingua italiana di oggi, a cura di Claudio Groppetti, Carello Editore, 2008"一书中相关分类及标题说明，有适当修改。

重重之际，一心备战，等待着教皇与皇帝的联合夹击。[1] 原以为他们连七天都坚守不住，但实际上他们竭力反击，拒敌于城下已经七个月之久。[2] 之前人们都认为佛罗伦萨人必输无疑，但现在看来，即便他们大获全胜[3]，也没有任何人会觉得惊讶。佛罗伦萨人这种顽强不屈的行事作风，很大程度上归功于他们的信念，就像先前费拉拉的吉罗拉莫[4] 兄弟在布道时预言的"佛罗伦萨和她的政府不可摧毁"。

【作品 C 辑第一条备忘录，也是整部作品篇幅最长的内容之一（共计 240 个单词），与第二条（349 个单词）及第三条（441 个单词）并列成为"开篇三重奏"（其中本条与第三条备忘录均为作品 C 辑新作）。或许因为是新版作品的开篇之作，作者有意对前三条内容精心打磨、反复修订（在作者亲笔手稿中，前三条备忘录每一条都写满整整一页纸）。此条备忘录紧扣当下现实（1530 年佛罗伦萨现状），在克莱门特七世（Clemente VII）教皇和查理五世（Carlo V）皇帝的双重夹击下，佛罗伦萨人民选择了英勇抵抗。根据 1529 年 6

[1] 圭恰尔迪尼（Francesco Guicciardini）此处指的是在奥朗日亲王（principe di Orange）、神圣罗马帝国的将领菲利贝尔特（Filiberto di Chalon）率领下的皇帝军队对佛罗伦萨的围攻。佛罗伦萨人民宁愿同时与克莱门特七世（Clemente VII）教皇和查理五世（Carlo V）皇帝对抗，也不愿意让美第奇（i Medici）家族重操政权。他们英勇抵抗，几近于胜利，但在八个月后，战斗失利。1530 年 8 月 3 日，佛罗伦萨投降，美第奇家族重返佛罗伦萨。1531 年 7 月，大洛伦佐（Lorenzo de' Medici, detto il Magnifico）之孙——"乌尔比诺公爵"（duca di Urbino）洛伦佐二世（Lorenzo de' Medici il Giovane）之子（实际为教皇克莱门特七世私生子）亚历山大·德·美第奇（Alessandro de' Medici）进入佛罗伦萨，至此美第奇家族再次统治了佛罗伦萨。

[2] 据历史记载，查理五世于 1529 年 10 月 14 日起包围佛罗伦萨，1530 年 8 月佛罗伦萨正式投降。作品 C 辑的创作时间大约在 1530 年 5 月至 8 月间，圭恰尔迪尼在 1530 年 5 月至 6 月间写下此条备忘录，故文中说"拒敌于城下已经七个月之久"。

[3] 这是圭恰尔迪尼作为一个近距离观察者，在战争还未完全结束时做出的预判。

[4] 这里无疑指的是教士吉罗拉莫·萨沃纳罗拉（Gerolamo Savonarola）：1452 年出生于费拉拉（Ferrara），意大利改革家、多明我会修士（frate domenicano），一度成为美第奇家族倒台后佛罗伦萨共和国（1494—1498）的精神领袖（共和国实际意义上的独裁者），他通过上帝的指示和意志宣扬人民政府的自由意识，拥有大量的追随者。1498 年 5 月他因批评教皇亚历山大六世（Alessandro VI），之后与贵族以及美第奇家族的拥护者反目，被逐出教会并被火刑处死。圭恰尔迪尼的父亲皮耶罗·圭恰尔迪尼深受萨沃纳罗拉的政治影响，因此，作者在引用此番言论的时候必然受到其父亲的影响。文中暗指佛罗伦萨这座城市受到上帝的祝福，因为她的民主政治体制在上帝眼中，是一个正确的、健康的人间标准。萨沃纳罗拉在布道时也充分阐明了这一点。

月签订的《巴塞罗那和平条约》(Trattato di Barcellona)，查理五世皇帝于同年 10 月起包围佛罗伦萨，同时协助美第奇家族重回佛罗伦萨。因为 1527 年"罗马浩劫"事件和教皇克莱门特七世反帝的错误决策，美第奇家族的权力和名声遭遇致命打击，随后第二次被逐出城市。此条备忘录的创作颇具新意：前半部分未引用任何历史事件，只是单纯地议论信仰的含义和特征，而在后半部分引入历史事实，体现了其在作品最终版本中深思熟虑的写作技巧。通过理论联系实际的方法，作者很好地论证了"信仰是坚守之母，只有信仰才能成就大业"的观点，充分体现了其创作的新风格和新特征。

同时，叙述内容似乎也体现了圭恰尔迪尼新的思想动态，为全书奠定了论述基调：他试图通过理性分析来解决看似不可解读的事件。在这里，圭氏将信仰放在人类学和心理学的视角下进行解读，就像他所说的"拥有信仰的人，可使山峰为之所动"，他利用人类借助理性进行分析的方法论证了这一观点。但另一方面，我们又深深地感受到作者对于理性的作用似乎没有那么自信了，甚至有些怀疑，以至于后来道出"与世上所有的理性意识相反"的言语，与前一部分论证产生了矛盾。对照阅读 C136，圭恰尔迪尼运用"智者和傻子"(pazzi/savi) 的对比说明，似乎否定了理性的作用，认为理性（智者）往往抵不过好运（傻子）。这里明显能够看到作者面对理性时，已经不如当年那么自信，也可能是因为自身事业遭受失败并且不得志，从而产生了屈服于时运 (fortuna) 的思想，这也是作品 C 辑的基本论述语调，我们从作品第一条内容中就可以深深地感受到。】[1]

2. 有些君主会把自身的秘密和意图向手下的大使和盘托出，并告知他们与别国君主谈判时的真实目的。有些君主[2]却认为，君主只需将那些想让别国君主相信的内容告诉自己的大使。要是这些君主想要耍花招，必须先将自己的大使蒙在鼓里，这是君主在对待、劝服别国君主时所应该采取的手段。以上两种做法，都各有其道理：一方面，那些明知自己君主心存欺骗的大使，很难做到在谈判时言行举止热忱、坚定而有

给予大使的指令

---

[1] 根据作品内容添加的评论解析（下同），帮助读者更好地理解原文内容。参考资料：F. Guicciardini, *Ricordi*, Introduzione e commento di Carlo Varotti, Carocci editore, Roma, 2013.

[2] 这里指的是菲利普一世（Filippo I d'Asburgo），即波尔戈尼亚公爵（duca di Borgogna）、查理五世皇帝的父亲。

效率，因为他们一向认为谈判应该是坦诚的而不是虚伪的。同时，他们在谈判时所表现出的敌意和多变，会在无意中泄露君主的把戏，当然这样的情况并不会发生在对真相一无所知的大使身上；另一方面，如果大使对君主给出的假消息坚信不疑，则时常出现过度坚信，甚至超出常理需求范畴的情况。这样一旦大使坚信自己君主想要达成某种目的时，他就很难像通晓真理时那样，表现出一种稳健、中庸并且小心慎重的态度了。想要事无巨细地指导大使如何谈判几乎不太可能，君主只能要求大使根据自身经验与判断见机行事，以便完成使命。倘若大使对谈判的真实目的不明了的话，则很难完成谈判，甚至会犯下各种错误。

　　依我之见，君主只要看准了自己身边的大使是一个审慎忠实的人，同时对自己充满善意，忠心耿耿，心无牵挂，无须依赖其他任何人，这样的话最好将自己的真实意图全盘告知。但是，如果君主无法确认大使具备上述特质，那么最好还是缄守秘密，确保大使说服别人的东西与他本人知道的东西一样多，这样做也许更保险一些。（A1；B24）[1]

【作品 C 辑最长的备忘录之一，探讨君臣相处话题。文中圭恰尔迪尼阐述了他眼中的一条处世原则：君臣相处时，君主为了让身边的人相信一件虚假的事情，最好的方法是欺骗自己的大使，使其对假象深信不疑，坚信自己的君主做出了自己想要的决定。这里我们可以清晰地看出圭恰尔迪尼分析问题的缜密逻辑，对于问题的复杂性极具预见性，并根据情况进行分类处理，逐一加以说明，例如"有些君主认为……有些君主却认为……以上两种做法，都各有其道理：一方面……另一方面"等语句的使用，充分体现了其分析问题的逻辑性。后半部分，加入"依我之见"（原文为"La opinione mia è che"）这样的词句，此类情况在作品中十分常见，这是作者针对客观情况表达的自我判断，通常在这样的语句后面，我们可以读到圭氏对于一类问题或一类现象内心真实的想法。文中首次出现"审慎"（prudente）一词，这是整部作品作者想要表达的核心观念之一，圭恰尔迪尼认为这是培养"洞察力"（discrezione）的关键因素，是政治人物的必备品质之一。】

---

[1] 括号内为本条备忘录对应在其他版本（Q 辑、A 辑、B 辑）作品中的序号（下同），方便读者对照查阅。

3. 经验证明，即便是伟大的君主，也不得不绞尽脑汁才能发掘治世能臣。如果君主不是一个好伯乐，不知道如何挑选大臣，或者是个吝啬鬼，不愿意花大钱用来养人，必然会缺少身边的好帮手，对此没人会感到惊讶。令人惊讶的是当君主摈弃上述两种缺点时，他仍然找不到贤臣。试想，各类人都急于为他当差、供他使唤，而君主也是有足够的钱来供养这批人的。

细究起来，这样的情况实属正常。因为君主手下的大臣——我这里指的是那些身居要职之臣——不仅要具备超世之才，这样的人本来就少之又少；而且，他还必须忠诚厚道，这样的人就更少了。要找到具备这两种基本品质之一的人，难；要找到兼备二者的人，难上加难。行事谨慎的贤君，受尽这类困难的折磨，因此他会日日思考，通过历练新手的方式，来培养将来的大臣。他会给这样的人出各式各样的难题，锻炼他们，并为其开出丰厚的薪资，目的是让他们变得老练而忠实。所以说，尽管找寻能臣不是一朝一暮之事，但假以时日，还是有望培养出来的。

勤于政事的世俗君主，他们身边总有比教皇身边更好的能臣，其原因是显而易见的。大臣对世俗君主更加尊敬，并且期望自己能够长久地任职下去，因为世俗君主往往寿命比教皇更长，而且继位者很像君主本人，尤其是继位者对前任君主身边的人（已经起用，或是即将起用），是更加信任的。何况，这些能臣本身就是世俗君主的属下，或者在君主的统治下已经获得了丰厚的家产，所以也就自然而然地对君主及其继承人心存尊重和敬畏了。

教皇那边的情况却不是这样：通常他们的寿命会更短，没有足够的时间来历练新人，因此也难以去信任前任的大臣。此外，臣使们大多来自于罗马教廷以外的各个国家，他们的俸禄不归教皇和教皇的继任者管理，因此他们既不怕新教皇，也没想过要在他身边继续任职。最终，这些臣使与世俗君主手下的大臣相比更加懒散，也更不可靠。

【作品 C 辑最长的备忘录，与上一条主题相似，探讨君主对臣使的拣选和培养。君臣关系是作品的重要主题之一，究其原因，与作者一生分不开的政治外交工作经历相关，也与其 1527 年之后政治仕途走衰有一定的联系。后半部分，圭恰尔迪尼对比说明了世俗君主与教皇在选臣方面的差异，这也与其一生在两位教皇——利奥十世（Leone X）（1513—1521 年在位）、克莱门特七世（Clemente VII）（1523—1534 年在位）身边服务的经历有一定的联系，同时结合心理、社会、政治等多种因素进行了深入的分析。前半部分的写作结构别具风格，可以归纳为：1. 根据经验（圭恰尔迪尼在作品中强调的另一核心观念，是其总结观点不可忽视的重要原则，在作品中出现了不下三十次）摆出事物现象（"经验证明"，原文为"vedersi per esperienza"，也有"si vede per esperienza"的形式，在作品中圭氏大量运用类似的表达方式）；2. 表面不合理性（令人惊讶的是……）；3. 分析深层原因（细究起来，这样的情况实属正常）。】

君臣相处　　　4. 有时君主为了满足自己的一点私欲，不惜怠慢他的侍臣，或者弃之不顾。反过来，当这些侍臣离开，即便没有任何形式的不忠和不道，试图侍奉更能照顾他们利益的人时，这些君主又有何德何能，来抱怨这些人对其不忠呢？（A44、113；B69、137）

　　　【作者十分关注的话题之一：君主如何对待侍臣（主人如何对待仆人）。内容与其曾经在教皇国担任官职时的亲身经历相关，可以参照阅读 C181。在君臣（上下级）的相处关系中，个人利益的追逐与相互间忘恩负义的情感是不可回避的因素。此条备忘录本身对这样的关系采取道德上的否定态度，同样的话题还可以参见 C52、C170。此条备忘录在之前的 A 辑和 B 辑中都出现在两处地方，其中第二处都是第一处的重复，并添加了"我再次强调"这样的语句（原文为"Io ve lo dico di nuovo"）。】

主仆相处　　　5. 假如人们深明感恩之道，同时具有良好的眼力[1]，那么无论在什么情况下，主人都应该尽可能地赐予仆人恩惠。然而，经验证明——正如我本人从自己仆人身上发现的那样——一旦这些人心满意足，或者是主人未能像当初那样施惠于己，这些人就会断然离去。因此看来，考虑到自身的利益，过分慷慨是主人万万不可取的。他的出手应该紧一些，不可过于大方，他应当去激发仆人的期望来维系其对自己的忠

---

[1] 原文使用了"discreti"一词，这是圭恰尔迪尼在整部作品中强调的核心观念之一"洞察力"（discrezione）的变形词形，可以理解为"具有洞察力的，有眼力的"。

诚，而不是使用实际的物质 [1] 去满足他们。

但是，要使这一招奏效，又不得不时常对仆人之一施以厚赠。这个手段非常有效，因为人性生来更会受到期望的驱动，这种期望的效果胜于恐惧。因此如果有人在众人面前得到了主人丰厚的回报，这种情况便会激励并鼓舞其他人。（A16、17；B39、40）

【与上一条内容紧密相连，探讨君臣（主仆）之间的恩惠话题。开头部分，圭恰尔迪尼使用一个意大利文语法中"不可能条件主从句"的结构，即"假如人们深明感恩之道，同时具有良好的眼力"这一句式，从语法角度来说可以理解为"人们是不可能深明感恩之道，同时又具有良好的眼力的"，充分表达了圭氏眼中的社会政治现实以及他对人性的深刻理解。但是紧接着，他又使用"然而，经验证明"这样的句子，同样的结构出现在 C41 中，这很好地体现了圭氏"应该了解实际的现实，而不是掌握应该的事实"的观点，这与尼可罗·马基雅维利（Niccolò Machiavelli）的观点相似。最后，文中提出一个关于人性本质的判断：人类受期望的驱使程度，要远远胜于受内心恐惧的驱使程度（在其他内容中也有类似表述）。此条备忘录体现出圭恰尔迪尼的实用主义态度，同时提出一个极具实用价值的行为建议。】

6. 以绝对的、毫无差别的口吻来谈论世间万物，并按书中的规则（标准）[2] 来处理事务，这样做是大错特错的。因为环境不同，各种例外和差异几乎存在于世间万物之中。以同一标准（规则）衡量万物，实在是不可取。那些例外和差异只能通过审慎的判断力 [3] 来识别，而不能 〔洞察力〕

---

[1] 原文使用了"effetti"一词，这是圭恰尔迪尼在作品中常用的词之一，意为"具体的事物，实质的物品"，与其相对应的词是"cerimonie"，意为"表面的形式，抽象的事物"。

[2] 原文为"regola"，圭恰尔迪尼作品中关键词之一，意为"规则，标准"，是单词"misura"（标准，准则）的同义词，这里指的是衡量万物的同一标准。

[3] 原文为"discrezione"，圭恰尔迪尼全书核心概念之一，意为"判断力，洞察力"，指的是分辨具体事物、洞察事物差异性的能力，是一个政治人物首要的特质之一。不具备"洞察力"的人就是那些以绝对的、毫无差别的口吻来谈论世间万物，并按书中的规则（标准）来处理事务的人。

去书本[1]中寻找。（Q²12；A11、99；B35、121）

【C辑作品中最重要、流传最广泛的备忘录之一，探讨经验主义、教条主义的方法论问题，同时出现了全书作品中最重要的三个词汇：规则（衡量万物的同一标准）、洞察力（分辨具体事物、洞察事物差异性的能力）、书本（所有抛开具体问题具体分析的宏观概括处理方法）。这里充分体现了作为优秀能人的圭恰尔迪尼关注事物的微小细节、绝不依赖历史政治领域同一标准范例的态度（同样的观点可以对照阅读C110、C117）。此条备忘录在前后四个版本中都有出现。圭恰尔迪尼早年学习过法律，担任过律师职务，他对标准/特例（本身也是法律学领域的专业词语）的关系有着极其敏感的态度（早在1512年第一版作品就涉及相关概念），也反映了他对历史政治本性问题的思考。对于"规则"的思考，引出了圭恰尔迪尼关注的最为复杂的理论问题：人类对现实的理性理解力及对未来预见智慧的局限性。这个理论问题马基雅维利在其著作《论李维罗马史》（ *Discorsi sopra la prima Deca di Tito Livio* ）中也有详细记载。圭恰尔迪尼眼中的"智者"普遍具有很强的"洞察力"，懂得如何分辨事物，知晓事物的具体特质以及个体差异性，了解事物内部的变化性和不稳定性（由此产生例外、变化），从而避免落入"普遍规律、同一标准"的圈套。最后，"书本"对于圭恰尔迪尼而言，是一种理论性的抽象文化，一种脱离实际经验考量的象征符号。】

不要无故冒犯他人

　　7. 注意，除非万不得已，交谈中千万不要涉及那些会令他人不悦的内容。因为你不知道什么时候，也不知道通过什么方式[2]，这些话就会给你惹来麻烦。我再次重申，在这件事上一定要万分小心。即便是审慎之人，也在所难免，经常为此付出代价。因此，避免此事纵有万分难度，但成功做到会有万分以上的好处。（A63；B88）

【"说话技巧"是作品中有关谨慎行事的主题之一。圭恰尔迪尼继续他的教育风格论述，这从开头语句"注意，除非万不得已"（avvertite bene）以及后

---

[1] 原文为"libri"，原意为"书本"，这里，圭恰尔迪尼借指所有抛开具体问题具体分析的宏观概括处理方法。

[2] 这里圭恰尔迪尼暗指世间万物的不可预见性及不可确定性特征，对待任何事情都要谨慎小心，这也是圭氏思想的基本要素之一。

续的"我再次重申"（vi dico bene）中可以明显感觉到。内容与 C8 联系紧密，在斯彭加诺（R. Spongano）1951 年作品"注释评论版"[1]中，C7、C8 被编排在同一页上，可以视作同一条备忘录，连续阅读。】

8. 如果实在有必要，或者怒不可遏，非要说某人的坏话，至少要注意：出言冒犯，只能针对其本人。举例来说，如果奚落某人，切勿旁及诋毁他的家人、亲戚或国家。只想侮辱其人，却出言不逊，殃及多人，招致怨恨，这样简直是愚不可及。（A63；B88）

有关侮辱对方的说明

【承接上一条继续关于"说话技巧"的探讨，是对 C7 内容的补充及解读。文末"愚不可及"（原文为"è pazzia"）是圭恰尔迪尼在作品中的惯用语句之一，表达人类的智慧所不能想象的含义，类似的表述在 B88、C51、C207 中也有出现。】

9. 常读这本书，仔细思考其中的建议[2]。掌握书中的内容总是比实践来得容易，但如果能够习以为常，使这些内容记忆犹新，实践起来也就不会太难。（A75；B100）

建议

【了解事物和实践事物之间的差别，就如同理论性思考之易与具体操作事物之难之间的距离。作品中提出的众多建议，并不是直接提供事物的具体操作方法，而是阐明问题的复杂性。面对生活，作者提供了一种灵活思考的启发参

---

[1] 参见：F. Guicciardini, *Ricordi*, ed. critica a cura di R. Spongano, Firenze, Sansoni, 1951. Edizione critica. "注释评论版"（edizione critica）是编译者根据"手稿印刷版"（edizione diplomatica）进行原文内容的再理解与再注释，通常会对原文进行名词注解及古代用语（抑或作者自身特殊习惯用语）的诠释，而"手稿印刷版"作品，则是严格对照作者亲笔手稿内容，进行印刷字体的编排，完全保留手稿中所有的修改痕迹和笔迹符号。译者在重译作品的过程中，同时参考 C 辑的"手稿印刷版"及"注释评论版"，确保翻译内容与作者手稿内容的一致性。参考资料：F. Guicciardini, *Ricordi*, Edizione diplomatica e critica della redazione C, a cura di G. Palumbo, Commissione per i testi di lingua–Bononia University Press, Bologna, 2009.

[2] 原文为"ricordi"，圭恰尔迪尼在 C116、C150、C210 中也使用了这个词，即为本作品的标题"Ricordi politici e civili"，可以将其理解成"建议，备忘录"或是"警句，箴言"之意；整部作品由众多的建议、警句、备忘录和箴言组成。现有两个中译本均将作品名译为《格言集》，因为也有一些其他作者类似风格的作品以此来命名，特此说明。

照。文中所说的"使这些内容记忆犹新",表明圭恰尔迪尼将自己的众多思想（有时仅仅是一些概念）贯穿于整部作品之中,也暗指作品 C 辑是作者深思熟虑、精心编辑后思想精髓的集中体现,值得读者细细品读、反复咀嚼、牢记终生、指导实践。】

经验　　　10. 不要相信那些只需天生才智,无须后天经验就够用的说法。就算天分再高,凡亲身经历处理过世事的人都会承认,后天经验能够帮助我们实现很多仅凭天生才智所不能实现的目标。(A45;B71)

　　【论证经验的重要性,圭恰尔迪尼有关经验观点的重要论据。在他眼中,经验是政治活动必不可少的借助工具。作品中将经验与本性联系起来,强调先天才华与后天经验的互补性,认为一个优秀的政治人物,必须结合这两项特质。对照阅读 A45 和 B71,在 C 辑最终版本中,圭恰尔迪尼删去了"获得利益"(particulare)的字眼,对他来说,利益（圭氏作品中的核心观念之一,也是其实用主义理论观点的核心词语）是经验和洞察力的间接结果。】

忘恩负义　　11. 不要因为世人多不知感恩,就不去对人施以恩惠。不图回报的慷慨施恩本身就是一种高尚并且神圣的行为。在施恩过程中,只要遇到一个感恩者,他的知恩相报便足以抵消其他人的忘恩负义。(A20;B43)

　　【开篇即提出核心观点,紧接着明确表达出圭恰尔迪尼的实用主义观点"慷慨施恩的行为一定会得到应有的回报",同时将这样的行为视为"高尚并且神圣的行为",自圆其说。这里,我们隐约看见人文主义思想家的宽宏大度以及强烈的自豪感,他们赋予了一个世俗社会的行为某种神圣的色彩。】

有关格言警句　　12. 纵然语言表达互有差异,但是意义相同或相近的格言警句,在各个民族都能找到。究其原因,人生经验和对事物的具体认知是这些格言的源头,而这些源头在各国各地几乎都是相同或相近的。

　　【在圭恰尔迪尼的作品中我们经常发现他对格言警句的研究和引用（例如 C33、C54、C79、C96、C116、C136、C144、C210 等）,有时公开引用,有时选择性引用（如在 C79 中引用马基雅维利的名言"聪明人要善用其时"<el savio debbe godere il beneficio del tempo>）。与作者主张"世间万物时时都处于变化中，事物与事物之间存在着细微的差别"的观念（如 C6、C111、C117）相反，面对格言警句，圭氏认为其在各个地方都具有同一性。不仅仅是这些格言警句所描述的具体现象相似，就连人们对其的解读和分类也存在某种相似性。圭氏在其另一部著作《佛罗伦萨事务集》（Cose fiorentine）中写道："所有的理性都是具有同一性的，就像对人类的观察以及格言警句都是相似的一样。"这并不是说所有事物都按照同一规律重复发生，而是指人类观察事物的视角以及对事物形态、规律的认识是相似的。】

13. 想知道暴君的所思所想，就去读一读塔西佗[1] 笔下弥留之际的奥古斯都[2] 与提比略[3] 的临终交谈吧。（A53；B78）   暴君思想

【圭恰尔迪尼在 C13、C18 两条备忘录中都提到古罗马历史学家塔西佗，将其视为政治导师，认为通过研读他的著作可以习得如何处理与暴君相处这一不可靠的、危险的关系。这里圭氏所指的"暴君"，并没有当今政治所理解的道德上的绝对贬义，而是指拥有绝对权力的专制君主和掌权者。这一论题涉及困扰圭恰尔迪尼一生的政治交往对象——美第奇家族成员。在圭氏眼中，美第奇家族实际上就是佛罗伦萨的"暴君"，他曾在早期作品《佛罗伦萨史》（Storie fiorentine）中将美第奇家族视为"令人喜悦的暴君"。"临终交谈"实际上在《塔西佗编年史》中并没有明确出处，只是后人根据创作背景编造出来的。圭恰尔迪尼在这里想要表达的观点是：奥古斯都在临终前，将罗马政治的主要特征及自己一生关于如何稳固政权的经验托付给他的继任者提比略，特别告诫后者作为一国之帝应该如何锻炼能力、培养野心。在圭恰尔迪尼那个年代（1512 年写作第一版作品时），《塔西佗编年史》前六卷刚刚

---

[1] 塔西佗（Cornelio Tacito），古罗马时期历史学家，历史著作《塔西佗编年史》（gli Annales di Tacito）的作者。作品又名《罗马编年史》，共有 16 卷，主要记载了从公元 14 年奥古斯都去世至公元 68 年著名昏君尼禄（Nerone）去世半个世纪之间的罗马历史。

[2] 奥古斯都（Augusto），原名屋大维（Ottaviano），后三头同盟之一，罗马帝国第一位元首，元首制的创始人，统治罗马长达 40 年，是世界历史上最为重要的人物之一。恺撒（Cesare）大帝的甥外孙，公元前 44 年被恺撒指定为第一继承人并被收为养子。

[3] 提比略（Tiberio），又译作"提庇留"或"提贝里乌斯"，罗马帝国第二位皇帝，公元 14 年至 37 年在位。提比略继承由奥古斯都缔造的帝国，借由联姻关系，成为尤利乌斯·克劳狄乌斯王朝（罗马帝国第一个世袭王朝，又译作"朱利奥·克劳狄王朝"）的继承人。

得以重见天日，阅读古典也成为当时时髦的行为。提比略皇帝听从奥古斯都的临终教诲，继而成为罗马帝国虚伪凶残暴君的典范，但并没有受到臣民的普遍爱戴。】

友谊 　　14. 没有什么比朋友更珍贵了。因此，要不失时机地去结交朋友。人们总是聚集在一起交谈，但是你根本想不到在什么时间什么地点，朋友会帮助你，而敌人只会伤害你。（A21；B44）

　　【圭恰尔迪尼又一条关于人生处世的建议，同样适用于社会政治关系的处理。这里的"朋友"在圭恰尔迪尼眼中，可以理解为盟友或支持者。同时，作者再次阐明人与人之间关系的不可预见性和不确定性（你根本想不到在什么时间什么地点），这也是整部作品所表达的核心观念之一，颇具实用价值，体现了处世哲学的谆谆教诲。在 C 辑最终版本中，圭恰尔迪尼删去了"这条建议非常普遍"（原文为"Questo ricordo è vulgato"）这句话，似乎有意想让此条建议变得更为规范、更具逻辑性。】

成功 　　15. 和所有的人一样，我曾经也追名逐利 [1]，并且，我所得到的通常会比我想要的更多。但是，我从来都没有从成功中找到当初我所盼望的那份满足感。仔细想来，我们应该减少自身那些对虚荣的贪欲。（A34；B59）

　　【圭恰尔迪尼结合自身的政治生涯，坦白承认追名逐利，同时推己及人，思考人类的贪婪本性，引发众人深层次的思考。对照阅读先前版本，圭恰尔迪尼在这里将原先版本中"（对名利的）渴望"（sete）改成了"虚荣的贪欲"（vane cupidità），即增加了一个贬义形容词"虚荣的"，使内容披上了人类道德传统反思的外衣，这也是基督教道德传统思考的看法。虚荣这一传统主题，体现了人类想得到某样东西，但最终无法得到的沮丧和不满的心理特征。圭恰尔迪尼在这里教导后人，不要被自身虚荣的贪欲所累，要学会寻找自己内心的

---

[1] 这里圭恰尔迪尼使用了"onore"（荣誉）和"utile"（好处）两个词语。通常这两个词会以复数"onori"和"utili"的形式出现。在圭氏的作品中，这是一个双关词，实际表达的含义是"声望"（prestigio）和"酬劳"（retribuzione），翻译过程中可以理解成"追名逐利"。

满足感，学会感恩，学会知足。】

16. 权力和地位是人人渴求的，因为好处实在是太明显了，表面上权位与荣誉
看，总是风光无限。然而在这风光的表面之下却隐藏着烦恼、压力、
疲倦和危险，藏而不露。如果这些隐藏起来的东西和那些好处一样显
而易见，那么就没有理由要去追逐名利了，除非：一个人越被尊重、
越被敬畏、越被膜拜，他看起来就越接近上帝。试问谁不愿意像上帝
一样呢？（A35；B60）

【C15、C16、C17 三条备忘录都谈到了同一话题：人类对于权位和名利的
追逐。这里圭恰尔迪尼剖析了名利的真实价值，与其表面的风光相比，背后隐
藏的东西实在是太沉重了，真正的名利原来这么的不值得。文末充分体现了人
文主义者价值观中的自豪感：对世俗权位的追逐，对名利的掌控，个人事业的
成功，可以让一个俗人无限接近上帝。这也是佛罗伦萨柏拉图主义哲学的核心
观点之一，萨沃纳罗拉在布道过程中，也时常宣扬这样的观点，圭恰尔迪尼的
父亲也深受其思想的影响。】

17. 不要相信那些声称因为爱清静而自愿放弃政治职务的人，因为他私人生活
们大多是因为不慎或被迫离职失权。经验证明，一旦等来机会官复原职，与公共生活
几乎所有人都会迫不及待地放弃他们所鼓吹的"清静生活"，重新投入到
权力的怀抱中，速度之快就如同干柴靠近烈火而燃烧一般。（A32；B57）

【这是圭恰尔迪尼对人文主义古典传统文化所推崇的"田园生活"的强烈
讽刺：他们推崇把时间用于阅读、用于思考，关注内心成长的私人生活，远
离纷乱的、背离真正智慧的公共生活。这条备忘录揭露了人类行为的深层原
因——为自身的利益而动，对于财富和权位的渴求。为响应马基雅维利所宣
称的"要关注实际情况"，圭恰尔迪尼充分讽刺了人类的真实行为（如同干柴
烈火一般之迅速），揭露了人们的话语（因为爱清净而自愿放弃政治职务）与
真实行为之间的矛盾性（重新投入到权力的怀抱中）。当然，这里作者所指的
"那些人"也包含他自己，因为 1527 年"罗马浩劫"事件以及自身辅佐教皇政
治决策的失败，圭恰尔迪尼得以有机会回到自己的庄园，过起田园般的生活，
但是在内心深处，他还是渴望重回政坛，发挥自己的政治才能，一旦有机会重

回政府，他本人也会迫不及待地做出回应。】

生活在暴
君统治下

18. 塔西佗教会那些屈身于暴君统治下的人们如何生存，如何谨慎行事，正如他同时教会了暴君们如何推行他们的暴政一样。（A54；B79）

【C13、C18 两条备忘录在之前的版本中是连续编排在一起的（A53、A54 及 B78、B79），而在最终版本中却被分开编排。古罗马历史学家分析了暴君的权力建立以及老百姓如何在暴君统治下得以生存，描绘了一个双重景象：一边是一个拥有绝对权力的专制君主建立国家秩序，一边又教导广大人民如何谨慎地与国家和统治者打交道。作为政治导师，塔西佗向人们揭露了神秘的专制政府的权力运作，引发了 16 世纪末期以及 17 世纪的"塔西佗历史主义"现象：一个研究历史政治学的人，必须要仔细研读塔西佗的作品。圭恰尔迪尼作为塔西佗的追随者，是后者思想的集大成者，也被欧洲世界视为"新时期的塔西佗"：如同塔西佗撰写了他所处时期的古代罗马史，圭恰尔迪尼也向世人描绘了他那个时期的政治面貌。】

有关阴谋

19. 没有同谋参与，就无法施行阴谋，因此，策划阴谋就变得极其危险。因为多数人要么行事不慎，要么生性邪恶，和这样的人搭伙共事，风险太大。（A134；B158）

【与下文 C20 共同形成了圭恰尔迪尼的"阴谋危险论"。作者在最终版作品中，将两条关于阴谋的论述（C19、C20）连续编排在一起（在 A 辑和 B 辑中均分散编排），可见其对此的重视。阴谋的实施离不开暴君治下的政府，因此，圭恰尔迪尼特意在上一条之后，立即编排了阴谋的论述内容。当然，文末也体现了圭恰尔迪尼对人性的剖析，暗含自己高人一等的优越心理。】

阴谋的危
险性

20. 认为合谋之事拥有牢靠的基础，必定能够成功，这样往往会适得其反。想要成就一次合谋，天时、地利、人和，都是必需的，而这些因素却增加了合谋被曝光的风险。因此，耍阴谋实在是一件危险的事情！所有能为其他事情增加保险的因素，在这件事上倒成了安全的威胁。依我所见，对于在所有事务中都扮演重要角色的"时运女神"，

任何试图限制其统治的举动都会把她激怒。（A30；B55）

【继续上一话题的探讨。C19 笼统提出，由于人类天性的不足，要阴谋是一件危险的事情，而这里圭恰尔迪尼指出阴谋危险性的另一个原因：越想要合谋具备牢靠的基础，那些促成因素就越容易使合谋曝光。文末作者将注意力转移到时运上，视其为"任性的、易怒的女神"。我们可以将 C19、C20 两条备忘录对照 C193 一同阅读，在那里，作者阐述了对待他国采取的不同密谋形式。】

21. 在很多地方我都说过，并付诸文字：1527 年美第奇家族的下 自由的力量 台 [1]，是因为他们过于重视自由政体 [2] 了，另外我很担心人民因为国家的严密控制 [3] 而失去自由。上述两个结论的理由如下：美第奇家族的统治受到大部分市民 [4] 的厌弃，因此为了维持自身的统治，他们需要一批坚定拥护者的鼎力支持。这些拥护者不仅能从政府中得到巨大利益，而且意识到如果美第奇家族倒台，他们自身也将面临灭顶之灾，无法继续在佛罗伦萨立足。然而，这样的支持者太少了。美第奇家族竭力对任何人都表现出公正，对自己的朋友亲戚 [5] 也不偏不倚，他们已经习惯于在分配各类官职时，对所有人都敞开大门，慷慨无私。

如果美第奇家族反其道而行之，那么肯定会遭来非议。即便得到人民的厚爱，他们还是找不到多少拥护者，因为尽管多数人对美第奇家族的治国方针并无怨言，但是他们仍然成不了家族的拥护者。人民

---

[1] 1527 年 5 月 6 日罗马遭遇帝国军队洗劫，之后佛罗伦萨推翻了美第奇家族的统治，共和国复辟。教皇克莱门特七世亲法政策失败，美第奇家族在佛罗伦萨的霸权统治宣告结束，被迫下台；直到 1530 年，在查理五世军队的协助下，美第奇家族才重回佛罗伦萨，再次成为城市的统治者。

[2] 这里圭恰尔迪尼使用"自由政体"（uso di libertà），意指一个民主的、人民当权的共和政体。实际上，美第奇家族并没有施行真正的君主制，而是保留了传统的司法体制，使得社会中层人士（即普通人民）也能够有限制地参与到公共事务之中。

[3] 这里圭恰尔迪尼使用"国家的严密控制"（uso di stato），意指一小部分参政市民使用专制手段处理公共事务，施行一种"严密的控制政体"（un regime ristretto）。

[4] 这里圭恰尔迪尼使用"universale"一词，意指 1494 年美第奇家族首次被驱逐出佛罗伦萨之后，参与政治生活并成为政府代表的大众人民群体。

[5] 暗指圭恰尔迪尼曾经向科西莫·德·美第奇（Cosimo de' Medici）的一位女儿求婚，并期望通过联姻成为美第奇家族的亲戚。在当时的欧洲，联姻是各路统治者惯用的政治手段，目的是强强联手，巩固政权，掌控社会政治话语权。

心中对于重新建立大议会[1]的念头是如此根深蒂固，因此，仅凭借一些友善、温和的政策或者小恩小惠，是无法消除这样的想法的。美第奇家族身边的朋友是乐于接受其统治的，但是，要他们冒险来维护这样的统治，这些人一定不愿意。在危难之际，他们会想重施1494年的故技[2]，只求明哲保身。一旦当局遭遇反抗，他们宁愿由事态自然发展，也不会试图去反抗猛烈的攻击。

大众政府的行为，必须与美第奇家族的理想做法完全相反。通常，佛罗伦萨人民对大众政府是热爱的，这样的大众政府，不再是在一个人或少数人的主导之下、拥有明确目标的政治武器，而是一个在众多无知的老百姓掌控下、时常变化并且没有恒定目标的政府。因此，大众政府想要维持自身的统治，就得迎合公民的喜好。政府应该想尽办法避免置身于公民之间的争斗，以防人民借助革命的手段反对政府。总而言之，大众政府必须坚持公平、正义，只有这样才能保证所有人的安全，让所有人满意。大众政府得以维持的基础，不在于少数党派，而在于无数的大众人民[3]。因此，若政府对于国家的严密控制已是难以为继，大众政府的性质就会受到改变。接下去，自由不但不能得到保护，反而会被摧毁。(B180)

【作者仔细分析了佛罗伦萨当时的社会现实，回顾了美第奇家族的最后统治以及1527年复辟时共和国的统治状况。全书中篇幅最长的备忘录之一（仅次于C3），而早先B辑版本中（B180）的篇幅较之有较大的缩减，因为当时共和国仍然存在（1528年），不方便展开评述。1530年当圭恰尔迪尼创作最终版本作品时，共和国已经成为强弩之末，岌岌可危，因此展开了更为详细和具

---

[1] 大议会（Consiglio grande），始于1494年美第奇家族被逐之后，人民希望恢复共和统治下的新型议会制度。在当时佛罗伦萨5万多人口中，只有3000人左右有资格进入大议会。在萨沃纳罗拉的建议下，主张恢复所有享有政治权利的公民都能参与政治的制度。1494年的佛罗伦萨政体虽然比他所效仿的威尼斯政体要民主得多，但是仍然与现代意义上的民主政治相差甚远。大议会中选取80人组成"八十人议会"（Consiglio degli Ottanta），圭恰尔迪尼当年就是被八十人议会任命为佛罗伦萨驻西班牙大使的。

[2] 1494年大洛伦佐之子皮耶罗·德·美第奇（Piero de' Medici）被迫下台，佛罗伦萨人民在萨沃纳罗拉带领下复辟共和制。萨沃纳罗拉对那些本想奋起反抗的美第奇家族拥护者采取了制约措施，因此那些人并没有受到迫害。

[3] 原文中圭恰尔迪尼使用了"朋友"（amici）一词，意指大量能够影响社会经济指标的民众人士。

体的评述。这里作者全面论述了佛罗伦萨的政治现状，客观分析了美第奇家族的统治特征和大众政府的治理现状，进而引发出一个深层的政治思考：一个政府应该依靠什么样的统治基础？】

22. 人们经常爱说："如果做了这件事，那件事就会发生；如果没有做这件事，那件事就不会发生。"如果有机会去验证这样的假设，人们很快就会发现这些理论纯属胡说八道。（B177）　　过去的错误

【圭恰尔迪尼在其他地方（C57、C207）也谈论到关于结果的不可预测性问题，认为凡是与未来结果推测有关的言论都是不合逻辑的：这是一种常见的愚蠢想法，经常出现在公众演说和历史解读中。当年圭恰尔迪尼给教皇提出反对皇帝的政策被历史验证是一个巨大的失败，面对这一事实，作者认为不能因为能够预见其会失败而后悔提出这样的建议。在结构方面，最终版内容被大幅缩减，同时精简了句式，使用排比句法，突显作者论证的逻辑性。】

23. 未来的事情充满变数，无法预测，即便是那些睿智之士也时常会出错。如果我们仔细研究他们的预测，尤其是一些细节（一些较为笼统的结论还是容易推测出来），就会发现这些睿智之士的预测与那些见识更少的人的预测结果一样不可靠。但是，因为害怕一个未来的恶，而放弃一个现在的善，通常是不明智的，除非那个恶的出现确定无疑并且在程度上远远超过了这个善。否则，因为一种将来可能被证实为毫无根据的恐惧，你将失去一个本来可以到手的善。（A71；B96）　　现在与未来

【继续阐述未来不可预测的观点，充分说明未来不可预测性和不可知性的特征。全书各处使用不同的角度对此进行了论证，例如将星相学家视作讨伐对象，指出他们对未来的预测简直是一派胡言。对于未来不可预测的理由，圭恰尔迪尼更多地归于人类掌控现实能力（理性思考能力）的不自信，这也是整个C 辑作品的主要论述语调。由于人类认识事物视野的短浅以及思考能力的局限，面对未来，我们无法做出确切的判断。文末作者从另一个角度，给予人类信心和安慰：既然对于未来无法把握也无法预测，那么也不要惧怕未来，不要因为"未来可能的恶"而失去"现有真实的善"。】

有关恩惠　　24. 受人恩惠的记忆，通常稍纵即逝。因此，依靠那些因为现实情况所限不得不辜负你的人，胜过依靠那些你曾经施惠的对象。那些施惠对象往往不记前恩，或者不恰当地估量前恩，常常认为这是理所应当的。（A19；B42）

【作者认为，人类本性都是考虑自身利益，人类行为总是极端自私的，通常不懂得知恩图报。圭恰尔迪尼只是对这样的事实稍加描述，并没有做出指责或是感到愤怒，而是提出了一条聪明的行为建议：我们只能完全依靠跟我们利益一致的人，不能由着我们的性子和感觉自由行事。文末指明人类自私自利的发展特征催生了一系列的自欺现象：人们的忘恩负义，并不能简单地归为恶毒，而是因为人们总认为他人帮助自己（恩惠自己）是理所应当的。】

恩惠与伤害　　25. 如果做一件事对某人有利，却势必对另外一个人不利，必须三思而行。因为受到伤害的人往往会夸大伤害，永远不会忘记别人对自己的冒犯。而得利者要么记不住他们得到的好处，要么感觉受到的恩惠还不够。推及其他类似的事情，虽然能够惠及某一方，但只要会对另一方产生不利影响，那么最好还是不要继续行事。（A18；B41）

【继续前文话题，人类具有忘恩负义的特质，经常忘记受到的恩惠，甚至嫌弃恩惠不够，视其为理所应当。相反，受到伤害之后，人们反而能够记忆深刻，久久不忘，甚至夸大伤害。C24、C25、C26 三条备忘录探讨相似的主题，都涉及人类面对恩惠和益处时的反应：面对恩惠的忘恩负义，面对伤害的愤恨不忘，这是人类心理永恒不变的特点。】

表面与实质　　26. 人们应该更为重视实质与现实 [1] 的东西，而不是表面的形式 [2]。但是，人们迷恋甜言蜜语的程度，实在是令人难以置信。因为，所有

---

[1] 这里圭恰尔迪尼使用了 "sustanze" 和 "effetti" 两个同义词，意思都为 "实质，现实"。在圭氏的政治术语中，"effetti" 一词通常表达 "实际效果，现实情况" 的含义，如他在《关于佛罗伦萨政府的对话》中提到，"哪种政府是好的政府，哪种政府是坏的政府，不在于其政体形式和统治手段，而在于其统治的实际效果（gli effetti）如何"。

[2] 作者这里使用了 "cerimonie" 一词，等同于 B 辑版本中的 "superficie"。在圭恰尔迪尼的政治术语中，这类词均为 "表面，表象"（apparenze）之意。

人都相信他们应当得到高度的尊重，所以一旦他们未得到应有的赏识，便会感到愤怒。（A61；B86）

【紧接上一条继续探讨人性特征。这里作者揭露了人类的心理特质，指出其对恭维之语及造成社会虚伪之风的礼节形式的贪求，描述了人与人之间交往面子上的虚假性，他认为人人都在演戏。"实在是令人难以置信"的言语表达了作者深深的哀叹和失望之情。】

27. 对于那些你无法信任的人，最好并且最保险的防范措施就是做　　安全
好准备，让他无法伤害到你。把安全寄托在别人的好心或是明事理之
上，实在是不可取，因为人性没有那么美好和忠诚。（Q^{2}19；A9；B33）

【又一条关于人性本质的精辟分析，充满悲观主义色彩。对于人性中美好和忠诚的期待，往往让人们感到失望。圭恰尔迪尼提出人与人相处的原则之一，就是"防范你所不信任的人"。此条备忘录出现在作品全部四个版本中，可见它是作品所宣扬的主要观点之一，也是圭氏面对人性本质持悲观态度的佐证。相比较早期版本中宣称的"人性是虚伪险恶的"（Li uomini sono fallacissimi）观点，最终版本的语气缓和了许多，彰显了圭氏对人性不美好这一特征深入全面的分析与思考。】

28. 没有人比我更憎恶僧侣的野心勃勃、贪得无厌以及放荡不羁　　天主教僧侣
了。其中每一种恶习都是让人反感的，那些自称献身于上帝的僧侣们，
不管是染上其中一种还是全部恶习，都十分令人反胃。另外，这些恶
习生来就是相互不兼容的，以至于只有在彻底畸形的人身上，才能看
到这些恶习的共存。我曾在数位教皇手下任职[1]，为了我的私人利益着
想，不得不全心辅佐于他们。若非如此，我必定会像爱自己那样去爱

---

[1] 圭恰尔迪尼曾经辅佐过利奥十世（Leone X, 1513—1521 年在位）和克莱门特七世（Clemente VII, 1523—1534 年在位）教皇，并担任教皇国重要官员，政绩辉煌。1516 年，利奥十世任命圭恰尔迪尼为莫德纳（Modena）总督，之后继任雷焦－艾米利亚（Reggio Emilia）地区总督；克莱门特七世则将圭恰尔迪尼视为教皇国最得力的顾问和官员。

马丁·路德[1]：并不是为了使自己从按惯常方式阐释理解的基督教律法中解脱出来，而是希望看到这些无赖们得到应有的报应，要么摒弃恶习，要么丢官走人。（B124）

【圭恰尔迪尼在这里明确地表达了对天主教会僧侣的厌恶之情，措辞极具讽刺意味：他将僧侣比作彻底畸形的人，认为他们是能够使本身不兼容的恶习与激情并存的人。另一方面，作者内心深感矛盾：一边希望看到教会的毁灭，一边又因为自己辅佐两任教皇，作为重要官员在教会国赢得了辉煌的政治生涯。意大利 19 世纪文学批评家德桑蒂斯（F. De Sanctis）在其一篇杂文中写道："有一类佛罗伦萨政治历史学家，为了自我利益，可以随意改变道德价值观，可以将原则、理想和集体利益置于次要位置。"德桑蒂斯笔下的这类"政治历史学家"的代表人物就是圭恰尔迪尼，典型的自利主义意大利人形象，愤世嫉俗，缺乏公共情怀和集体责任感。】

自由领土
与非自由
领土
　　29. 我曾经多次说过，现在也坚持认为，佛罗伦萨人想要在他们狭小的领土[2]上进行统治要比威尼斯人在他们广阔的土地上[3]统治艰难得多。因为在佛罗伦萨所在的地方大家享有普遍的自由，要想征服这样的领土实属不易，就算被征服了，也难以维持。另外，佛罗伦萨的边上就是万世长存、权力显著的教会所在地，尽管有时教会也会遭遇困难，但最后总是以其更加强大的权力来彰显其权威。相反，威尼斯所征服地区的人们更习惯于被奴役，既懒于反抗，也不想造反，它的近邻也只是些寿命和记忆都不长久的世俗君主，而非宗教人士。（A108；B131）

【作者分析佛罗伦萨共和国治理的困难，观点与马基雅维利有异曲同工之

---

[1] 马丁·路德（Martino Luther），德国人，16 世纪欧洲宗教改革倡导者，基督教新教路德宗创始人。圭恰尔迪尼创作该作品时，路德的宗教改革运动已经在德国北部地区得以深入，路德宗教抗议的主要条目在 1530 年已经官方成文。

[2] 这里指的是佛罗伦萨对外征服获得的管辖领地，当时包括托斯卡纳（Toscana）、现在的翁布里亚（Umbria）大区西南部以及罗马涅（Romagna）山区等地，但不包括卢卡（Lucca）和锡耶纳（Siena）。

[3] 当时，威尼斯共和国的领地几乎是佛罗伦萨共和国的四倍之多，包括整个威尼托（Veneto）和周边的弗留利（Friuli）地区、伦巴第（Lombardia）大区东部以及亚德里亚（Adriatico）和艾奥尼亚（Ionio）海域的众多殖民地。

妙。圭氏认为，共和国人民的极度自由是执政者管理国家的主要困难所在，并将其与教会国进行对比，突出反映教会国权力的强大。】

30. 仔细体察世情，不可否认，时运（fortuna）[1] 在人类的具体事务 时运
中起着主导作用。在一些重大事件中，我们常常会受到偶然性因素的
影响，而这样的偶然事件往往非人力所能预见或避免。因此，尽管谨
慎和见识能够帮助人们成就不少事业，但是光有它们还不够，人还是
需要好运的。

【此条备忘录仅出现在 C 辑版本中，是众多探讨时运和她不可控的力量的
备忘录之一（另参见 C31、C85）。作者试图探讨"时运"（fortuna）与"德能"
（virtù）的关系（如同偶然性因素与人类预见未来的智力的关系，如同事物的
不可控性与计划设计的能力的关系），这是文艺复兴时期人文主义思想的重要
论题之一。这里，圭恰尔迪尼表现出一种悲观主义态度，似乎还沉浸在 1527
年至 1530 年这段时期遭遇的政治打击中，对未来失去了信心。他认为人类的
才智和勤奋，在面对不可控制、不可预测的时运的强大力量时，显得那么脆
弱：纵使自己一生行事谨慎，政绩辉煌，还是无法抵抗时运的力量，遭遇政治
上的挫败。】

---

[1] 中世纪时期，人们认为世间很多事情都是"命中注定"，人类无法与"命运"抗衡，
只能接受"天命的安排"，当时更多地使用意大利文"destino"或"sorte"表示"天
命，命运"的含义。而文艺复兴鼎盛时期，马基雅维利更多地强调人的主观能动性
和内在的"德能"（virtù），认为人类不应该毫无抵抗地屈服于"命运"（destino），
人类应该抛弃"命中注定"的情绪，面对"天命"时通过自身努力，同时顺应时
势，实现自我目标；此时的"命运"（destino）更多地被"时运"（fortuna，重在强
调"人的行为是否顺应时机"）取代。而圭恰尔迪尼一方面认为"命运"由上天注
定，人类无力改变，但另一方面也肯定人类自身的德能和才华，强调时机和机遇的
重要性："时运"来了，纵然"命运"和"德能"不允，成功一样可以被期待（如傻
子战胜智者）；人类可以通过自身的努力与"天命"相抗衡，同时借助"时运"的力
量，完成自身的事业。马基雅维利和圭恰尔迪尼在各自作品中，都对"fortuna"（时
运）进行了大篇幅的描述，体现了人文主义的超前思想特征。因此，《备忘录》原文
及评论中的"fortuna"一词被很多人译作"命运"，译者认为此种译法不妥，应该译
为"时运"，特此说明。

时运与德能

31. 即使是那些将一切归功于谨慎和德能 [1]、丝毫不去理会运气影响的人，也不得不承认：出生或生活在一个珍视你品行和才能的时代是多么的重要。以法比奥·马西莫 [2] 为例，此人因其本性犹豫谨慎而被称为"拖延者"，在战争中他发现鲁莽冲动会带来失败，而拖延等待却使人受益匪浅。时至今日，这种战术已经难以为继了，但是他所处的那个时代需要这样的品性，这就是他走运的地方。因此，一个人如果能够改变其本性来适应时代的需要，那么他必然会更少受到运气的主宰。但是，要做到这一点太难了，几乎不存在这种可能性。(A27；B52)

【在上文探讨时运与德能的关系后，这里作者深刻阐述了时运对时代和人的影响。该内容与马基雅维利的理论相似：相同的行为，处于不同的时代，有可能造成不同的结果。人类的大部分行为受到时运的牵制，由于自然属性，人类的行为趋势很难改变以适应时代的发展。因此，如果外部环境与行为趋势保持一致，就会成功；否则，就会失败。面对人类的本质属性，圭恰尔迪尼抱着悲观的态度，他认为"要做到这一点太难了"，想要适应时代的发展，与时运对抗，"几乎不存在这种可能性"。在时运问题上，圭恰尔迪尼与马基雅维利持相反的观点：马氏认为人类的德能可以改变时运的轨迹；圭氏则认为人类的德能无力面对拥有强大力量的时运，人类才智的有限，使得其无法与"时运女神"进行抗争。】

野心

32. 野心本身不应该遭到斥责，有抱负的人如果以正直而诚实的手段来寻求名声，是不应当受到谴责的。事实上，恰恰这样的人才能创

---

[1] 这里，圭恰尔迪尼使用了"prudenza"和"virtù"两个相互关联的词，表示"谨慎"和"德能"之意。"prudenza"在作品中有各种词形变化，如"prudente，prudentemente"等，都是"审慎，谨慎"的含义；这是一个聪明人所应该具备的特征，一种通过观察事物的细节并对未来做出准确预判的能力。"德能"（virtù）源于拉丁语"virtus"，实则是"勇气、才能、活力、创造力"的综合表现，是一种人类理性和认识世界的能力，一种帮助人类创造伟大功绩的品质。在古代世界，人的"德能"是相对于"时运"（fortuna）而言的，德能是与外部环境和时机对立的一种内在品质，代表着一切人类活动所引发的力量与勇气。在古典人文主义文化传统中，德能通常是一个成功男人所必备的特质。

[2] 法比奥·马西莫（Fabio Massimo），古罗马军事家，曾五次出任执政官。他在第二次布匿战争（Guerre puniche）中采用拖延战术，避免与汉尼拔（Annibale）将军正面决战，后来这种战术被称为"费边战术"，而他本人因此品性被讥讽为"拖延者"（il Temporeggiatore）。

造伟大而出色的业绩。缺乏雄心的人总是冷若冰霜，毫无血性，他们乐于享受安逸，不愿有所作为。但是，如果野心只是用来追逐个人的无限权力，那么它就是危险可憎的。君主们大多都是这样，一旦实现野心成为他们的目标，这些人就会抛开良心、荣誉、人性和其他一切，只管得到他们所想要的权力。（Q$^{1-2}$2；A78；B1）

【少数在四个版本作品中都出现的备忘录（其他还有 C44、C96、C134），体现了作者对于野心这一论题的重视，同时"野心"这一词在圭氏其他作品中也经常被提及。对作者而言，野心是一个在不同场合拥有不同含义的词语。在政治和军事领域，野心是一个统治者管理全体公民和将士的内在心理动力，通过野心的驱使来满足统治者的内心欲望，这里的野心其实就是一种欲望满足的合理表达；另一方面，从人文主义理论角度来看，野心也是促使人类成就伟大事业、获得荣誉和声望的内在动力。作者认为"以正直而诚实的手段来寻求名声"的野心是值得颂扬的，从人文主义传统观念看人类不能缺乏野心，但要合理使用。】

33. 谚语告诉我们：不义之财，传不过三代[1]。如果真是如此，那么这些来路不正的钱财，即使是最先把它们弄到手的人，也没有资格来享用。对此我的父亲[2]曾经跟我这么解释：他说按圣奥古斯丁[3]所言，没有人会邪恶到一件好事都没有做过。上帝总是惩恶扬善的，他先把一个人在此生的享受作为对他善行的回报，之后在另一个世界就会对他的恶行

有关不义之财

[1] 此谚语最初来源于拉丁文版本 "De male quaesitis vix gaudet tertius haeres"。在中世纪已经广为流传，在当时的意大利境内是众多地方谚语集的收录内容，常见的有《托斯卡纳谚语集》《西西里谚语集》等，16 世纪许多文学作品也经常提及此条谚语。在中国也有类似的说法，即"富不过三代"。

[2] 皮耶罗·圭恰尔迪尼（Piero Guicciardini）。作者在作品中第一次提及他的父亲（另外参见 C39、C44、C45），此人是佛罗伦萨当时重要的人物之一，生性保守，尽可能避免自己卷入过多的政治纷争中。皮耶罗也是热忱的宗教徒，1494 年之后深受教士萨沃纳罗拉思想的影响，对哲学抱有极大的兴趣，后来成为佛罗伦萨新柏拉图哲学派代表马尔西利奥·费奇诺（Marsilio Ficino）的朋友，后者还为刚出生的圭恰尔迪尼洗礼过。

[3] 圣奥古斯丁（santo Agustino/sant'Agostino），古罗马帝国时期天主教思想家，欧洲中世纪基督教神学、教父哲学的重要代表人物。

进行惩罚。[1]不义之财终究会失去，因此传不到第三代。我对此言的想法却持怀疑态度，因为确实存在很多反例。假设此言有理，那么也应该是另有其因。富家子弟，常常比为他们创业奠基的父辈更容易衰落，因为时间越久，变故就会越多。另外，创业者对他亲手创下的事业，自然更加爱惜，他们深明生财之道，也懂得该怎样保护好自己的财产，再加上自身节俭持家，不会铺张浪费。而那些不费吹灰之力就得来万贯家财的富家子弟，是不懂得珍惜的。在锦衣玉食中长大的他们，根本不懂得生财之道。经他们之手的财产被浪费，继而祖传的家产从他们的指缝间挥霍一空，谁又会对此感到惊讶呢？（A40；B65）

　　【圭恰尔迪尼针对世俗话题的论述之一，极具分析性。开篇的言论十分震撼，具有警示劝言的特征，也是众多开篇即点明观点的备忘录之一。运用神学家圣奥古斯丁的言论来论证观点，很好地结合了世俗谚语，同时以"我父亲曾经跟我这么解释"这一方式，充分论证了"不义之财，传不过三代"这一观点。文中第一次提及作者的父亲，也充分体现了作品最初作为"家庭备忘录、家庭谏言书"的特征。圭恰尔迪尼通过尖锐的分析和细致的观察，以及自身对周遭现实的思考，提出了自己的质疑（我对此言的想法却持怀疑态度）。这里圭氏提到"时间越久，变故就越多"，再次重申了世间万物无不处于时时变化之中。文末，通过社会心理的理性分析手法，作者阐明了"不义之财，传不过三代"的真实原因，极具说服力。】

生命的力量　　　34. 所有最后以渐进消退而非暴力手段走向终结的事物，都比你当初预期的要持续得长久。以一个肺痨患者为例，尽管他已经行将就木，但仍旧可以坚持不止几日，而是几个星期、几个月。同理，一座被重重围困注定陷落的城市，其粮食供应往往比任何人所想象的时间都要持久。（A79；B103）

　　【涉及文艺复兴时期自然哲理的典型事例，阐述了人类行为与机体生理特质以及自然规律的内在变化关系。同理，作者将被包围的城市比作人体，认为它的生命力往往要强于人们的想象。在之前的版本中，除去这两个范例，作者还列举了经济领域的类似规律。他指出，通过对自然事物的观察分析，可以得

---

[1] 作者引用父亲教导他的这段话，最初见于圣奥古斯丁的《上帝之城》(La città di Dio, in latino De civitate Dei) 中关于"不义之财"的具体描述。

出用于政治管理领域的经验，很好地服务于国家政治。文中提及的"一座被重重围困注定陷落的城市"暗指 1529 年至 1530 年间受到包围的佛罗伦萨，作者在创作此备忘录时，整个城市还处于被包围过程中。】

35. 理论与实践大不相同！不知道有多少人，他们悟性十足，但是总是忘记或不知道该如何把他们的理论知识付诸实践。这些人的知识，就像锁在箱底中拿不出来的宝贝一样，一无所用。

【开篇直接点明了观点，使用感叹号的形式，体现了观点的真理性和不容置疑，在全书很多地方都出现了这一特点（如 C57、C110、C163、C215 等）。圭恰尔迪尼在很多地方（如 C163）都提出这样的观点：人类要依靠本能和直觉上的经验，而不是理论上的经验，理论必须通过实践来检验。】

36. 如果你想要招人青睐，那么注意，千万不要断然拒绝别人的请求，你可以给出一个含糊其辞的回答，因为可能求助者之后未必需要你的帮助。如遇到情况突变，那么你的托词就显得更有说服力。当然，还有些人非常愚蠢，很容易被言语所动摇。因此，即使你没有为他做什么，也没有打算过要做什么，你仍旧可以用漂亮的言辞让他心满意足；反之，倘若你直接拒绝别人，接下来无论如何他都会对你心存不满。（A62、160、161；B87）

【涉及处世行为中关于言语的艺术，关于如何回复对方的智慧行为。内容非常符合作品的最初定位——作为"家庭备忘录"给家族成员提供行为处世的教导方式和诚恳建议。从 A 辑三次修订的情况（A62、A160、A161）来看，圭恰尔迪尼对于这一话题的斟酌也是颇为上心。文中提出人类轻信言语的特质，"很容易被言语所动摇"，人类可以用漂亮的言辞让他人心满意足，而不去考虑言辞背后的真实含义和意图。用我们的老话来说就是"人都喜欢听漂亮话，都不喜欢当面被拒绝"，如同 C26 中所说的"人们迷恋甜言蜜语的程度，实在是令人难以置信"。】

37. 对于你不想让别人知道的，应该一口否认；对于你想让别人相信的，就要尽力证实。这样的反证不少，即便铁证如山，证明你在说谎，但你的满口否定和一味肯定，至少常常能给你的听众制造一些假

右侧栏注：

实践与理论

不要断然拒绝

一味肯定与满口否定

象和疑虑。（A24；B47）

【跟上一条内容相似，作者提出了一条建议：否认事实。当然能做到这一点，前提是要十分了解人类的行为特质和心理特征。根据此条建议，圭恰尔迪尼认为在公共场合和官方背景下发表的言论（想让别人相信的言论），很难被证明是错误的，因为你即使内心知道言论是错误的，口头上还是可以否认事实，坚决不承认。作者首次在书中谈论到有关虚伪和掩饰的话题，这在作品后续内容中要么以处世行为准则的方式出现（如 C37、C184），要么以向君主和执政者献计献策的形式出现（C77、C88、C105），要么则以人类道德思考的论述形式出现。除去 C105，其余内容在 1528 年 B 辑版本中都以捆绑式结构出现（B45、B51），而在 C 辑中，这些备忘录都被分散编排，体现了作者想让这些内容单独成为一个论题的意图，当然也可能作者认为 C 辑不是 B 辑的简单抄袭，而是 B 辑的重新修订和升华，其中也包括次序的重新编排。】

对自由的
热爱

　　38. 美第奇家族如今虽然势力庞大，坐拥两位教皇 [1]，但是要统治佛罗伦萨，相比较过去老科西莫 [2] 的时代（当时他还是一个普通公民），恐怕是难上百倍。老科西莫的成功，除去他过人的才能之外，还受惠于他的时代境遇。那时大多数人对自由知之甚少，因此科西莫只需战胜少数几个权势家族 [3]，便能攫取并接管政权，而不得罪众人。

---

[1] 这里指的是利奥十世，即乔瓦尼·德·美第奇（Giovanni de' Medici）和克莱门特七世，即朱利奥·德·美第奇（Giulio de' Medici）。

[2] 科西莫（Cosimo de' Medici, detto il Vecchio），又称"老科西莫"，美第奇家族政治影响的奠基人，商人乔瓦尼·迪·比奇（Giovanni di Bicci）之子。科西莫经过短暂流放，于 1434 年重回佛罗伦萨，击败了他的有力对手阿尔比奇（Albizzi）家族。作为"普通公民"，科西莫没有在政府担任重要职务，但拥有强有力的支持者，实则为佛罗伦萨政府幕后真正的掌权者。他享有无人可与争锋的权威，1464 年去世那年，城邦授予其"国父"（pater patriae）的称号。

[3] 这里"少数几个权势家族"指的是当时的阿尔比奇（Albizzi）家族，斯特罗齐（Strozzi）家族，乌查诺（Uzzano）家族；在当时，这些家族都是佛罗伦萨政府幕后的寡头势力。现有两个中译本将原文"avendo Cosimo avuto a combattere lo stato con la potenza di pochi"译为"仅凭着少数人的帮助，科西莫就可以获取和控制政府"，实际上，这是圭恰尔迪尼写作时使用的古意大利语在译成英文过程中产生的谬误。根据现代意大利文的理解，该句应该写成"avendo dovuto combattere，per prendere il potere（stato），contro pochi avversari"，中文应译成"科西莫只需战胜少数几个权势家族，便能攫取并接管政权"。

实际上，在科西莫统治的年代，利用强权者之间的争斗，中下层的老百姓总能够逮着机会改善自己的社会政治地位。[1] 而如今，人们已经尝到大议会的滋味，所以，现在的问题不再是只从四个、六个、十个或二十个公民手中，而是要从全体公民手中，来夺取权力了。这些公民极力争取自由，所以无论美第奇家族还是其他能人想出什么招，哄骗示好也好，治理得当也好，颂扬人民也好，都无法使得他们满意。（A130；B154）

【作者将 1494 年政变之后的佛罗伦萨政府与老科西莫时代（1434—1464）的政府进行对比，指明 1494 年之后的民主政府政策以及大议会机构的设立，造成了如今的政治冲突，引发了代表不同社会经济利益的党派之间的持续斗争。关于政体形式的论述，圭恰尔迪尼早在 A 辑作品中就有涉及（A130），直到后来的《关于佛罗伦萨政府的对话》（*Dialogo del reggimento di Firenze*），一直没有中断此类论述，充分显示出作者对于 1494 年以来民主大众政府制度的不满。这类政府夸大了人民的政治参与性，滋长了人民心中的自由意志，导致 1512 年美第奇家族重返政坛时，不得不面对旧政府（1494—1512）统治期间造成的人民执政的局面，因此，他们受到人民更多的不满也就不难理解了。】

39. 由于子女 [2] 品性贤良，在我父亲那个年代，他被视为佛罗伦萨　子女
最幸福的父亲。即使这样，我也时常认为，我们带给他的烦恼，的确要比慰藉更多。你可以想象，那些疯癫、邪恶、不幸的子女，他们的父亲是个什么情形。（A41；B66）

【圭恰尔迪尼有关自我评价、自我反思的备忘录之一，意在怀念自己的父亲。这里充分体现了作者对父亲伟大的爱和无尽的思念，同时也从另一个侧面安慰自己的父亲：子女们个个优秀，都在政府部门担任公共要职，一生都经历

---

[1] 美第奇家族统治时期经常使用的政治手段。他们积极推动改善中下层老百姓的社会政治地位，力图赢得他们的支持和信任。

[2] 圭恰尔迪尼的父亲皮耶罗一共生有四个儿子，分别是雅各布·圭恰尔迪尼（Iacopo Guicciardini，1480—1552）、弗朗西斯科·圭恰尔迪尼（Francesco Guicciardini，1483—1540）、路易吉·圭恰尔迪尼（Luigi Guicciardini，1487—1551）、吉罗拉莫·圭恰尔迪尼（Girolamo Guicciardini，1497—1555）。他们所有人都曾担任过政府公共要职，都取得了辉煌的政治业绩。

了辉煌的事业，赢得了较好的名声。文末将自己与其他子女进行比较，流露出圭恰尔迪尼对自己以及家族成员一生成就的自豪感。】

权力的力量　　40. 拥有权力是一件美好的事情。运用得当，即使超出范围，人们对你还是有所敬畏。因为臣民们往往搞不清楚你权力的确切范围，常常会选择立刻服从，而不会去质疑你是否拥有这样的权力。（A48；B74）

【作者认为权力也有其表象性，一个政治人物可以智慧地管理自己的权力（使用得当），使用一定的手段让他人畏惧你的权力。这一主题在作品中反复出现（C77、C86、C88）：作者极力肯定拥有权力，运用权力使自己的臣民感到畏惧，从而达到自身的目的。同时，他也强调人类心理的一大特质：面对自身不了解、不确定、超越自身认知的事物时，通常会表现出畏惧的心理。】

温和与严厉　　41. 如果人人都善良审慎，当权者就理应对其温和亲切，而不是苛刻严厉。但是大多数人要么不善良，要么不谨慎，所以统治者经常需要更多地倚赖强硬手段，谁不这么做，谁就会犯错。当然我承认如果有人能够用巧妙的手法将这两种方式融合起来，那必然会营造出一片和谐融洽的景象。但毕竟拥有这种才能的人是少数，或许一个都没有。（$Q^2$15；A60、97、98、126；B12、85、119、120、150）

【圭恰尔迪尼认同"温和主义"的管理手段，反对极端暴力手段。但是考虑到人性的缺点（大多数人要么不善良，要么不谨慎），为了达到良好的统治效果，还是可以采用严酷和强硬的手段。作者在全书大量论述统治手段，认为合理、正当的严厉手段是维持统治所必备的。作者将理想的统治手段与现实所采用的统治手段加以对比（如同 C5 中君主的施恩问题）论证，摆明了现实与理想之间的差距。后半部分"必然营造出一片和谐融洽的景象"颇具讽刺含义，暗指面对这类情况时的不自信。前后版本的不断修订，也体现了作者观点的不断变化：在早期的 Q 辑中，圭氏提出建议，要求执政者坚定自己的管理手段；到了后来的 A 辑和 B 辑，受马基雅维利思想的影响，圭氏提出"灵活使用暴力"的建议，类似于马氏"好的暴力及坏的暴力"观点；在最后 C 辑版本中，作者明确提出"温和暴力"的建议，强调只在极端情况下使用纯粹的暴力手段来进行统治。】

42. 不要把获得好感看得比保持名声更为重要。因为名声一旦坏 名声尤为
重要
了，善意就会丢失，接下来人们就会藐视你。一个拥有好的名声的人，
永远不会缺少朋友、恩宠和仁爱。

【此条备忘录仅在 C 辑中出现，可以连同 C217（B174）一并阅读，以便
更好地理解其内容。这里，圭恰尔迪尼并不是强调公众好感与好的名声之间的
矛盾性，而是强调，作为一个法律人或一个政治人，时常需要做出虽然残酷但
是正确的选择，始终要把好的名声当作自身行事的首要目标。】

43. 在政府任职的经历让我观察到，每当我希望平息纷争、达成民 担任调和
者
事和解的时候，我都会在采取行动之前先让双方充分地争吵辩论，这样
持续一段时间，等到双方都疲倦不堪时，他们就会求着你出面调和。于
是，在他们的盛情邀请之下，我既可以获得好的名声，又不会被人指控
贪婪，还能完成一开始被认为是不可能完成的任务。（A96；B118）

【作者根据自己从政的亲身经历和细心观察，向执政者分享自己的调解
技巧。圭恰尔迪尼曾经担任过诸多教皇国领地的总督职务，从政期间（1516–
1524）处理过大量民事纠纷案件，积累了丰富的经验。】

44. 做任何事情都要尽量让你看起来像个好人，这样做益处无穷。实际与表象
虚假的评价不会持久，所以，如果你真的不是一个好人，靠长时间的
伪装是十分困难的。这是我父亲告诉我的。（$Q^{1-2}3$；A49；B2）

【相比原先版本内容，C 辑中此条备忘录已经变得非常精简。作者再次提
及他的父亲，并且使用了第二人称，形象地还原了父子对话的场景。作为处世
建议，此条备忘录面对的似乎是民众（指善良的民众），而非政治人士。"看起
来像个好人"，让我们自然联想到"实际是否是一个好人"的问题。圭恰尔迪
尼极力推崇的观点是：一个政府，无论好坏，表面上都要显得统治有方，看上
去像一个好的政府。同样，马基雅维利在《君主论》（*il Principe*）中也对"表
面与实际"问题进行了充分说明。】

45. 我父亲还说过，赞美节俭吧！钱包里的一枚硬币要比你花掉十 关于节俭
枚硬币更能为你带来荣誉。（A140；B164）

　　【继续上一条内容，作者再次提及自己的父亲。这两条备忘录在原先的版本中被分开编排，而在 C 辑中被修订在一起，作者似乎有意将父亲的教诲归于一处，引起家人（读者）足够的重视。在这里，圭恰尔迪尼借父亲之口，表达了商业资产阶级应该用心经营财富、养成勤俭节约习惯的观点。】

权力与正义　　46. 我在担任管理职务时从来不主张残酷的手段和过度的惩戒，因为完全没有必要。除了有些案件需要特加惩罚以儆效尤，平时需要确保所有犯罪行为均会得到惩罚成为一种规矩，那么即使免去四分之一的罚金 [1]，也足以震慑所有人。（A15；B38）

　　【圭恰尔迪尼再次根据自身担任政府官职的亲身经历，提出惩罚手段的建议。文中再次指明理想的统治手段，不要过度暴力和残酷，但必须做到有罪必罚。当然，这样的手段更多适用于圭恰尔迪尼曾经处理的大量民事纠纷案件，而面对 C41 中提及的国家统治手段，还是应该沿用严酷和暴力的现实的管理手段。】

天赋异禀
的人与智
力低下的
人　　47. 加强学习不仅不能提升一个智力低下的人，反而会毁了他；但对于天赋异禀的人来说，则可以使其更加完美，超凡入圣。（A66；B91）

　　【结尾处表达了圭恰尔迪尼人文主义思想中对"人的伟大颂扬"的肯定，他认为人结合了神性和自然性，是上帝创造天地之间的完美之物。同时，作者也非常看重天赋，认为这是一个完美之人的先天条件。这里，圭氏重新评判了原先商业资产阶级眼中的传统文人形象，并认为，天赋加上知识使得人类可以突破认知的局限性，与古代对话，向经典看齐。】

暴力的使用　　48. 掌握政权不能仅凭良心的支配。如果追溯政治权力的源头，会发现几乎都是暴力起家（只有在自己的国土上建立一个共和国除外），无一例外。即便是皇帝也无法超脱这条规律，同样教士也难以免俗，而且他们能够使用精神和世俗两种武器，进行双重的暴力袭击。（A70；B95）

---

[1] 原文为"el punire e delitti a 15 soldi per lira"，文字本意为"只需要罚款十五分钱（相对一里拉）即可"。在当时，一里拉约为二十分钱，罚款十五分钱相当于一里拉（二十分钱）的四分之三，即省去了四分之一的罚金。

　　【此条备忘录内容不仅涉及权力和道德的关系，还有关于司法理论的论述。文中"只有在自己的国土上建立一个共和国除外"意指：在本国领土以外的区域内建立共和国，即统治外邦人民时，也得依靠暴力手段。文末充分显示了圭恰尔迪尼对教士人员的憎恶之情，认为他们"凭借双重武器，进行双重暴力袭击"。开头部分指出，既然所有政权无一例外都靠暴力获得，那么在权力实施的过程中，不使用暴力是不可能的。】

　　49. 想要保守秘密，就要对所有人保持缄默。因为有很多原因会促使人们去散播闲言碎语：有人因为笨，有人因为利益，有人想要表现出自己无所不知。假如你在没有必要的情况下向他人吐露了秘密，那就不要对他把秘密公之于众而感到惊讶，因为对他来说无足轻重，而这只会给你带来麻烦。　　避免无用的信任

　　【关于为人处世的建议：不要向他人轻易吐露秘密。我们无法要求别人也能像我们一样谨慎、恪守秘密，因此面对他人，我们只能缄默不言。秘密在众人之间广泛的流传性特征，使得我们不得不谨慎对之。】

　　50. 不要浪费时间去参与那些只能使城头变幻大王旗，而不能铲除你内心真正不满的政变，因为这种变化只会让你继续保持心中的不满。举例来说，美第奇家族的手下乔瓦尼·达·波比 [1] 被逐下台之后，取而代之的是贝尔纳迪诺·达·圣米尼亚托 [2]——一个品性和才能与前者毫无差异的人，这能带来什么好处呢？（A29；B54）　　无用的政变

　　【与下一条内容紧密相连，探讨佛罗伦萨政变的情况。谈论对象直指佛罗伦萨广大民众，暗指近一个世纪以来他们所参与的各类政变，都很难真正改变政治格局，起到的作用微乎其微。文中列举的人物范例在前后三个版本中（C

---

[1] 乔瓦尼·达·波比（Giovanni da Poppi），曾任"乌尔比诺公爵"洛伦佐二世的秘书。圭恰尔迪尼在担任莫德纳（Modena）和雷焦（Reggio）地区总督的早期，与其有着直接联系。

[2] 贝尔纳迪诺·达·圣米尼亚托（Bernardino da San Miniato），是洛伦佐二世在热那亚（Genova）的军事代理人。C 辑作品中出现的这两个人物，同样出现在 A 辑中（A29），但是在 1528 年的 B 辑版本中（B54），这两个人物被戈罗大人（messer Goro Gheri）替代，后者 1513 年起成为美第奇家族统治下的大臣，在佛罗伦萨政治事务中扮演了举足轻重的角色。

辑、A 辑、B 辑）均有所差异。】

无用的起义

51. 任何想在佛罗伦萨推翻政府统治的人都是不明智的，除非他别无选择，或是想成为新政府的领袖。因为一旦起义失败，他的身家性命都会受到极大的威胁；即使成功了，他也只能从他所期望的好处中分得一小杯羹。赢面太小，赌注太大，玩这样的游戏简直是疯了！而且，通常更大的麻烦还会等着你，一旦你试图引起政变，那么接下来你会受到接连不断的折磨：对新政变产生的恐惧。（A28；B53）

【紧接上一条，继续探讨作者的政治立场。圭恰尔迪尼认为，推翻佛罗伦萨现有政体的任何尝试都是徒劳的，同时他对两类人进行了对比说明：一类人出于对自由的渴望而起义，一类人出于对自身利益的追逐而造反。这两类行为均如同参与一个赢面太小、赌注太大的游戏，实在是不可取。】

一时的帮手

52. 经验证明，随着时间的流逝，那些帮助别人取得成功的人，通常与被帮助的人关系都不好。原因在于掌权的君主非常了解他的帮手的能力，怕有朝一日这个人会想要回他所给予的一切。然而，也有可能，这个人认为自己付出了太多，想要得到更多的回报。一旦愿望落空，他就会感到不满，致使他与君主之间产生怨恨和猜忌。（A103；B126）

【作品中经常出现的话题之一：人类相处艺术及原则。作者透过细致的心理分析，描绘了人类普遍的行为特征，阐明了君主对帮助自己人所怀有的猜忌和不信任特征：为了自身的权力和利益，他们通常都会防着自身的帮助者。】

君主的开路者

53. 那些辅佐我登上王位的人，每当想让我按照你的旨意来统治，或者希望在降低我本人权威的事情上向你让步，这么做都是在抵消你为我做过的好事！因为你现在的行为就是在全部或部分地剥夺过去你帮助我获得的权力。（A104；B127）

【紧接上一条内容，继续探讨君主与其相助者相处的艺术。作者在这里使用第一人称和第二人称进行说明（仅出现在 C 辑版本中），将自己视为君主，将"你"视为帮助过我的人，论证效果更加震撼，更具现场感。】

54. 担负守城职责的人，首要目标就是尽其所能拖延时间，坚持到底。因为俗话说得好，时间就是生命：拖延时间，可以带来更多机会，也许是一开始看不到或者想不到的机会。（A145；B169）　时间就是生命

【作者借助俗话"时间就是生命"论述拖延时间的意义，并将其运用于战争场合，暗指面对城市被包围进行的顽强抵抗坚持得越久越好（C64、C192 也有类似的论述）。这是圭恰尔迪尼关于"合理有效利用时间"观点的论据之一。】

55. 不要倚仗未来的收益，现在便大手大脚地花销。因为未来的收益也许不会如期而至，而且收益甚少的情况也时常发生。相反，利息却会日益增长 [1]，很多商人都是因为这个疏忽而破产的：为了获取更高的利润，他们不惜举债还利。一旦生意失败或者资金回笼较慢，他们就会面临被借贷压垮的风险，因为债务利息的滚动是永不停止、永不减弱的，只会加快步伐耗尽财产。（A31；B56）　商人的破产

【此条备忘录充分体现了作品"家庭备忘录"的特征，提出了商业经济领域中的实用建议。面对资本投资，尤其是银行金融，我们需要特别谨慎，合理规划管理自己的财产，同时关注符合市场经济的规律特征。文中再次强调未来不可预测的观点。】

56. 理财的含义在于教会你如何花得值，而不是避免花销，因为花销常常在所难免。也就是说，花一个格罗索能起到二十四个夸特里尼的作用。[2]（A138；B162）　好的花销

【继续上一条有关财富的探讨，这里作者提出如何花钱的建议。相比较原先版本，C 辑最终版中的内容已经做了大幅删减，原先有关理财（节俭）和投资（赚钱）的区分，即开源与节流关系的描述被删除。】

---

[1] 原文为 "le spese sempre multiplicano"，根据现代意大利语应该写成 "l'ammontare degli interessi cresce"，中文应译成"利息却会日益增长"。在现有两个中译本中均被译成"花销会不断增加"，实际上，这是圭恰尔迪尼用古代意大利语创作的作品在译成英文过程中产生的谬误。

[2] 格罗索（grosso）和夸特里尼（quattrini）都是货币的名称。在当时，二十个夸特里尼等于一个格罗索，这里"花一个格罗索能起到二十四个夸特里尼的作用"的意思是花一分钱能起到两分钱的作用。

有关星相
学家

57. 星相学家比其他人都要走运！在一百个谎言中夹杂一个事实，人们就相信他本人和他所设下的骗局；而其他人在无数真话中讲了一句假话，人们就不信任他了，即使他所说的是真话，人们还是不相信他。因为人们生性好奇，急于了解未来，却苦于没有门路，所以就只能跟随在这些愿意向其透露天机的人的身后。（A121；B145）

【此条备忘录采用排比句式，表述极具震撼力，给人以深刻的印象。作者在这里表明了他本人对星相学家及其预言未来的反感。文末分析了人类深层的心理特征：由于好奇心作怪，才造就了开头所说的星相学家的"走运"。C207中作者再次提到星相学家，指出他们对未来的预测完全是不可信的。】

未来不可知

58. 哲学家 [1] 说得好：没有人能够准确预言关于未来的变故。无论你去哪里，走得越远，就越会发现这个说法的准确性。

【紧接上文有关星相学家的论述，作者阐明了"未来不可预测"的观点，这也是全书的核心观点之一（另参见 C23）。圭恰尔迪尼的众多哲学观点深受亚里士多德的影响，他借助后者的名言，并将其比作谚语，提高了自身观点的可信度。此条内容第一次收录在作品最终版 C 辑中。】

恐惧

59. 教皇克莱门特 [2] 经常为一些不足挂齿的危险而惶惶不安，我曾经对他说：对这种毫无由来的恐惧，最好的解决办法就是时常回忆一下有多少次被类似的场面无谓地吓倒。我这样的建议并不是教人无忧无惧，而是规劝他们，不要事事担惊受怕。

【此条备忘录仅在 C 辑版本中出现。作者面对克莱门特七世教皇犹豫不决、优柔寡断性格的描述，暗指这样的性格造成了后来"干邑联盟"（Lega di Cognac）[3] 军事行动的失败，同时继续强调"未来不可预测，预言没有意义"的

---

[1] 这里，圭恰尔迪尼指的是古希腊哲学家亚里士多德（Aristotele），并将其视为哲学家的代称。

[2] 克莱门特七世，美第奇家族教皇，原名朱利奥·德·美第奇（Giulio de' Medici），朱利亚诺·德·美第奇（Giuliano de' Medici）的儿子，大洛伦佐的侄子，1523—1534年在位。此人是圭恰尔迪尼的亲密合作者，是一位精明胆小、犹豫不决的教皇。

[3] 1526 年 5 月 22 日，教皇克莱门特七世在圭恰尔迪尼的建议下签订的协议，他联合教皇国、佛罗伦萨、法国、米兰和威尼斯，共同对抗查理五世。

观点。作者根据自身的经验和对心理行为的深刻分析，为教皇提出了实用建议，同时阐明建议的真实目的：不是教人无忧无惧，而是不必事事担惊受怕。圭恰尔迪尼在其另外的作品中，也经常对比分析其辅佐过的两任教皇，对克莱门特七世的评价基本都是两个词：犹豫不决，优柔寡断。】

60. 过人的才智只能给人带来痛苦和折磨。这不仅毫无用处，而且还会让这些人比一般人的内心更加困惑和焦虑。（A92；B115）　　天赋

【开篇点明观点，语气坚定，不容置疑，探讨过人才智与内心折磨的关系。人类智力的局限性在于能够意识到事物的复杂性，但无法理清内在的关系；面对这样的事实，内心往往无比痛苦，备受折磨，充满悲观情绪。文末点明人类心理的自然属性和先天趋势：由于自身智力的局限，智者的内心往往更加痛苦，更加不安。】

61. 人的本性千差万异：有的人天性乐观，东西还未到手，他们就已经志在必得；有的人毫无自信，未曾到手之物，他们不会抱任何希望。我个人的情况更倾向于后者的悲观，而非前者的乐观。像我这种性格的人，不会自欺欺人，但是会有更多的烦恼。（A52；B77）　　人类的性格

【作者探讨人类个性的差异，并进行了简单的分类。圭恰尔迪尼根据自己的人生经历，认真审视了自己的内心，发现自己属于天性悲观的一类人。文末提到的"不会自欺欺人，但是会有更多的烦恼"也是作者内心现实的写照，就像上一条备忘录中所说的"过人的才智只能给人带来痛苦和折磨"，也许这也是作者对其悲观天性的自我安慰。圭氏承认对生活的不满，并用一种悲观主义的态度来审视这个世界和周遭的人群。】

62. 与失去的危险相比，那些没有经验的人通常更易于被得到的希望所打动。其实，应该反过来才对，因为不失去东西应该比得到东西更显得自然。出现这种错位情况的原因在于，一般来说希望比恐惧更有力量。然而，人们更倾向于当惧不惧，却在毫无希望的时候抱有幻想。　　得与失

【此条备忘录仅收录在 C 辑中，非常符合作者论述问题的常用结构：1. 通过观察人类行为得出普遍现象；2. 点明此类现象的不合逻辑性；3. 分析此类不合逻辑现

象的深层原因。文末使用对仗的修辞手法，简单明了地指出人类的本质属性。希望与恐惧是人类心理两大重要特质，无论是面对"个体的人"（如C5）还是"群体的人"（如C173），这两种特征都普遍存在。有关此话题的探讨在C134中也有体现。】

老年人与
年轻人　　　　63. 我们时常看到，老年人比年轻人更加贪婪。这样的事情应该反过来才对。因为老年人所剩时日不多，不需要太多东西就会满足。人们常说贪婪的原因在于他们更胆怯，但是我并不认同。我见到很多老年人更为残酷，更为好色，就算行动不是如此，想法也是如此，而且他们比年轻人更惧怕死亡。我想真正的原因在于：人活得越久就越习惯，对人世间的事物就越是依恋。结果是老年人越是心有所念，心就越易于为之所动。（A38；B63）

【此条备忘录再次针对人类的行为特征进行深入分析，并得出与惯常理性思维相反的结论。作者谴责老年人的行为，颠覆了古典传统文化中视老年人为智者形象的概念，符合圭恰尔迪尼现实主义思想风格，即强调"现实中的情况"，而不是"理想中的情况"。中间部分，作者提出对老年人的终极评价：比年轻人更为残酷，更为好色，就算行动不是如此，想法也是如此。】

防御技巧　　　　64. 1494 年[1]之前，战争总是旷日持久，也没有那么血腥，要征服别人的土地，同样更费时费力。那时已经启用了炮战，但是操控技术有限，杀伤力也不大，因此，那些掌权者因为战争失败而下台的风险不是很大。当法兰西人进入意大利时，他们提高了战争的效率，到

---

[1] 1494 年，法国国王查理八世（Carlo VIII）入侵意大利，开启了长达 60 年之久（1494—1559）的"意大利战争"（Guerre d'Italia）。它是一系列战争的总称，战事地包括多数意大利城邦、教皇国、西欧各主要国家（法国、西班牙、神圣罗马帝国、英国与苏格兰）以及奥斯曼土耳其帝国。战争起源于米兰公国与那不勒斯（Napoli）王国间的纠纷，随后迅速转变为各参与国间争夺权力与版图的军事冲突，伴随联盟、反联盟及频繁地断交与背叛。这场战争原本是意大利的强邻为宰割和瓜分意大利而发动的，后来演变成了一系列争夺欧洲霸权的战争。

1521 年时，只要输掉战争，国家也就没落了。普洛斯佩罗·科隆纳[1]
因为在"保卫米兰"一战[2]中大获全胜，第一次教会了我们怎样抵御外
来军队。通过这个例子，我们发现统治者与他们在 1494 年之前一样安
全，只不过手段改变了而已。过去是因为人们不擅长进攻手段，而现
在他们掌握了防御技巧。（A94）

【圭恰尔迪尼探讨战争艺术的进化问题，包括战争方式、战争技术的改
变，特别提到了战争防御技术的发展。文中列举科隆纳将军 1521—1522 年
"保卫米兰"的著名战事，视其为军事艺术发生重大改变的关键战役，并与
1494 年之前的战争方式进行了区分。】

65. 第一个把部队行装取名为"包袱"的人，真的是才智过人。那　包袱
个提出"部队开营极其艰难"的人，也是相当不错的。部队在开营之前，
要把所有需要的大小物件都收拾备齐，实在是一件极费功夫的工作。

【此条备忘录仅收录在 C 辑中，与上一条内容相近，继续探讨军事主题。
1521—1522 年，圭恰尔迪尼任教皇军总司令，近距离地与军队接触，亲眼看
见了军队日常训练、驻扎、行军等各类军事行动，深切感受到军队管理的复杂
性和困难性。】

66. 不要相信那些热情鼓吹自由的人，因为这些人都在打着自己的　关于自由
小算盘。经验常常证明，一旦这些人发现他们在一个专制政府下能更
好地混职发迹，他们总是趋之若鹜。（A82；B106）

【作者再次根据自己的政治经历，对佛罗伦萨大众政府提出了建议。圭
恰尔迪尼认为，不要被广大民众所欺骗，虽然他们口头上声称拥护大众政府
的自由民主，但是一旦自由不能给他们带来实际利益，他们会掉头转向可以
给他们更好待遇的专制政府，这里暗指美第奇家族统治的政府。文末"趋

---

[1] 普洛斯佩罗·科隆纳（Prospero Colonna），著名将领，1501 年在西班牙军队的支持
下，打败了法兰西人。1521 年夏天，他被任命为教皇军最高军事统帅；圭恰尔迪尼
任总司令，因此得以有机会近距离接触科隆纳将军。1522 年 4 月，科隆纳在比克卡
（Bicocca）战役中打败了劳特元帅（maresciallo di Lautrec），成功地保卫了米兰公国。
[2] 1521 年 11 月，法国人攻陷米兰，教皇军在科隆纳将军的率领下誓死保卫米兰，取
得胜利。

之若鹜"的描述很好地展现了这类鼓吹自由之人的真实嘴脸；圭恰尔迪尼对这样的人和其言论充满怀疑，认为此行为很好地掩盖了他们内心的真实意图——追逐自身利益。】

关于军队
指挥官

67. 世界上没有任何一件差事或一项职务，会比指挥部队需要更高的才智。不仅是因为这个职位本身的重要性，还因为作为军队指挥官，必须考虑并处理无数的事情。他需要有良好的预判能力，同时又能迅速弥补自己的劣势。（A100；B122）

【作者阐明军队指挥官工作的责任和困难，这一主题在圭恰尔迪尼众多作品中（尤其是《意大利史》[*Storia d'Italia*]）均有涉及，用于论证其"战事的不可预知性"观点。在描述军队指挥官时，作者再次提及他眼中一个优秀的政治人物所应具备的特质，即良好的预判能力。】

关于中立

68. 当别人陷入战争的时候，自己却保持中立，这对于那些无须惧怕任何赢家的强者而言是非常明智的举措。因为强者可以毫不费力地保护自己，同时可以在混乱中捞得好处。但是如果你不是强者，保持中立就是一种不妥且有害的行为了，因为无论是赢家还是输家都会拿你来出气。在一切中立中，最糟糕的要数那些因为犹豫不决，而非主动选择而导致的中立了。换句话说，因为你的优柔寡断、犹豫不决，甚至会得罪到本来你发表一个中立声明就会感到满足的那一方。这样的失误，在共和国中出现的概率往往比在君主国中要高，因为在共和国中决策者内部常常大搞派系斗争，一派想往东，另一派想往西，谁也不服谁，永远得不出一个统一的决议。1512 年发生的那一幕[1]，就是如此。（$Q^2$18；A85；B15、16）

【圭恰尔迪尼在这里探讨了一个全新话题：中立论。他坚定地认为选择中

---

[1] 1512 年，佛罗伦萨人民拒绝加入神圣联盟（Lega santa），共同对抗路易十二（Luigi XII）率领的法兰西军队，而只是采取了一个软弱的中立态度（历史上传统的亲法态度），同时也不对法兰西给予帮助，后来佛罗伦萨成了西班牙和教皇手中的猎物。1512 年 8 月，普拉托（Prato）遭遇皇帝军队洗劫，紧接着佛罗伦萨共和国"终身正义旗手"皮耶罗·索德里尼（Pier Soderini）被迫下台；乘此机会，美第奇家族在被流放 18 年之后重返政坛。

立往往是有害并且危险的，对于任何一方都不利，这一观点与马基雅维利如出一辙。在全书所有涉及中立话题之处，作者的矛头无不指向民主政府，批判其优柔寡断、犹豫不决的缺点。文末指出，1512 年在教皇国与西班牙联合对抗法国时，佛罗伦萨大众政府所表现出的犹豫不决，变成被动中立的典型事例。文中另外指出，共和国内部众多的派系斗争，是引发被动中立的主要原因，所谓的"人多嘴杂"，人人都不服气对方，导致政府意见永远不得统一，迟迟拿不出决议，最后发展成中立局面；而在君主国中，君主具有绝对的话语权，往往根据自身的判断，可以很快拿出方案，表达明确的态度。】

69. 仔细观察，就会发现，从一个时代到另一个时代，人们说话、遣词造句、服饰和建筑的风格，以及他们的文化，所有这些东西都在变化。一种在某一时代备受赞赏的食物，到了另外一个时代，或许就不对人们胃口了。（A93；B116）　时尚与品位

【作者对于世间万物的不断变化感到惊讶万分，同时从各个方面的事物举例说明，充分验证其观点。对照阅读 C143，那里圭恰尔迪尼指出很多历史学家都忽略了他们那个时代的事物特征，没有详细记录。殊不知：一个时代的特征，在另一个时代，也许就会消失或改变，因为时间会带走一切事物，包括记忆。这里，作者从物质生活的角度出发，具体论证了时代的变化性。在最初版本中，作者不仅表达了时代的变化性，还提出空间、精神、需求的可变性，这些内容在 C 辑版本中被删除。】

70. 考验一个人的灵魂，要看他在遭遇突如其来的危险时的表现。那些坚持下去的人（这样的人少之又少）才真正可以被称为勇敢和无畏。（A36；B61）　勇者

【作者通过对人性特点的观察总结出的人生经验，可以视作他为家人提出的有效建议和参考标准，语气坚定，不容置疑。】

71. 当你观察到一个城市开始衰落，一个政府正在发生变化，一个全新的帝国正在成长，或是类似的事情（有时候这些事情是相当引人注目的）正在发生时，你要特别小心，不要估错了时机。由于事情本身的　事物的发展

性质，以及它所面临的种种困难，这种变化会比大多数人想象中的慢得多。在这类事情上判断错误会对你产生极大的损害。因此还是小心为妙，因为很多人都为此栽了跟头。在私人和个体事件上这种情况也同样存在，但在公共大众事务上，这样的情形更为普遍。因为后者基数更大，所以运行进展更为缓慢，其间可能遭遇的变故也非常多。（A116；B140）

【作者提出"在对变化中的事物做出判断时需要格外小心"的观点。文中摆出诸多历史政治事实，充分论证该观点。事物发展变化不仅包含个体的发展进程，也包括集体组织的发展进程（如国家、社会的发展等）。与众多其他备忘录一样，这里充分体现了圭恰尔迪尼"世间万物难以判断"的观点：人类思维的局限性，面对众多具体事物、细节相互交织发展的事实，很难判断其变化过程（如 C23 中所指出的未来的不可预见性）。人类很容易被现实情况所迷惑，以致"很多人为此栽了跟头"。在早先版本中，圭恰尔迪尼还指出"我们的生命是短暂的"，人类基于短暂的生命而对长期的历史做出的判断经常会发生错误。】

胜者的仁慈　　72. 生命中没有一件事，比亲眼看见你的敌人在你面前跪地求饶更让人向往和荣耀了。而一旦处置得当，这种荣耀将会加倍。展现你的仁慈，在胜利面前适可而止，这样的做法值得称道。（A10；B34）

【C72、C73、C74 三条备忘录为一个整体，探讨仁慈和报复的话题。文末提出使用仁慈这一人文主义思想的重要内容，在取得胜利的同时不忘仁慈，这是最高荣耀。正确使用该手段，是个体价值在公共认知方面的巨大体现。在前两个版本中，作者还提到使用仁慈手段是人类生命中必须遵守的准则，同时，正确使用仁慈也是一个具备宽容态度的杰出统治者的至高荣耀。】

慎用仁慈　　73. 亚历山大大帝 [1] 也好，恺撒 [2] 也好，所有以仁慈著称的伟大统

---

[1] 亚历山大大帝（Alessandro Magno），即亚历山大三世，马其顿帝国国王，亚历山大帝国皇帝，生于古马其顿王国首都佩拉（Pella），古代著名的军事家和政治家。此人是欧洲历史上最伟大的四大军事统帅之首，其余三人为汉尼拔（Annibale），恺撒（Cesare），拿破仑（Napoleone）。

[2] 恺撒（Cesare），史称"恺撒大帝"，罗马共和国晚期杰出的军事统帅、政治家。他曾担任过执政官，后被元老院推举为终身独裁者，以其卓越的才能成为罗马帝国的奠基者。

帅，一旦面对有损他们胜利战果的事情时，就不会再心慈手软了，否则就是愚蠢。只有在他们的安全得到保障，而且对增加他们的名声大有帮助的时候，这些人才会显示出怜悯之心。

【此条备忘录仅出现在C辑版本中，继上一条，继续探讨仁慈主题。人文主义者对于仁慈的颂扬，此时出现了两类情况：对自己的荣耀造成影响时，统治者不再仁慈；不影响自己的荣耀时，尽量使用仁慈。文中列举历史上两位著名的善用仁慈手段的人物，充分论证了仁慈手段使用的两面性观点，同时圭恰尔迪尼再次重申"表面上显得如何"，认为至少要在表面上显得仁慈。】

74. 报复并非总是出于仇恨或是邪恶的本性。有时候报复是必要 报复的，可以让他人学会不得轻易冒犯你。实施报复行为，只是就事论事，而对其本人并没有深深的敌意，这样的做法是值得肯定的。

【此条备忘录仅在C辑版本中出现，全书中作者唯一一处探讨报复行为的话题。这里，仁慈与报复被视作人类用理性控制行为的两个极端表现。圭恰尔迪尼通过对人性的观察，指明了报复行为的实质和作用，并强调，选择报复行为是一个拥有权力的统治者冷静思考下的决定：报复只能就事论事，不能将报复指向对方本人。】

75. 教皇利奥十世[1]引述他父亲洛伦佐[2]常说的一句话："记住，那 说坏话些说我们坏话的人并不爱我们。"

【此条备忘录仅在C辑版本中出现，与C14中有关朋友、友谊的话题相呼应，阐述作者对人类行为的细致观察和深入分析后的结果。与C72、C73、

---

[1] 教皇利奥十世（Leone X），即乔瓦尼·德·美第奇（Giovanni de' Medici），1513—1521年在位。此人为美第奇家族大洛伦佐的二儿子，8岁成为大主教，38岁被选为教皇；一生爱好艺术，为兴建圣保罗大教堂而耗尽教廷财产，后让教会出售"赎罪券"（indulgenza）以收揽财富继续完成工程。大洛伦佐的大儿子皮耶罗·德·美第奇（Piero de' Medici）1492年继承父亲的职位，但仅仅过了两年，便被赶出佛罗伦萨；三儿子朱利亚诺·德·美第奇（Giuliano de' Medici）1515年被法国国王封为"内穆尔公爵"（duca di Nemours）。

[2] 洛伦佐·德·美第奇（Lorenzo de' Medici），即大洛伦佐，佛罗伦萨统治者，又称"豪华者洛伦佐"。他所生活的时代（1449—1492），正是意大利文艺复兴的黄金时代；他本人十分爱好文化艺术，曾赞助过米开朗基罗（Michelangelo Buonarotti）和达·芬奇（Leonardo da Vinci）等艺术家。

C74 三条备忘录有一定的联系，借由大洛伦佐的话，提出"面对敌人（说我们坏话的人）时应该采取仁慈及报复手段并加以合理运用"的建议。开头部分，引用美第奇家族教皇的话是作者的有意安排，大洛伦佐提醒自己的家族成员：任何不爱我们美第奇家族的人，随时都有可能成为家族的威胁，千万不能让他们的坏话变成威胁。】

过去、现在与未来

76. 过去与现在存在于世的东西，将来也会存在，只是名字和外观有所改变。没有慧眼[1]的人是无法辨识的，也不知道根据具体情况该采取何种措施，做出何种判断。（A91；B114）

【作者在这里提出一个看似矛盾的观点，认为世间万物恒久存在，几乎不存在变化，确实与"无法根据历史先例得出普遍规律，得出永恒不变的经验"（参照 C110 和 C117 的内容）的观点相互矛盾。但如果我们联系 C12（人生经验和对事物的具体认知在各国各地几乎都是相同或相近的）的内容，就会发现似乎又有一定的延续性。这确实是一个自相矛盾的地方（圭恰尔迪尼一贯主张"世间事物的细微差异、具体细节是不可忽略的"），但是回过头来，我们发现在 A 辑第 91 条备忘录中，作者在谈及过去的历史时，将其比喻成"理解现在的明灯"（un lume utile a comprendere il presente），将过去的历史视为当下事物的有效指导；而在 C 辑版本中，内容稍稍有所变化，更加强调事物外部特征的细微变化，以至于没有良好眼力的人是察觉不出其真实面目的。在这里，作者实际上想要说明的并不是开头所言的"过去与现在存在的东西，将来也会存在"，而是将重点放在了后半句"只是名字和外观有所改变"：一般人不会觉得存在任何变化，只会得出与过去相同的结论和判断，只有具备良好觉察力的人才能正确做出新的判断，因为他们洞察到了细微的变化。】

让人期待的决定

77. 我在西班牙担任大使时，发现每当他们最有权势最具智慧的天

---

[1] 原文为"buon occhio"，意为"好的眼光，慧眼"。作者这里实则强调的是"capacità di discernimento"，即"洞察力，觉察力"。

主教国王，阿拉贡的斐迪南大公 [1]，要开创某项新事业，或是要做出一个重大决定时，他会使用这么一个路数：在他的决定公之于众之前，朝野上下就已经呼声鼎沸，人人都在力劝国王应当如此行事。正当大家对此千呼万唤的时候，他就借机公布他的决定。这时，他就会获得臣民和手下不可思议的支持和拥戴。（A26；B51）

【圭恰尔迪尼根据在西班牙担任大使期间的亲身经历，近距离地观察了斐迪南大公陛下，对他的政治手段印象深刻，认为他是一位充分懂得谨慎行事的国王。作者对斐迪南大公陛下极尽赞美之词，尤其对他的政治才能更是赞不绝口。我们可以参照阅读 C105，那里作者对其虚伪、欺诈的统治手段进行了更为详细的描述。】

78. 在适当的时机做某事，极易成功，实际上它几乎可以自行完　恰当的时机
事。而在时机尚未成熟之时办这些事，不但容易失败，甚至等到时机真正来临，也很难成功。因此，不要贸然行事，也不要激化事态，而是等待事态成熟，等待正确的时机。（A95；B117）

【此条备忘录探讨作品前两个版本的主要论题之一：时机的把握。作者将智慧与谨慎联系起来，充分论证了"耐心等待时机成熟"的观点，这也是马基雅维利所尊崇的政治行为方式。在作品中，圭恰尔迪尼不止一处提出"善用其时"（godere el beneficio del tempo）的看法。正确选择时机，是根据事物内部变化性质而采取的正确行事方法，同样的道理也适用于政治场合。】

79. "聪明人要善用其时"，这句话如果理解不当，就会很危险。　善用其时
因为机不可失，时不再来，因此很多情况下必须当机立断，立刻行动。但是，一旦你处境艰难或陷入麻烦之中，你最好拖延时间，等待时机，因为时间常常会启发你，帮助你摆脱困境。如此理解上述谚语，是有好处的；用其他方式理解，总是危险的。（A51；B76）

【紧接上一条，继续探讨有关时机选择的话题。作者认为一般人对于谚语

---

[1] 阿拉贡的斐迪南（don Ferrando d'Aragona），西班牙国王，自称"天主教徒斐迪南"（Ferdinando il Cattolico）。圭恰尔迪尼曾以佛罗伦萨大使的身份，驻其宫廷两年（1512—1513），这也是他政治生涯中第一份重要的公共职务，时年 29 岁。

"聪明人要善用其时"的理解往往是不全面的，只知道"机不可失，时不再来"，必须当即行动，却往往忽略了择时有时也指的是拖延和等待，忽略此方面总是危险的。同时，作者强调谨慎等待与适时行动的选择是政治行为的首要原则。】

把握机会　　80. 能看到同样的机会再次出现，这样的人是幸运的。即使是聪明人，也可能会浪费或错失第一次机会。但意识不到也抓不住第二次机会，此人就是一个十足的傻瓜。（A118；B142）

【与C78、C79一同构成关于时机把握话题的"三重奏"，这里，作者再次强调识别机会、把握机会对于成功的重要性。】

不要倚赖　　81. 无论未来事件的发生看起来有多么必然，也不应该全然倚赖
预测　　它。必须有一个备选方案，以便在事情没有按预期发生的时候，不至于乱了阵脚。经验证明，这是一个明智的做法，因为事情往往会与我们常规的预测大相径庭。

【此条备忘录仅在C辑中出现，作品中众多有关"未来不可预测"及"结果经常出乎我们的意料"的论证之一。针对这一特征，作者提出一条非常实用的建议：做两手准备（备选方案）。这是圭恰尔迪尼根据经验提出的又一项智者应具备的能力。】

评判细节　　82. 祸患常起于细微，成功常源于细节。因此，注意并权衡所有事物，无论大小，这才是明智之举。（A2；B25）

【作者提出在做决定和判断时不要忽略任何细微事物的建议，继续论证"世间万物不可预测"的观点。开头部分，强调了事物发展的不可预见性和客观性。圭恰尔迪尼在作品中时常将人类的动机与行为的结果进行对比，总是发现二者的不一致性，因为，他发现人们往往忽略事物的细节和微小的变化，从而导致结果的差异。】

考量事物　　83. 我曾经认为，无论自己花多少时间去思考，这次没想明白的事情，下次依旧想不明白。但实际上，以我及他人的经验，事实恰恰相反。人们对事物思考得越多越深入，他们的理解就会越透彻，执行起

来就会越顺畅。（A50；B75）

【作者对年轻时直觉判断（我曾以为）的否定，阐明了大部分人的定式思维习惯。深入思考这件事，随着时间的流逝和阅历的丰富，逐渐被作者视为是极有必要的。前后对比，我们能够充分体会到作者思想不断走向成熟的过程。】

84. 如果你想成为一个执政者，就不要让任何一桩政治行政事务与你失之交臂，以免等你想做的时候，机会已经悄然离去。当你成为执政者之后，事情便会一个接一个到你手上来，无须特别花力气去找事情做。（A74；B99）　　政治事务

【作者提出的又一条实用建议：把握机会，特别对于在政治仕途上有所追求的人来说，把握每一桩事务的机会显得极为重要，同时千万不能远离政治场合。】

85. 不同的人拥有不同的命运（sorte），即使是同一个人，运气也并非一成不变。有可能做这件事情走运，做另一件事情则背运。我在一些不费资本但费力气的事情上比较走运，而在其他的事情上却不走运。我常常是有心栽花花不开，无心插柳柳成荫。[1]（A114；B138）　　人类的命运

【与"人类属性差异的不可预见性"观点稍稍不同，这里作者根据自身职业生涯的实际情况，对人类的命运差异进行了论述，提出"同一个人身上会出现不同运气表现"的观点。】

86. 做大事或正在寻求权力的时候，你要隐藏你的失败，夸大你的成功。这种骗术与我的性格恰恰相反。但是，既然你的事业往往更取决于他人对你的评价，而非客观事实如何，那么给人营造出一切顺利的印象，不失为一个好方法。负面的评价会阻碍你的成功。（A107；B130）　　政治乐观主义

【作者提出"隐藏自己的失败，夸大自己的成功"的观点。从道德角度来说，这是一种欺骗，更是一种虚伪，圭恰尔迪尼也宣称这样的做法与自己的天

---

[1] 原文为"con difficoltà ho avuto le cose quando l'ho cercate; le medesime, non le cercando, mi sono corse drieto"，字面意为"我苦心追求的，难以获得；无心追求的，接踵而来"。这里进行了意译，并参考《圭恰迪尼格言集》（王坚译，南京：译林出版社，2012 年）第 20 页的相关内容。

性相悖，似乎在为自己撇清争议。这本身没有任何问题，但是后半部分作者话锋一转，承认这种做法的合理性，让人倍感意外。但是当作者摆出"你的事业取决于他人的评价，而不取决于客观事实"的论点时，我们就能理解其合理性的原因所在。圭氏认为，人类面对世间众多事物，都会被其表象所蒙骗，无法真正看清其本质。这里，作者以自身职业生涯为背景，认为职业成败取决于他人评价，即"表面如何"，而非客观事实，即"实际如何"。另外，此条备忘录还体现了圭恰尔迪尼实用主义与现实主义相结合的特点：为了达到目的（实际效果和利益），有时需要关注"表面如何"，而非"实际如何"，即便这与你的本意相悖。】

朋友与亲戚　　　87. 从亲戚朋友那儿，你总能获得你自己和他们都意识不到的好处，而且远远超出那些已经被意识到了的好处。你请求他们帮助的时候并不多，但平常只要别人相信你一旦有需求就会寻求他们的帮助，你就能受益匪浅。（A47；B73）

【作者提出的另一条处世经验，强调在社会中建立人际关系网的必要性。在最初版本中，作者仅仅将关系网限定在家庭范围内，主张与家人建立良好的关系，并没有提到社会中的朋友。关于朋友的社会政治意义，可以参看 C14 的内容。在最终版本中，作者加入朋友这一类人群，将关系网扩大到整个社会，认为良好的朋友关系网是个人强有力的武器，也是一个人在社会中权威地位的体现。】

最高机密　　　88. 君主，或是参与国家大事的任何人，对那些不宜外露的事情，不光要保守秘密，而且还要让君臣上下均保持缄口不言，即使是那些看起来微不足道、无关轻重的事情也是如此，只有那些适宜公布的事情可以例外。这样，君臣上下对君主的事务毫不知情，他们就会胡乱猜测，好奇心十足；君主的一举一动，他们都会特别关注。（A25；B48）

【作者针对执政者提出精明的治国手段之一，即对于机密的处理分为两个不同的方向：不易外露的，坚决保守；适宜外露的，大力宣传。此条内容是基于作者个人的政治经历，并根据敏锐的观察得出的经验总结。文末部分提出，越是能够自持的君主，越是能够营造出一种模糊不清的政治局面，能够施行令人畏惧的政治手段，创造一种专制、不可捉摸的神秘氛围（人们出于好奇心，会关注君主的一举一动）。】

89. 除非来源可靠，否则对那些似是而非的消息，我是不相信的。因为我知道人性偏爱这样的消息，所以总有人乐意制造这类消息。而那些看起来不可能发生或意料之外的事情，却不易于捏造。因此，当我听到那些来源不可靠，又是预期之内的消息时，我对其的怀疑，要大过听到意外发生的消息时。（A120；B144）

似是而非的消息与不真实的消息

【此条备忘录关注信息的可靠性问题。这里，作者提出一个表面上看似矛盾的结论：那些能够被预见或预测的消息时常都是假的，因为这些都是显而易见、根据常识都能判断的消息（无须预测），同时也是人们心里想要接受的消息（人性偏爱这样的消息）。根据圭恰尔迪尼的观点，世间万物和未来都是不可预测的，并具有强烈的不可知性，而凡是可知的、可预测的事物，大多都是虚假的。】

90. 那些依赖君主宠幸的人，对君主每一个面部表情、每一个细微手势都极为关注，以便能够及时领悟其意，服侍周到，而这些又时常把他们自己害得够惨。应该保持头脑冷静，不要头脑发热，等待事情确信无疑时再采取行动。（A80；B104）

拍马屁

【作者借助在君主身边担任公职的政治经历，提出关于君臣相处的建议。这里作者生动描述了依赖君主宠幸之人的一言一行（对君主每一个面部表情、每一个细微手势都极为关注），形象表达了他对这类人的厌恶之情，并提出正确的行事准则，给人以深刻的印象。文中提到的"君主的手势"，在当时（尤其是在美第奇家族统治期间）几乎是一个君主或暴君发号施令的标志符号。】

91. 我永远都无法理解，为什么公正的上帝会允许米兰的统治权落

上帝的评判与罪恶的行为

入卢多维科·斯福尔扎[1]的后代[2]之手。斯福尔扎使用邪恶的手段[3]，为了得到米兰公国，毁灭了整个世界。[4]（A83；B107）

【这里与 C33 中提出"不义之财，传不过三代"的观点似乎有些出入，米兰公国的权力竟然在通过邪恶手段获得权力的斯福尔扎家族持续了三代之久（其子马西米利亚诺和弗朗西斯科二世）。作者使用"为什么公正的上帝会允许"这样的表述方式，意在将神性的审判引入到人类世俗的行为中，充分体现了其对于米兰公国历史上那个极端不负责任家族的严厉控诉，并视其为"引发意大利战争并摧毁全世界"的罪魁祸首。就在创作 C 辑的前一年（1529 年），斯福尔扎之子弗朗西斯科二世重新获得查理五世册封的"米兰僭主"称号，圭氏很难接受斯福尔扎家族统治米兰公国这一历史事实，情绪久久不能平复。】

上帝的评
判是无法
揣测的

92. 千万不要因为上帝帮助这个人成功了，就说上帝是善的；也不

---

[1] 卢多维科·斯福尔扎（Lodovico Sforza/Ludovico Sforza，1452—1508），又称"摩尔人"（il Moro），米兰公国法定继承人吉安·加莱亚佐（Gian Galeazzo）的叔叔。根据历史记载，在毒死自己的侄子后，斯福尔扎得到皇帝马西米利亚诺（Massimiliano d'Asburgo）的公爵册封。最终此人被路易十二（Luigi XII）驱逐，在法兰西以囚犯的身份死去。他的后代此后再也没有从皇帝查理五世手里抢回公国。

[2] 马西米利亚诺（Massimiliano，1493—1530）和弗朗西斯科二世（Francesco II，1495—1535）。马西米利亚诺曾任米兰公爵（1512—1515 在位）；1494 年法国人占领公国，开始入侵意大利，1512 年，在拉文纳（Ravenna）战役后撤离意大利，之后 1515 年，米兰公国再次落入法国新国王弗朗索瓦一世（Francesco I）之手。1521 年，教皇利奥十世和皇帝查理五世从法国人手中夺回米兰公国，1525 年，弗朗西斯科二世被查理五世免去"米兰公爵"头衔，紧接着在 1529 年又重新获得"米兰僭主"（signore di Milano）称号；几年之后弗朗西斯科二世去世，没有子嗣，至此，米兰斯福尔扎王朝正式退出历史舞台。

[3] 1480 年，斯福尔扎取代其侄子加莱亚佐（1476 年加莱亚佐的父亲，即当时的米兰公爵被杀害，当时加莱亚佐年仅 7 岁），成为米兰公国权力的实际操控者。1494 年开始成为官方统治者，将加莱亚佐（死于 1494 年）之子弗朗西斯科（Francesco）踢下王位。1499 年法国国王路易十二征服米兰，企图让其侄女瓦伦蒂娜·维斯孔蒂（Valentina Visconti）成为米兰公爵，最终斯福尔扎被迫下台。

[4] 出于对那不勒斯国王的惧怕（国王的一位女儿是米兰公爵法定人选加莱亚佐的遗孀），1494 年，斯福尔扎逼迫查理八世进军意大利，侵占那不勒斯王国，引发了之后长达半个多世纪的"意大利战争"（Guerre d'Italia）。在圭恰尔迪尼看来，斯福尔扎是将法兰西国王查理八世引入意大利，从而导致产生毁灭性的"意大利战争"的罪魁祸首，故称其"毁灭了整个世界"。

要因为上帝没让那个人成功，就说上帝是恶的。因为与此相反的事情时常发生。我们也不要去宣传上帝不正义的谬论，因为上帝的行事之道难于猜测，我们应该称其为"深不可测"[1]。

【此条备忘录仅出现在 C 辑版本中。开篇采用对称的修辞手法，坚定清晰地表明了作者的观点：不要轻易对上帝的行为做出评判。文末采用《圣经·诗篇》用语"深不可测"，也体现了传统观念里"上帝的审判是捉摸不透的"这个观点的神圣性和不可置疑性，即人类无法用自身的道德评判标准对上帝做出类似的评价。作者紧接上文表达对历史事实的深刻不满，显露对于人类诸多事物不公正这一客观特性的置疑：面对上帝的评判（历史事实的产生），人类无能为力，也无法妄加揣测。】

93. 本应由君主来做的，公民私人来做，这就僭越了君主的权 权力范围
力，并犯下"犯上"（crimen lesae maiestatis）的罪行；同理，本应由公民和私人来做的，君主来做，他也同样背离了本分，是一种"扰下"（crimen laesi populi）的罪行。因此，费拉拉公爵[2]的行为理应受到强烈的谴责，因为他投身于那些本应该由私人来做的生意、垄断以及其他生产活动。（A69；B94）

【作者提出一条政治行为准则：君主应该关注自身的行为范围，不应随便插手民众事务；普通公民也应该做好本分工作，不得进犯君主之事。圭恰尔迪尼谴责费拉拉公爵的典型事迹，称其作为君主，插手了私人的经济事务，属于典型的"扰下"罪行。文中，作者使用两个法律术语，即民法里的"犯上"和"扰下"（两个词都源于拉丁语），充分显示了其扎实的法律知识基础（圭氏曾经学习民法并担任过律师）。有关经济事务的行为准则，可以对照阅读 C172，那里作者详细阐述了作为君主所应承担的经济义务。】

---

[1] 《圣经·诗篇》中原文为 "abyssus multa"，意为"处于深渊底部的众多神秘事件"，详见《圣经·诗篇》35：7（*Salmi* XXXV 7）中的具体内容。圭恰尔迪尼很少引用《圣经》。

[2] 费拉拉公爵阿方索一世（duca Alfonso I di Ferrara），1505 年成为公爵，是一位出色的商人，其生意才华闻名全欧洲。在原妻安娜·斯福尔扎（Anna Sforza）去世后，此人迎娶了教皇亚历山大六世（Alessandro VI）的女儿卢克雷齐娅·波吉亚（Lucrezia Borgia），同时他是一名杰出的军事首领，喜欢研究机械。

在君主眼
皮底下

94. 如果你经常出入君主的宫廷，希望能够得到他的重用，你就要想方设法让君主不断地见到你。因为不期而至的事务常常会有，如果你在他的视线以内，他就会想起你，并把任务委派给你；如果你没法出现在他的眼皮底下，他就会把任务交给其他人。（A111；B134）

【官场行为实用建议之一，使用第二人称命令式的语法结构进行论述，突出了建议式备忘录的特征，也是圭恰尔迪尼留给家族后代中意图在官场上谋得一官半职之人的诚恳建议。】

勇气与冒失

95. 不自量力、昏头昏脑闯入危险之中，这样的人与动物没有差别；知晓危险，但不会无端畏惧，这样的人才能称为勇敢。（A64；B89）

【作者阐述了无意识和勇敢之间的传统差别：面对危险无意识的鲁莽不是勇者的行为，真正的勇士是面对危险有意识且无所畏惧的人。】

胆小的人
与勇敢的
人

96. 有一个古老的说法认为聪明的人都是胆小的，因为他们对所有的危险都一清二楚，因此表现出害怕。我认为这句话是错误的，因为一个把危险夸大到超过其本来面目的人，不配称为聪明人。那些能够正确估量危险，并产生与之相符的恐惧的人，才能称为聪明人。勇敢的人相比胆小的人，更有可能被称为聪明人。假设上述两种人都认清了事实，但是区别在于：那些胆小的聪明人考虑到所有可能发生的危险，并做了最坏的打算；而勇敢的聪明人，尽管也知晓全部风险，但却想着哪些是人力所能避免的，哪些是会意外消失的。后者不会因为所有的风险而惶恐无助，而是抱着并非所有可能发生的事情都会发生的希望，凭借基本法则，采取行动。（Q^{1-2}9、10；A65；B90）

【少数出现在全部四个版本中的备忘录之一：对聪明人特征的探讨。通过对未知危险所表现出来的不同反应，作者将人类分为勇敢的聪明人和胆小的聪明人。圭恰尔迪尼根据自身经验，对这两类人的特征进行了具体描述：首先否认了"聪明人都是胆小的"这一武断的说法，即传统的普遍认识；进而他给聪明人进行了分类，区别在于"勇敢的"和"胆小的"；之后进行差异论证，指出只有勇敢的聪明人才能真正被称为聪明人，而胆小的聪明人事实上不能被称为聪明人。】

97. 克莱门特教皇 [1] 上任后，佩斯卡拉侯爵 [2] 对我说，这也许是他所见到的唯——件举世期望发生的事情。其中原因大致可以归结为：通常，决定当今大事的都是一小部分人，而不是多数人；这一小部分人所追求的目标总是异于多数人，所以最后产生的结果必定与多数人所料想的不一样。（A7；B30）万众期待
的统治者

【圭恰尔迪尼认为，历史总是由少部分人书写和改变的，因为少数人拥有异于常人的目标，因此，只有少数人真正推动了这个世界的发展，决定了人类的未来。历史上优秀的教皇、皇帝、将军都属于这一类少数人，他们的所作所为、所思所想才是真正推动历史发展的关键因素。在 A 辑版本中，作者并没有引用佩斯卡拉侯爵对克莱门特教皇的言论，而在最终版中有意加入这部分内容，试图通过自己的政治观察和亲身经历，充分论证自身的观点。当然也是因为在创作 A 辑（1523—1523 年）时，克莱门特教皇刚刚上任没多久，当时还不足以对他的历史地位展开评判。】

98. 精明智慧的暴君（Uno tiranno prudente ）[3] 偏爱那些胆小的智者，但当他知道那些勇敢的智者个性沉稳时，也就不会厌恶他们了，因为暴君本人觉得自己能够满足他们。暴君最讨厌那些胆大而不安分的智精明智慧
的暴君

[1] 参见 C59 注释部分。

[2] 佩斯卡拉侯爵（marchese di Pescara），原名费迪南德·弗朗西斯科·达瓦罗斯（Ferdinando Francesco d'Avalos），帝国著名将领，帕维亚（Pavia）一战（1525 年）中大败法国人的主要功臣。1521 年，利奥十世教皇与查理五世皇帝联手，对抗法国国王弗朗索瓦一世；圭恰尔迪尼任教皇军队总司令，佩斯卡拉侯爵任军队总指挥。

[3] 原文中使用 "prudente" 一词，在圭恰尔迪尼的眼中，通常理解为 "敏锐、审慎的智慧"，这里用于修饰 "tiranno" 一词，现代意大利文意为 "暴君，专制君主，僭主"。纵观全文并联系当时客观背景，圭氏这里实际指的是美第奇家族的统治者，类似情况同样出现在 C98、C99、C100、C101、C103、C220 中。考虑到作品 C 辑创作时间为 1530 年，当时正值美第奇家族酝酿重返佛罗伦萨政坛的前夕，作者在修订作品的同时，内心应该还是期许能够重新受到美第奇政府的重用，为政府贡献自身的余热。因此，无论出于作品的修改原因，还是出于对新政府的讨好之意，文中将美第奇家族统治者理解为 "专制君主"，显得更符合作者当时的真实想法；而在 1528 年 B 辑对应内容（B20、B81、B82、B83、B108）中，"tiranno" 一词本身没有任何变化，但 B 辑的创作背景与 C 辑存在较大差异，在作者圭恰尔迪尼心中，或许那时（1528 年）的美第奇家族统治者表现更似 "暴君，僭主"。总之，由于作品原文 "tiranno" 一词在 C 辑、B 辑文本中并无变化，为尊重原文，译者在翻译过程中依然保留该词原意，统一译成 "暴君"，但实际表达的含义有所区别，特此说明。

者，因为他估摸着自己无法满足这些人，因此最终只能收拾他们，清除自己的绊脚石。（A57；B82）

【C98、C99、C100、C101、C103 这五条备忘录构成一个关联体，探讨统治者面对公民的政治立场问题，论述围绕当时佛罗伦萨的社会现实以及圭恰尔迪尼本人担任职务的实际情况展开。圭恰尔迪尼属于与美第奇家族关系紧密的社会贵族精英集团，这些集团与美第奇家族有时为合作关系，有时关系也较为紧张，甚至是公开敌对。C98、C99、C100、C101 四条内容实为 A 辑和 B 辑中四条备忘录的改写（A57、58；B82、83），其中 A57 和 B82 被改编成三条备忘录（C101、C98 和 C99），A58 和 B83 则成为后来的 C100。C98、C99、C100、C101 这四条可以视为一组备忘录，论述了同一个话题。】

面对精明智慧的暴君

99. 如果一位精明智慧的暴君不把我当成敌人，我倒宁愿他把我视为一个胆大而不安分的智者，而不是一个胆小鬼。因为这样他就会想方设法来满足我，而如果我是个胆小鬼，他就会对我不闻不问。（A57；B82）

【作者表明的态度，明显与上一条 C98 中"暴君最讨厌那些胆大而不安分的智者，因为他估摸着自己无法满足这些人"相互矛盾，但也能看出圭恰尔迪尼似乎在努力给出一个合理的解释。根据斯彭加诺对作者亲笔手稿的研究，圭恰尔迪尼在创作最终版作品时，可能出现了笔误：原文中出现的"animato inquieto"（胆大而不安分的智者）实则应为"animato quieto"（胆大而沉稳的智者）。原因在于作者在创作 A 辑和 B 辑时，"inquieto"一词用在一句否定句中，而在最终版本中，该句被改写成了肯定句，根据语法逻辑，需要将否定句中的"inquieto"改成肯定句中的"quieto"，而由于作者编辑过程中的疏忽，并没有将这个词进行转化，故引发了句意的矛盾。因此，对照阅读前后三个版本并更正语法错误后，这句话作者的本意应该是"我倒宁愿他把我视为一个胆大而沉稳的智者，而不是一个胆小鬼"，这样就与 C98 中的表述逻辑一致了。至此，我们得出统治者的偏好排序：1. 胆小的智者；2. 胆大而沉稳的智者；3. 胆大而不安分的智者（非常危险，统治者会想方设法清除这样的人）。在圭恰尔迪尼眼中，统治者的首选应该是胆大而沉稳的智者，而非胆小的智者，因为这样统治者可以从中获得最大的益处。】

100. 在暴君手下生活，和他保持一定距离，做他伸手可及的支持　　**君臣相处**
者，比成为他的亲信要好。这样一来，如果你是一个享有威望的公民，
你就会受益于他的权力，受益程度比那些统治者不闻不问的人还要高。
万一将来他下台了，或许你还有希望保全自己。（A58；B83）

【继续讨论统治者与其合作者（C98 中所提出的各类人物）之间的相处关
系，指出与统治者相处的距离问题。作为暴君的手下，支持他比接近他更为有
效：与统治者保持距离，不但不影响自身得益于他的权力，还能在政治变革
时，不至于因跟他走得太近而无法脱身。】

101. 想要在一个像野兽般残忍的暴君手下保全自己，没有任何方法和　　**面对残暴**
灵丹妙药，只能像对待瘟疫一样：跑得越快越好，越远越好。（A57；B82）　**的统治者**

【继续探讨君臣相处的问题。与 C13、C18 中历史学家塔西佗探讨如何与
暴君相处的问题类似，圭恰尔迪尼在这里，提出应该如何面对像野兽般残忍的
统治者的建议，可以同时对照阅读 C103 的内容。】

102. 被困城中希望得到援助的人，往往会夸大自己所处的困境；　　**受困者**
无望获取援助者，除了拖垮敌人使其知难而退外，没有其他的办法，
因此往往掩盖自己的难处，把它说得微不足道。

【此条备忘录仅收录在 C 辑版本中，是少数涉及军事政治话题的内容之一
（此外还有 C148、C149），作者根据自身担任两任教皇军队总司令期间的政治
经历所撰写。】

103. 暴君会费尽心机地窥探你内心的秘密，他会热情地对待你，　　**暴君的窥探**
会与你详尽地讨论问题，还会派人和你保持亲密的关系，以便暗中监
视你。要想躲开这些圈套可不是一件容易的事。如果你不想让暴君了
解你的底细，就得多加思考，以高明的手段防备一切可能对你产生不
利的事情。既然他花大力气来刺探你的秘密，那么你也得和他一样，
想方设法来隐藏这些底细。（A56；B81）

【作者提出"君臣之间相互怀疑"的论点，指出统治者为了更加了解手下
的秘密，经常"派人和你保持亲密的关系，以便暗中监视你"，显示出统治者为

了自己的政权稳定，不惜使用虚伪、伪装等手段来对付他人（也可参见 C104 的内容）。圭恰尔迪尼教导人们在朝廷处世时，要善于运用心理分析法，多多观察统治者的一言一行，了解他行为背后的真实目的，以便采取措施、保全自身。这也是作者通过自身从政经历（特别是 1526—1527 年间在罗马担任克莱门特七世教皇军队总司令一职），提出的针对美第奇家族统治的个人建议。】

坦率与虚伪　　104. 内心坦诚，品格真挚，就像佛罗伦萨人所说的"直率"的人值得赞赏，而且人见人爱。相反，假心假意的人，面目可憎，人见人厌。但是，有时候戴上虚伪的假面具却会对自己有利，而坦诚相见只会便宜他人。尽管如此，还是不能否认，欺诈本身不是一件好事。我比较欣赏那些平日里坦诚待人，只在少数紧要关头才搞点虚伪的人。这样不但可以得到"坦诚开放、真诚善良"的美名，而且因为美名他又会受到大家的欢迎。因此，在某些重要时刻，这甚至比虚伪的欺诈还要管用，还会有更大的帮助，因为大家把你当作坦诚相待的人，就会轻易相信你所说的话了。（A22、23；B45、46）

【此内容是前两个版本中两条备忘录的合并，针对虚伪这一当时重要政治行为思考展开论述。通过阅读，我们可以充分感受到圭恰尔迪尼对这一问题的纠结：一方面表明"欺诈本身不是一件好事"，一方面又觉得"有时候带上虚伪的面具却会对自己有利"。从道德角度来说，作者是赞成坦诚直率的品质的，但是从实用主义角度和人性本质特点来说，坦诚相见也许没有虚心假意来得有效，特别是在政治官场，从自身利益出发，还是虚伪比较实际。但是，作者立马又觉得这样的言论过于叛逆，进而提出"平日里坦诚相待，紧要关头搞点虚伪"的言论，足以窥见其对于这一话题的严谨论述，滴水不漏。马基雅维利在《君主论》中主张私人道德与公共行为的对立思想，而圭恰尔迪尼将这样的对立进行了"弱化、模糊"处理，并没有使之完全对立，而是在二者之间建立了微妙的联系：平日一般表现（坦诚直率）和特殊情况表现（虚心假意）。他强调只有在"少数紧要关头"才能违背人性道德原则，同时文末的话语再次体现了作者实用主义的思想特征。】

伪君子　　105. 一些出了名的骗子和伪君子，他们的诡计还能时不时地奏效。

此事说来奇怪，但却真实存在。我认为，天主教国王 [1] 比所有人都更加适合这个"雅号"，尽管这样，他还是拥有大批的信徒。这些信徒要么头脑简单，要么内心充满贪欲。后者通常坚信那些能够满足他们愿望（谎言）的东西，前者则是对所发生的事情一无所知。

【在 C104 对于虚伪的分析之后，这里作者列举了一个鲜明的事例，再次强调了虚伪的实用性：不光是看起来坦诚直率、毫无虚伪之心的人能够获得众人的信任，那些出了名的虚伪之徒也能够拥有大批信徒。圭恰尔迪尼对于人类这样矛盾的行为做出了合理的解释：由于人性的本质，一类人头脑简单，根本无法辨别真正的坦诚和实际的虚伪；另一类人明知虚伪，但为了自己的私人利益或内心欲望，宁愿选择相信谎言。如同 C57 中所说的，"人们生性好奇，急于了解未来，却苦于没有门路，所以就只能跟随在这些愿意向其透露天机的人的身后"。】

106. 在我们的大众生活中，最困难的事莫过于为我们的女儿找一 **女儿**
个好的归宿。所有人都自认为相比他人要更高一筹，因此老想着要攀附一些他们高攀不上的人。我见过不少一开始婉拒求婚者的事，直到最后他们才发现要是轻松答应之前的婚事那该多好。因此，我们应该仔细估量自身和他人的条件，不要被不自量力的高傲心态引入歧途。我是明白这个道理的，但是我不知道我是否也会遵照执行 [2]，也不确保自己绝对不会犯这个自以为是的错误。但是我说此话的目的也不是引导人们自甘卑贱，就像弗朗西斯科·维托里 [3] 那样，把女儿许配给了第

---

[1] 这里指的是"天主教徒斐迪南"，即西班牙国王斐迪南（Ferdinando il Cattolico d'Aragona），参见 C77 相关内容。圭恰尔迪尼在担任佛罗伦萨共和国驻西班牙大使期间（1512—1513），与其进行了密切的接触。

[2] 圭恰尔迪尼一生共有七个女儿，其中四个早年夭折。在写作此条备忘录时，他仅有一个女儿出嫁，另外两个分别于 1533 年和 1539 年出嫁。

[3] 弗朗西斯科·维托里（Francesco Vettori），出生于佛罗伦萨最具影响力的家族之一，佛罗伦萨外交政治家、作家。他是利奥十世教皇在位时期的佛罗伦萨共和国大使，同时也是克莱门特七世教皇的朋友和顾问。此人是圭恰尔迪尼与马基雅维利的密友，以跟后者之间经常往来信件而出名。另外，他还是美第奇家族统治期间的驻外外交大使，在城邦事务中扮演过重要角色。他的兄弟保罗·维托里（Paolo Vettori）曾经帮助皮耶罗·索德里尼（Pier Soderini）成功逃离佛罗伦萨。圭恰尔迪尼在外担任国家公职时期，经常委派维托里处理自己家庭内部的私事。

一个求婚者。（A142；B166）

【圭恰尔迪尼根据自己的亲身经历，写下了此条备忘录。文中表达了作者作为一位父亲，面对女儿出嫁的事情，内心的不确定和焦虑之情。他亲口承认"我是明白这个道理的"，但转而又说"但是我不知道我是否也会遵照执行"，充分显示了其内心的矛盾和纠结。有关女儿出嫁之事，圭恰尔迪尼与马基雅维利在 1525 年的相互通信往来中也有提及，圭氏甚至还让马氏帮忙打听对方提亲者的底细。文末提到维托里将女儿许配给第一个求婚者的事例，也在提醒人们不要走入事物发展的另一个极端，即没有必要自甘卑贱。】

君主国与共和国

107.最好不要生而为异邦国家所统治，如果不得已，做一个君主手下的臣民要胜过俯首称臣于另外一个共和国。因为共和国会压制民众 [1]，如果成为不了它的公民，那么能够享受到的恩惠是极其微小的。而作为君主，则会一视同仁 [2]，包括对他手下的臣民也是如此。而且，在君主手下所有人都可以期待得到益处和重用。

【此条备忘录仅在 C 辑版本中出现，探讨共和国和君主国在对待人民态度上的差异问题。文中内容应置于法律视角而不是政治视角下审阅，如作者在文中使用了"equalmente"（平等）一词。在论述共和国对公民暴力统治时，作者暗指佛罗伦萨共和国的历史，即在创作作品时（1530 年），佛罗伦萨共和国正处于濒临灭亡的境地，美第奇家族运用武力正在酝酿重回政坛的计划。此时人民大众多数对共和国的现状表现出不满，盼望美第奇家族的回归，加上作者充分论述的"共和国会压制民众"的特点，使得人民心中对于美第奇的回归、共和国的灭亡增添了几分期待。】

犯错

108.人非圣贤，孰能无过！如果运气好，就只会犯一些小错，或只在一些无关紧要的事上犯错。（A128；B152）

【作者使用简洁的箴言式表述，表达了心中的愿望：既然是人，就会犯

---

[1] 这里，作者意指共和国仅仅承认自己领地内的公民，而对外部的民众则采用严酷的剥削政策。具体内容还可以参见 C48 中有关共和国暴力统治的描述。

[2] 这里作者指的"一视同仁"并不是说君主以同样的方式来管理，而是从法律角度来说的人人平等。意思指的是，无论是共和国领地的公民，还是外部的民众，在君主面前，都是自己的臣民，没有区别。

错，这本身无可厚非，那就期待所犯错误引发的后果不至于那么严重吧。】

自由的真
正成果

109. 自由（民主政体）的成果，自由制度的目的，不是形成一个"人人管理"的政府（政府应该由那些有能力并且适合的人来管理），而是形成一个"人人守法、人人讲秩序"的社会。这样的社会在共和政府里，远比在由一个人或少数人统治的国家里更能得以维持。正是这种误解（自由政府是一个"人人管理"的政府）给我们的城市带来了困扰，因为大家不仅仅需要满足于自由和安全，还要自己来管理事务。（A119；B143）

【此条备忘录内容涉及佛罗伦萨政治主题，这也是圭恰尔迪尼另一部政治代表作《关于佛罗伦萨政府的对话》的核心议题。这里充分体现了作者的政治立场：共和国主打自由之牌，但是自由制度的前提是形成一个"人人守法、人人讲秩序"的社会，而不是多数人误解的"人人管理"的社会。因为，政府只能由有能力并且合适的人（实则为作者眼中的贵族精英）来管理，只能通过恰当的选举方式挑选最优秀的人来进行管理。人民大众对于共和政府的误解，给佛罗伦萨整个城市增添了困扰，大家不但要求"法律面前人人平等"，甚至还要求"人人参政、人人管理"，这是与自由体制的特征相悖的。】

罗马人的
范例

110. 举例时言必称罗马，可谓大错特错！[1] 想让对比更有说服力，就必须找到一个与他们拥有同样条件的城邦，同时按照他们的模式来管理。拿一个情形与罗马不一样的城邦与之对比，就好比牵着一只驴来和马比赛一样，结果一定是毫无意义的。

【作品中最著名的一条备忘录，很多人通过这条备忘录了解了圭恰尔迪尼，也是通过此条备忘录，感受到圭恰尔迪尼与马基雅维利的和而不同。在这里，圭恰尔迪尼对马基雅维利"言必称罗马"的观点进行了彻底的批驳，体现了圭恰尔迪尼的经验主义观点以及他对普遍规律的怀疑。否定历史先例，体现出圭恰尔迪尼"反人文主义"思想特征，或者应该说，他对人文主义者的教条

---

[1] 这里，圭恰尔迪尼针对马基雅维利的历史观进行了严厉的批判。马基雅维利认为，通过古罗马人的范例，博通古今，可以找到人类历史的某些典范，并使政治生活臻于完美。圭恰尔迪尼却绝无这种自信，他对通过研究先例来决定人的行动的做法不以为然。

思想具有批判精神，这也是其思想的核心要素之一，在其众多作品中都有体现。此条备忘录仅在 C 辑最终版中出现，因为 1530 年 3 月圭恰尔迪尼才正式开始创作《关于马基雅维利〈论李维〉的思考》（*Considerazioni sui Discorsi del Machiavelli*），对作品的内容正好有感而发，于是将其评论写入了 C 辑版本中。C110 至 C117 这几条备忘录（除去 C113）都仅仅收录在 C 辑作品中，开启了一个系列话题：探讨方法论。如 C110 和 C117 讨论"历史先例的无用性"，C114 探讨"推论的不合理性"，C113 论述"普遍规律和细节的关系"等。】

案件审理
的多样性

111. 很多人往往会诟病律师间的意见不统一，其实他们不知道，这种情形的存在，并非由于律师们的错误，而是源于事物本身的性质。一般法则往往很难完全概括特例情况，因此，有些案子是很难用法律条文来判断的，只能根据不同人之间产生的不同意见来假设分析。此类情况在医生、哲学家、商务仲裁人以及国家政治行政人员中普遍存在。这其中，不同律师之间的判断分歧最大。

【作者在这里提出了两个概念，即普遍规律（regole generali）和特殊情况（casi particulari），也有写作"regole"和"eccezioni"，意在强调一般情况和特例之间的关系，这也是圭恰尔迪尼思想中的关键因素。文中以法律行业为论述背景，点明律师职业中大量存在的特殊案例，需要通过不同的意见来假设分析，以此推及其他众多职业，充分论证了这两个概念的关系。】

关于所谓
的智者

112. 维纳弗拉的安东尼大人 [1] 说得好："把六个或八个智者放在一起，他们都会变成疯子。"原因是当他们对某件事情观点不一致的时候，总是争论不休，而不是想着如何解决它。

【如同 C1 和 C136，这里作者再次将智者和疯子进行对比，简短明晰地探讨了一个日常生活中的常见现象：将多个智者放在一起，只会不利于事情的发展，效果还不如只有一个智者的情况。一个智者可以提出一个问题的解决方案，多个智者的多个方案，还不如一个疯子的方案来得简单和快速。圭恰尔迪

---

[1] 维纳弗拉的安东尼大人（messer Antonio da Venafra），这里指的是安东尼·乔尔塔诺（Antonio Giordano），意大利文艺复兴时期著名的法学家，此人是锡耶纳君主潘多尔夫·佩特鲁奇（Pandolfo Petrucci）的顾问，同时在多所意大利大学里担任法律教师。

尼借此比喻很好地剖析了这一普遍现象的内在原因。】

113. 将法律视为任何事物都服从于法官的任意裁决，这种想法是法律与法官错误的。因为法律从来没有给予法官生杀予夺的权力，只是当碰到一些不能按照成文的法律条款来裁定的案件时，才必须由法官来自行裁决。经过对案件的情节经过和所有细节的认真考虑与仔细权衡之后，法官追随他的良心，按照他认为正确的方式来裁决。在此情况下，法官做的判决无须对任何人负责，只需对上帝负责就行，因为只有上帝能够知道他是否公正判案。（A43；B68）

【这里探讨有关法律条款运用的主观性与法律自我判断性的关系，与C111有一定的关联性，可以一并阅读。圭恰尔迪尼将论述重心放在法官道德责任意识和自我良心折磨上，律师职业出身的他对此深有感触，他充分了解法官职业的特征，明确承认法律事务的灵活性。】

114. 有些人喜欢关注一些时事，用笔记录下关于未来的言论。如日复一日果他们是见多识广的人，写出的作品看起来似乎颇受大众的欢迎。不过，这些言论通常都会出现错误。因为推理是一环套一环的，下一个结论建立在上一个结论的基础上，只要其中一个环节出错，之后推导出的结论就都是错误的。每一个细节的变动，都有可能导致结论的变化。因此，对遥远的未来世界的事物下判断是不可能的，而只能日复一日地加以判断并解决。

【此条备忘录很容易让人联系C110的内容，论述矛头再次指向马基雅维利。马氏"通过过去历史的经验教训来指导政治行为"的观点再次受到批判，文中提到的"用笔记录下关于未来的言论"暗指马基雅维利创作的《论李维罗马史》。这里，作者除去对马氏"利用历史范例指导现实社会"的观点进行批驳，还针对其论述问题的逻辑方式展开批判：马基雅维利论述问题时，总是采取排除式的逻辑方式，即运用一环套一环的结论预先论证，最后引导出自己观点的唯一性和确定性。圭恰尔迪尼对此进行了深入的分析，认为这样的预先论证逻辑是不存在的，因为没有考虑到事物的复杂性和细节的可变性，以至于没有考虑到一成不变的预定论证是不可能的这个前提，因此，以这样的方法得出的结论是站不住脚的。同时，圭恰尔迪尼再次提出未来不可预测的观点，他认为，只有通过日复一日的判断来处理未来事务，这也是人类智慧唯一可以使用的方式。】

115. 我在写于 1457 年的一些老笔记本 [1] 上发现一个睿智的公民这样断言："要么佛罗伦萨废除蒙特 [2]，要么蒙特毁掉佛罗伦萨。" [3] 他已然预见到我们的城邦必须降低蒙特的影响，否则债务的积累将会达到一个无法承受的地步。然而，该影响还没有产生预料中的后果，事态的发展也要比预期的慢得多。

【这里作者论述了佛罗伦萨城邦的金融财政史，描绘了 15 世纪城市的金融现状：由于利息问题，公共债务可能会累积发展到一个无法承受的地步。然而现实情况是，佛罗伦萨控制公共债务危机措施的立法过程相当漫长，而且也没起到什么实际效果。此条备忘录仅出现在 C 辑版本中，圭恰尔迪尼关注到这一发生在前两年（1527—1528）的公共债务问题，以及对于佛罗伦萨金融社会史的影响。结尾部分再次提及作者的事物发展观（C34、C71 也有涉及）：历史进展及事物发展变化的过程是难以预测的，公共机构的发展和衰败过程也是难以预料的。】

116. 管理国家的人，不应该被看似危险的东西所吓住，无论它多严重、多迫在眉睫。俗话说得好，魔鬼并不像他装出来的样子那么可怕。危险时常会意外消失，即使还存在，也一定能从中找到一些意想不到的

---

[1] 这里指的是圭恰尔迪尼《关于卡波尼的评论》（*Commentari di Neri di Gino Capponi*）的手稿。

[2] 蒙特（il Monte），当时佛罗伦萨的公共债务和借贷公司（创立于 11 世纪中叶），如今成为意大利银行（Banca d'Italia）。15 世纪时，对公共债务的管理引发了巨大的社会问题，无论是面对资金过剩，还是资金短缺，该机构都能够按照原先约定利息（每年 5%）的两倍或者三倍进行支付。

[3] 15 世纪佛罗伦萨当地流传的一句名言。圭恰尔迪尼说的"写于一些老笔记本上"，也有可能是作者从他父亲皮耶罗和岳父阿拉马诺·萨尔维亚蒂（Alamanno Salviati）那里听来的内容。

补救及缓和措施。仔细琢磨这条建议[1]吧，因为在日常生活中它总能让人受用。

【作者借助谚语的作用，提出建议：仔细琢磨这条建议，因为在日常生活中它总能让人受用。文末的这句话很好地体现了圭恰尔迪尼创作该作品的初衷，即给家族成员提供人生经验总结和处世行为建议。同时他还提醒读者，有一些建议需要仔细琢磨、每日思考，方能作用于日常生活。通过"魔鬼"的例子，作者很好地将自己的真实意图进行了弱化，并倡导一种公共行为的道德理论（如同开头所说的"管理国家的人"）。无惧危险、不夸大危险、了解危险的特性都是为管理国家的人提出的行为建议。】

117. 凭借历史先例来进行判断是万万不可取的。因为两者不可能　先例
完全类似，而且每一个细微的区别，都有可能引发完全不同的结局。想要分辨出这些细微差别，一双敏锐好使的眼睛是必不可少的。

【内容紧随 C110 和 C114，继续论证历史先例的不可模仿性。如果参照阅读 C6，可以发现，这里作者针对事物间的差异或"区别"（varietà, variazione）进行了反复的逻辑论证：每一个细微的区别，都有可能引发完全不同的结局。接下来谈到面对差异时，人类该如何行动的问题：圭恰尔迪尼再次提到一个智慧的人所必备的能力，那就是分辨差异的能力，或对事物的洞察力。文末提出具备这项能力的关键因素：但凡是智慧的人，都有一双敏锐好使的眼睛，懂得分辨差异，洞悉事物的本质。具备了这双好眼睛，我们才能够真正分辨出表面看似相同、内部实则存在区别的事物。】

118. 珍视荣誉的人经常无往而不胜，因为他会为此不畏艰险，不　自身荣誉
计危险和成本地付出。我自己曾经也有过这样的经历，所以我可以说出来并记录下来："缺乏这股炽热的劲头，做任何事情都只能是死路一条，白费力气。"（A81；B105）

---

[1] 原文中圭恰尔迪尼继续使用"ricordo"一词，意在将自己作品中每一段话都称为"ricordo"。这启发了后世编辑者，于是他们将最终作品称为"Ricordi"（单词"ricordo"的复数形式）。这里的"ricordo"没有"纪念，回忆"的含义，而是含有"备忘录、建议、告诫、劝诫、箴言"之意，当然也有人将其理解为普遍意义上的"格言"。同样的表述在 C9、C150、C210 中也有出现，特此说明。

【作者表明人类取得巨大成就、得到公众认可的最终动力都是对于荣誉的渴望，这样的心理深深地影响了人类的行为。作者以自身亲身经历为例，毫无避讳地承认自己对于荣耀的渴望，而且充满自豪和欣慰（所以我可以说出来并记录下来）。在早先版本中，圭氏对于个人的阐述并没有那么详细，只是用拉丁语（*Expertus loquor*，意为"拿我亲身经历而言"）在文字旁边做了注解而已。在最终版本中作者特别强调自身的经历，使用"不畏艰险，不计危险和成本地付出"这样的表述，以及"这股炽热的劲头"这类短语，充分显示了他对珍视荣誉的热情和激动。】

法律文件　　119. 公证文件最开始起草的时候很少是伪造的，通常是随着时间的发展，以及根据实际需求才会那样做。要想保全自己，一个很好的办法就是在公证书或文书拟好之后，立刻做一份复本带在身边。（A141；B165）

【此条备忘录提出人们如何在面对虚假文件时保全自己的实用经验，这也是圭恰尔迪尼根据自身的行政工作经历所总结出的经验之谈。】

党派矛盾　　120. 在一个党派林立的城市里，大部分的暴行都是因为派系之间的猜忌而引发的。每个人都在怀疑对方的忠诚，于是通常会抢先行动，占据先机。想要治理一个城市，首先也是最重要的一招，就是消除人们之间的猜忌。（$Q^2$26；B22）

【圭恰尔迪尼根据自己 1516—1526 年间，在莫德纳、雷焦－艾米利亚和罗马涅地区担任总督一职时观察到的现实情况（党派林立、派系斗争），做出了自己的分析。在当地任职期间，圭恰尔迪尼目睹众多党派、集团之间的钩心斗角、互相猜忌、暴力冲突，并在当时的工作记录汇报中反复提及，作为本人管理手段的主要参考。】

政治革新　　121. 不要指望普通老百姓来支持你搞什么政治改革，以他们为基础是非常危险的。因为，民众就算一开始响应你的号召，过不了多久就会泄气，放弃追随你，而且他们所想的和你所认为的截然不同。看

看布鲁托 [1] 和卡西奥 [2] 的例子，在他们谋杀恺撒之后，不但没有像预期那样得到人民的支持，反而因为大众的威胁不得不逃往卡比托利欧 [3] 市政厅。（A132；B156）

【这里作者提出一种政治学家的惯常观点：民众的变化无常以及民众支持的不可信任。对于贵族出身的圭恰尔迪尼来说这是十分自然的（可以对照阅读 C140 中作者对于民众的反面评价）。圭恰尔迪尼将依靠人民视为危险的政治基础，这与马基雅维利宣称的"君主应该努力依靠人民的支持"观点背道而驰。文末，作者列举两个反例充分论证其"不能指望民众支持"观点的不可置疑性。】

122. 看看人们是如何自欺欺人的。自己没有犯的罪，就说是凶残罪恶；自己犯了的罪，就视作轻如鸿毛。好坏都以此标准来衡量，而不是根据事物本身的性质和倾向来判断。　　**人类的判断**

【作者再次通过细致的观察和深入的分析，探讨人性的特征，即对罪恶的避重就轻。人类会自发地建立自身的道德体系，按照自己的评判标准去衡量一切事物，而不是根据事物的实际性质和客观标准去判断，从而无意识地产生了"自我重视"这样的观念。在这样的背景下，就不难理解开头"看看人们是如何自欺欺人的"这句话了，这也是当今社会环境下人类一种普遍的心理特征：总是标榜自我道德意识观和评判标准，按照自我本能去解读事物，而不是从客观应该怎样的角度去判断分析。】

123. 我认为，古往今来很多被人们称之为奇迹的事情，其本来面目并非如此。毫无疑问，每一种宗教都有自己的奇迹，那么把奇迹作为证据，来证明一种信仰比另一种信仰更真实，显然是软弱无力的。奇迹或许很好地证明了上帝的力量，但却不能证明基督教上帝就优于异教上帝。把奇迹当成预言，或一种大自然的秘密，其道理之高深非人类智慧所能企及，或许是有一定道理的。　　**奇迹的价值**

---

[1] 布鲁托（Bruto），又译作"布鲁图斯"，罗马共和国晚期元老院议员。公元前 44 年，他和卡西奥一起策划参与刺杀了恺撒。

[2] 卡西奥（Cassio），又译作"卡西乌斯"，曾担任罗马保民官，他与布鲁托合谋刺杀了恺撒，事后被视为叛国者，逃往希腊。

[3] Capitolio，又写作 Campidoglio，现为罗马市政厅宫殿。

【作者清晰表达了面对世界各类宗教的世俗理性观点，以及一种自然精神的表现。开头他拒绝承认很多被视为奇迹现象的超自然特征（其本来面目并非如此），认为只是人类的智慧暂时无法解释这一自然现象而已。奇迹现象是人类文明的普遍因素，在各个宗教中都有存在。与无神论和 17 世纪的自由意志论精神不同，圭恰尔迪尼本人是虔诚的宗教徒，深受萨沃纳罗拉观点的影响，他的理性主义否认了一些宗教狂热观点；圭氏认为，奇迹虽然被视作上帝力量的显示，但这并不能证明基督教相比其他宗教本身的优越性。】

圣徒的品性

124. 我发现在每一个国家，每一个城市里人们都会通过一些特定的方式，以求得同样的结果。在佛罗伦萨附近圣玛利亚·因普鲁内塔[1]的人们求雨，求好天气；在其他地方我见到修女和圣徒们也在做同样的事：上帝的恩典普惠世人，这是一个有力的证据。当然，这些事情的存在，主要是因为人们的信仰，而非他们亲眼见证了其效果。

【与上一条备忘录紧密相连，继续阐述圭氏的世俗理性观点。对于"上帝的恩典普惠世人"这一结论，作者给出一个基于人类理性思考的解释：人类内心的渴望形成了众人集体的心理特质，即信仰，就算没有亲眼看到效果，人们也深信不疑。】

关于形而上学

125. 哲学家、神学家以及所有那些研究超自然现象及无形之物的人，他们说了无数蠢话。实际上，人们对这些事情一无所知，上面提到的这些人所搞的研究，充其量只是一些智力游戏，而不是寻求真相。

【又一条论述智者和傻子关系的备忘录（参见 C136）。作者认为哲学、神学家及相关人士不是真正的智者，因为他们不具备审慎的洞察力，他们的言论跟傻子说的话没有太大区别，都是人们的认知所不能理解的，没有实际意义（不是寻求真相）。作者将这些人与星相学家进行了类比（C207），对于这些人的言论嗤之以鼻，认为他们都是疯子。】

---

[1] 这里指的是圣玛利亚·因普鲁内塔（Santa Maria Impruneta）圣殿，距离佛罗伦萨南部约 15 公里。圣殿于 1060 年建成，很快成为佛罗伦萨地区一个著名的祭礼地点，后来成为人们在城市面对困难时期（如旱灾）的祷告场所。

126. 人人做事都想要十全十美，不希望出现一点瑕疵和缺点。但 完美
是要做到这一点是非常困难的，因为花费太多的时间对一件事情精雕
细琢，是一种错误的做法；时间都花在使事物变得完美之上，机会就
会跑掉。实际上，即使有时你觉得这样做是值得的，但事后也时常发
现什么都没有得到。世间万物本来就是这样，几乎所有事物的各个部
分都或多或少地存在不完美之处。既然如此，你最好还是接受其本来
的面目，只要不是最坏的，就挺好了。

【作者提出一条智慧的建议：不要刻意追求完美。他认为，这样的追求是
不实际的，也是无法实现的。表述语气从意大利文句法角度看使用了条件式
（sarebbe）和直陈式（maè），表达了愿望与现实之间的差距。刻意追求完美的行
为，在圭恰尔迪尼看来是不明智的、错误的，是缺乏审慎的行为，因为无法看
清世间万物永恒运动的规律以及事物的矛盾性和不可预知性（由此事物产生了
瑕疵和缺点）。我们无法完全把握事物的发展规律，无法做到事事完美，只能听
从时运的安排。时运往往与机遇相伴而生：人类的计划和事物的偶然性发生矛
盾，此时机遇便产生了。面对不完美，人类要做的就是"接受其本来的面目"。】

127. 在战争中，我常常看到一则消息传来，说战争大势已去，接 战事的交替
着立马传来另外一则消息宣称胜利似乎在望。有时候，正好相反：好
消息先到一步，坏消息紧随其后。类似的情况我见得多了。因此，作
为一个好将军，不应该轻易地垂头丧气或兴高采烈。（A5；B28）

【作者提出"战事不可预测"的观点（在作品《意大利史》中经常出现），
他认为在战争中经常缺乏关乎全局的战事消息，并且仅仅根据局部消息来进行
战事预判是不可取的。一个好将军应该能够对于各类消息采取谨慎的态度，不
应该轻易被某一则消息所影响。】

128. 在面对国家事务时，应该更加注重观察按照君主个人的品性和 君主行为
习惯，他会去做哪些事，而不是根据理性论证去推断君主应该去做哪些
事。因为君主行事，往往依据自己的喜好和见识，而不是客观上他们应
该去做哪些事。如果你忽略了这一点，就会犯下大错。（A72；B97）

【作者再次提到"实际怎样"（essere）与"应该怎样"（dover essere）的关

系，并将其放在品性习惯和道德义务背景下进行论述。对于客观情况的理性分析，通常不是君主行事的主观标准，人类行为的主观标准往往存在于自身的特性和习惯中。文中强调对君主心理状态和性格习惯的仔细研究（圭恰尔迪尼拥有律师的职业背景，对于人类心理的研究非常专业和深入），才是真正理解其行事作风的唯一手段，而这往往跟一般理性分析得出的结果大相径庭。在面对国家事务时，对君主心理和习性良好的分析是预判其行为的重要手段，对治理国家至关重要。】

做与不做　　　129. 如果去做一件事是一桩罪行或一场不义，那么不去做，也不能说是一个善举或是一场恩典。因为在侵害和恩典之间，在称颂与谴责之间，避免邪恶、不搞侵害只是一条中立之路。因此，不要说我没做这个，我没做那个；真正值得称赞的是你有能力宣称："我说了，我做了。"（A105；B128）

　　　　【这里作者引出一个在侵害和恩典之间存在的中立概念：避免邪恶、不搞戕害。真正值得回味的是文末那句话：不要否定回答一件事（我没说什么，我没做什么），而是要使用肯定的语气去确认（我说过，我做过）。这是一个逻辑问题，行善和作恶之间还存在一条中立之路：不作恶。不作恶不等于行善，因此不要说"我没有作恶"（不等于我行善），真正值得称赞的是有勇气承认"我行善了"。就如同"我没有对你不好"这句话的意思不能等同于"我对你好"，是一样的逻辑。】

不知足的　　　130. 君主最应该防备的是那些天生不知满足的人。因为无论怎样
臣民　　　恩宠他们，无论拿多少金钱赏赐他们，他们还是让人难以把握（难以获得他们的忠诚）。

　　　　【继续探讨君臣相处问题，提出感恩和忘恩负义的关系。文中点明了天性不知满足之人的性格特质：君主面对这类人，无论采取什么方式，无论付出多少代价，都无法真正获得他们的忠诚。】

不知足与　　　131. 不知足的臣民和绝望的臣民之间有着天壤之别。不知足的臣
绝望　　　民尽管也想害你，但是他们不会轻易冒险，宁愿等待时机，而时机可

能永远都不会有；绝望的臣民会四处寻找机会，会贸然投身于政变以求推翻政府。因此，对于前者，你只需稍加防范，而对于后者，你必须长防不懈。（A59；B84）

【作者继上一条备忘录之后，继续探讨君主面对臣民的策略方案，并提出两类臣民：一类不知足，另一类绝望。作者根据自身的管理经验（任职艾米利亚和罗马涅地区行政长官），认为君主应该严加防范那些绝望的人，继而分析了两类臣民不同的心理过程和行为特征，指出不要让臣民的不满发展成绝望，这将对君主的治国管理构成一个巨大的威胁。】

132. 我生而具备坦诚的性格，不太适合讨价还价。因此跟我相处 谈判技巧
的人，通常都能感到轻松如意。然而，我还是弄清了在交易谈判中一条最有用的原则：不要轻易亮出你的底牌。最好远离你的底线，让对方拉着你一步一步、艰难地朝着他的底线靠近。谁要是这么做，谁就能得到比预期还要多的好处；谁要是像我一样去谈价，就只能满足自己的最低条件。

【此条备忘录仅收录在C辑中，提出讨价还价的实用建议，也是作者结合自身经历和个人性格分析所得出的经验之谈。一般性格坦诚的人是不善于讨价还价的，作者虽然承认自己"生而具备坦诚的性格"，但还是意识到这样的性格在谈判中的劣势。通过观察和思考，最终作者弄清了一条最为有用的原则：不要轻易亮出你的底牌。】

133. 只要无损于你的尊严，对你没有什么损害，就不如把对别人 隐藏不满
的不满隐藏起来。这确实是一个明智的举动，虽然很少有人能够做到。因为总有一天你也会需要这些人的帮助，如果他们知道你对他们有不满，你就很难得到帮助。我自己也不得不时常去向那些我深为厌恶的人寻求帮助，而这些人，要么以为我对他们有好感，要么根本没有想到之前我会对他们不满，都毫不迟疑地帮了我。（A77；B102）

【此条备忘录前后历经三个版本，没有出现较大变化，最终版本的内容类似于"家庭对话体"论述，也是圭恰尔迪尼根据自己的人生经验对家庭成员提出的处世建议。学会隐藏自己的情绪，是一个人审慎的表现，是人与人之间相

处的实用法则。因为，在圭恰尔迪尼看来，不知道哪一天你也许会需要他人的帮助，论述重心再次回到作者"未来事物不可预测"的核心观点上。】

善与恶　　134. 人的本性都是行善去恶的，除非有其他的原因诱使其背道而驰，否则没有人宁愿去行恶，而不行善。但是人性往往又是脆弱的，世间的诱惑又是如此之多，人们很容易让自己偏离正轨，弃善从恶。所以，明智的立法者会设立奖惩，用希望和畏惧这两样武器，促使人们回归自然的本性。（Q$^{1-2}$4；A14；B3）

【少数出现在全部四个版本作品中的备忘录之一（其他参见 C32、C44、C96），关于人类本性的主题圭恰尔迪尼在其众多作品中都有谈及。作者在这里明确表达了他对人性本质的态度：人性本善，但是时常背离本性，弃善从恶。前半部分的"人性本善"与基督教教义所宣传的概念是一致的，但在这里，作者将重心放在了后半部分"弃善从恶"，充分分析了致使人类背离本性而行为的主要原因，即人性的脆弱以及世间的众多诱惑。社会生活中的奖惩措施，是将人类拉回自然本性的有力手段，能够很好地应对人性的脆弱（容易被世间众多诱惑所影响）。因此，我们看到，圭恰尔迪尼的人性本质观点与马基雅维利的观点还是有一定的区别：后者明确表示"人性本恶"，只有为了达到自己的目的（满足自己的私利）才会去"弃恶行善"；前者则认为"人性本善"，但是由于其脆弱性，经常容易"弃善从恶"。】

作恶倾向　　135. 如果有人天生倾向作恶，而不是从善，那么就可以称他为魔鬼或野兽，而不是一个人，因为他缺少人之所以为人的那种天性。（A149；B4）

【紧接上一条，继续对人性本质展开论述。根据作者"人性本善"的原则，很容易得出"人性为恶的人不能被称为'人'"的结论，因为只有魔鬼或野兽才会天性从恶，进一步论证了作者的人性观。】

傻子与智者（运气与理性）　　136. 有时傻子跟智者相比，更能成大事。因为智者除非是被迫为之，否则总是更倚赖于他们的理性，而不是运气；相反傻子做事却更喜欢依靠运气，而不喜欢讲理性。有时运气一来，事情反而不可思议地成了。面对当前这场风暴[1]，佛罗伦萨的智者可能早已选择了投降，而不靠理性分析的傻子却选择了抵抗，迄今为止，他们取得了这座城市过去所不可想象的伟大成就。这恰恰验证了那句谚语：天助勇者[2]！

【作者再次搬出智者和傻子的形象对比。内容与 C1 相似，都提到佛罗伦萨城市包围战的史实，也提到佛罗伦萨人民与智者的相异态度和行为，这里深入分析了两类人的差异，提出理性和运气对于人类行为的影响。傻子战胜智者的原因就在于前者很少依赖理性，全凭运气（有时真的可以变成好运），而后者则更多地凭借理性去思考，不太借助运气。一旦好运来临，傻子战胜智者是完全有可能的。】

137. 假如不良政府带来的坏处让人一目了然，那么那些不懂管理的人要么去学习管理方法，要么就自愿把政权交给能人。但是难处在于，大众，特别是一些普通民众，由于自身的无知，他们根本就不理解政府被搞坏的原因，也不会把这样的现状归于统治者的错误。人们不清楚领导无方带来的危害，因此他们要么让统治者继续犯错，要么就选择让另一个无能的人来统治。最后，只能以城市的毁灭来收场。　　统治者的错误（1）

【作者表明其政治观点：政府的管理职责必须交给能者担任。这也是圭恰尔迪尼政治思想的核心观点，同时也指出广大普通民众的无知：他们无法了解政府的运作，无法辨别统治者的功过得失，而且时常愿意被一些无能的统治者来统治。由于民众的无知，无能统治者所犯下的错误，竟然在众人面前，不是一目了然的。因此，一个明智、智慧的政府行为，也有可能不能迅速得到人们的支持，因为民众的无知，使得这样的智慧举动也不是一目了然的。】

138. 无论是智者还是傻子，最后都抵抗不了必然之事。我认为没有一句话比下面这句谚语表述得更好了：愿意的人（傻子），命运（i　　必然之事

[1] 这里指的是 1529 年的那场冲突，查理五世和克莱门特七世教皇辅佐支持美第奇家族在佛罗伦萨的复辟。城中的智者倾向于选择和平协约，而佛罗伦萨人民却选择了坚决抵抗，与包围城市的教皇皇帝联合军队誓死抵抗（1529 年 10 月至 1530 年 8 月）。
[2] 原文为 "Audaces fortuna iuvat"，字面意为 "运气能够帮助勇敢的人"。这是当时拉丁语戏剧和史诗中常见的谚语，有很多不同的版本。

fati）领着走；不愿意的人（智者），命运拖着走。[1]（A55；B80）

【圭恰尔迪尼明确表达了自身的命运观。在作品中，智者与疯子往往被视为两个不同的个体，通常会表现出不一样的思维方式和行为准则，但是在这里，作者很好地把他们联系在了一起：面对必然之事（i fati），无论是智者还是傻子，都只能接受它的安排（宿命论）。无论是顺从（自愿）还是反抗（不愿意），都无法与之较劲。】

统治者的
错误（2）

139. 人必有一死，城市也必有灭亡之日，但是两者之间有所区别：人体是由易腐烂的物质组成，即使本身行为得当，最终也不免消亡；城市不会因为自身的构成材料而自行灭亡，因为这些材料会不断地自我更新。只有坏运气或者坏政府，也就是说，统治者做出的不当决策，才会导致城市的灭亡。单纯由于运气不好致使城市的毁灭，老实说是极为罕见的，因为城市本身机体强健，抵抗能力极强，要摧毁它，必须具备一种非同一般且不可抗拒的暴力手段。因此，城市的灭亡，几乎总是由统治者的错误引起。如果管理有方，那么城市就可能永远屹立不倒，或者寿命至少比现有城市的要长得多。

【开篇作者通过人与城市自然属性的对比说明，很好地引出了一个现实问题：城市毁灭的原因。作者指出，城市"机体强健"，具有极好的抵抗力，本应该茁壮成长、永存不灭，但是如果没有良好的管理和完善的体制支撑，也会很快走向灭亡。圭恰尔迪尼在创作此条备忘录的同时，也在撰写《关于马基雅维利〈论李维〉的思考》，不免联想到马氏在作品中描述公共组织（如共和国）寿命长度的问题，于是提出"佛罗伦萨立宪主义"的概念，特别是针对1494年之后的公民政治思想。据此概念，圭氏认为，拥有目标明确且合理的法制度，能够让一个城市（国家）维持良好的运转，防止过快衰落灭亡。】

---

[1] 原文为"Ducunt volentes fata, nolentes trahunt"，摘自古罗马哲学家塞内加（Seneca）的作品《道德书简》（*Epistulae morales ad Lucilium*）中第107封信，意大利文为"I fati guidano chi segue, trascinano chi resiste"。字面原意为"命运能够引领那些愿意追随它的人前行，也会拖着那些与其抗争的人前行"，即"任何人，无论做出怎样的努力，都不能摆脱命运（必然之事）的安排"。这里进行了意译，并参考《圭恰迪尼格言集》（王坚译，南京：译林出版社，2012年）第31页的相关内容。

140. 所谓的"民众"，实际上是指一头野兽，它疯狂，错误百出， 　大众人民
混乱无知，毫无品味，毫无主见，毫无毅力。（A101；B123）

【如同在很多其他作品中一样，圭恰尔迪尼以一种反人民的斥骂口吻来评
价大众人民，使用比喻视民众为野兽，指出其各种缺点，同时，文末还用"三
个毫无"来表达对大众人民的蔑视。在前几个版本内容中，圭恰尔迪尼还写到
大众人民与知晓真理的距离就如托勒密 [1] 眼中西班牙与印度的距离那样遥远，
充分讽刺了民众的无知与愚昧。】

141. 对于那些过去发生的事情，或是那些发生在其他遥远地区的 　政府与民众
事情，我们的无知一点都不足以惊讶。仔细想想，即使对于我们自己
的城市，对于她的现状和每天发生的事情，我们也没有掌握多少真实
情况。在政府与民众 [2] 之间，通常布满重重云雾，或建起一堵厚墙，没
有一双眼睛能够看透它们。因此，人们对统治者在干些什么，以及为
什么要这么干，所能了解的情况，就跟他们对印度正在发生什么的了
解一样多。因此这个世界上轻易地充斥着各种错误空洞的评论。

【继续探讨有关人民与政府的话题，指出人民对政府和执政者的判断也是
错误空洞的。圭恰尔迪尼再次强调，认识事情真相对于大众人民来说是极其困
难的，这是由人类固有的缺陷所造成的，这导致大众在面对各类复杂的信息
时，无法做出准确的判断。更何况，普通民众很难接收到准确信息，因为"在
政府与民众之间，通常布满重重云雾，或建起一堵厚墙，没有一双眼睛能够看
透它们"。在这样的情况下，就像文末所说的，大众人民做出的大部分判断，
都是徒劳的、没有意义的。】

[1] 托勒密（Claudio Tolomeo），公元前 2 世纪古希腊著名天文学家、地理学家，同时也
是占星学家、光学家。"地心说"的集大成者，生于埃及，父母都是希腊人。他因著
有《地理学指南》（la Geografia）而出名，该著作为后人提供了世界上最早的有数
学依据的地图投影法。著名航海家哥伦布（Cristoforo Colombo）的地理学思想也主要
来源于这部著作。

[2] 原文中用"palazzo"和"piazza"两个词代表"政府"和"民众"。"palazzo"在这
里特指"Palazzo vecchio"，这是当时佛罗伦萨共和国的政府所在地，即现在佛罗
伦萨的市政厅所在地，当时在圭恰尔迪尼笔下象征"政府"；"piazza"在这里特指
"Piazza della Signoria"，这是当时佛罗伦萨共和国的僭主广场，即政府所在地广场，
也是人民群众聆听政府宣言、参与政治表达的主要聚集地，即现在的市政厅广场，
当时在圭恰尔迪尼笔下象征"民众"。

私利与公益

142. 一个人如果有机会能够把为谋个人私利而办的事情，包装成是为公益而做，那么他的运气实在是太好了。天主教国王（re Catolico）[1]所办之事显得如此光彩照人，就是运用了这个方法。所有的事情其实都是为了加强个人的权力和确保个人的安全，但通常要么穿上基督教信仰的外衣，要么就装扮成了保卫教廷。

【如同 C105，圭恰尔迪尼在这里再次描述了西班牙国王斐迪南大公"有效的虚伪"特质：利用宗教借口来行事，以获取自己的私利；这样的特质，马基雅维利在《君主论》中也有相关论述。开头部分提出私利和公益两个概念，作者认为，如果一个人能将私利包装成公益，那么他的"运气实在是太好了"。要成功做到这一点，统治者虚伪的宣传（如以宗教目的为口号）必不可少，再加上机遇（运气）的辅佐，在这个社会，还是可以实现将个人私利包装转化成公共福利的。】

历史的目的

143. 我个人认为所有的史学家，几乎没有一个例外，都犯了一个错误：他们把在其同时代广为人知的事情预设为众所周知的事情，在作品中很少提起。这就是我们现在对有关罗马、希腊和其他地方的诸多史实知之甚少的原因。例如，地方法官的权威和差异、政府体系、战争手段、城市规模及其他诸多方面的问题，在当时均为大家所熟知，因而作者忽略了这类问题的记录，到头来我们反而缺乏相关的史料。史学家们当时应该知道，一座城市在历史上消失之后，有关这些事物的记忆就会随之消逝；而写史的唯一目的，正是要保留这些记忆，使之流传至今。如果能想到这些，他们才会花更多的心思，使得他们所书写的历史事迹，让后人读起来，仍旧像当时的人所了解的那样，一切都历历在目。

【此条备忘录清晰地表达了圭恰尔迪尼的史学观，也犀利地指出历史上众多史学家所犯下的错误：忽略当时社会大家所熟知事物的历史记载。这里，作

---

[1] 这里指的依然是西班牙"天主教徒国王斐迪南"。年轻时，圭恰尔迪尼曾被任命为佛罗伦萨共和国驻西班牙大使，第一次有机会近距离接触一位统治者。斐迪南国王也是文中经常被提及的一个人物，如 C77（极具智慧的政治手段）和 C105（杰出的伪装者）等。

者提出了历史学的写作规范和史学家的职责，他强调，历史不应该仅仅是日常物质生活的历史，而应该是政治的历史，必须包含政治、军事、民事体制的所有描述。历史学家应该让"历史情形历历在目"，让后来的人能够像历史进程中的人一样，深切感知当时的情况。历史学家需要根据自己有限的经历，尽可能扩大历史客观事实的描述，不可局限在自己所想要表达的内容之中，需要真实还原当时社会方方面面的细节。人文主义观点认为阅读就是"与死人的对话"，历史就是真实的记载，圭恰尔迪尼对此并不否定，只是强调，需要避免表面上的概括叙述，从而进行细节和单个具体事例的详细描述。】

144. 消息传来，说威尼斯人与法兰西国王结盟，共同反对天主教 弱国与强国
国王。[1] 当时我本人就在西班牙，国务秘书阿尔马扎诺[2] 听到这个消息后，跟我说了一条卡斯蒂利亚（Castiglia）谚语，用我们的语言来说就是：线索易于从其最脆弱的地方断开。言下之意就是，挨打受罚的，往往是同盟中的最弱者，因为人们通常不会按照理性和审慎来出牌。每个人都是追求自身利益的，因此大家都会同意让那个最弱的人来承担损害，反正大家都不怕他。当你与强者对话的时候，请牢牢记住这句话，因为这时常被事实证明为真理。（A106；B129）

【在最终版本中，作者加入了"线索易于从其最脆弱的地方断开"这条谚语，似乎也展现出圭恰尔迪尼在创作 C 辑时，对年轻时期的从政经历（1512—1513 年在西班牙任职期间）的美好回忆。阿尔马扎诺的范例，似乎也是作者的精心安排：圭恰尔迪尼曾经担任教皇（克莱门特七世）的私人顾问，而阿尔马扎诺曾经担任过天主教斐迪南的私人特别顾问。他们之间的对话似乎是一种

---

[1] 这里指的是 1513 年 3 月，威尼斯看到他们的领土与利益受到神圣同盟（Lega santa）的威胁时，寻求法国国王的帮助，共同对抗神圣同盟及其支持者皇帝马西米利亚诺（Massimiliano d'Asburgo）。早在 1511 年，威尼斯与教皇朱利奥二世（Giulio II）签订了共同对抗法国的协议，由于教皇 1513 年 2 月 21 日的突然逝世，该协约随即自动解除。这样，威尼斯其实就成了两个同盟中的"反面派"，也必然成为最弱的一方，成为后文中所说的"同盟中的最弱者"，必须为战争付出最为沉痛的代价，这导致威尼斯最后失去了大片领土。

[2] 阿尔马扎诺（Almazano），1493 年起担任西班牙国王斐迪南身边重要的国务秘书，并参与了诸多针对意大利国土的政治协商，如法国国王路易十二与西班牙皇室的谈判等。

同行之间的"业务交流"，体现出圭恰尔迪尼对于自身政治生涯的自豪感。文中隐含 1513 年威尼斯的历史举动，通过谚语，暗示威尼斯的做法属于"最弱者"的行为，必将付出沉痛的历史代价，以此让后人记住一句话：挨打受罚的，往往是同盟中的最弱者。】

时间与生命　　145. 尽管人生苦短，但是一些人懂得如何利用时间、不虚度光阴，还是能挤出许多时间的：人的潜力是无限的，那些有能力的人和行事果断的人，总能办成许多大事。（A73；B98）

【人文主义学者讨论的经典话题之一：时间的利用。在这里，圭恰尔迪尼提出"人的潜力是无限的"观点，赞扬了那些勤快、不虚度光阴的人，突显作者的人文主义观点：人类成为宇宙的中心，被置于天地之间，拥有无限的潜力，完全有能力选择自己的未来（是否善用时间）。这也是作者从小在其父亲那里习得的哲学观点，而后者也是当时佛罗伦萨新柏拉图主义哲学的代表人物马尔西利奥·费奇诺的朋友。】

巨大的不幸　　146. 任何一样好的东西，其中必然包含着坏的东西，或者说只有首先接受坏的东西，才能拥有好的东西，这实在是一件不幸的事情。

【作者对于人生观的评述，意义类似于"所有好的东西里面都包含着一定的坏"，也可以理解为"为了得到好的东西（目的），必然得接受（采取）一些坏的东西（手段）"。将这样的判断引申到政治领域，我们就不难理解为何美第奇家族在统治期间，经常挂在嘴边的一句话，"Qualcosa di male per raggiungere il bene"，意为"为了得到好的（效果），必须使用坏的（手段）"。但这在圭恰尔迪尼眼中"实在是一件不幸的事情"，尽管他承认这样的逻辑，但是心中还是不免流露出一丝悲伤的情绪。】

战争的正义　　147. 认为战争胜利取决于正义，这种想法是错误的，因为与之相反的例子比比皆是。是智慧、力量和好运带来了胜利，而不是正义。的确，出于正义，会产生坚定的信念，人们也确信正义的事业必会得到上天的眷顾。正是这些信念使人变得激情涌动、顽强不屈，往往有可能带来胜利。因此，事业的正义性，对胜利只能起到间接的作用；

如果认为正义能够帮助你直接通往胜利，就是错误的想法。

【作者指出，不要以"正义必然得到上帝的眷顾"为理由认为战争必然胜利，继而进行深入分析：正义可以引发人类必胜的信念，而这样的信念使得人们变得"激情涌动、顽强不屈"，有可能带来胜利。作者意在强调，正义和胜利之间没有必然联系，更不能将胜利寄托于上帝的眷顾，而是要回到人类本身，认为是人的信念和品质决定了胜利。文末提出的间接作用和直接引导非常实用，很好地阐明了正义与胜利的相互关系。】

148. 那些想快速解决战斗的人，往往把战争拖长了。[1] 因为他们没 闪电战有静静等待必要的军需，或等待时机更加成熟，而把本来容易的事情，搞得无比复杂。本来想节约数日时间，结果常常一个月就这样被浪费了。更不用说，这样的行为可能会带来更大的灾难。

【与 C126 对照阅读，作者再次强调"不要刻意追求完美"的观点。在军事领域，战争的计划不可能十全十美，不可能将一切可能发生的事情都计算进去，出现变数是正常情况，贸然行动是不可取的。而事实是，人们更容易贸然行动而不是等待时机（如同 C156 中作者拿自己亲身经历来论事）；计划和行动之间正确的处理方式应该是等待时机。此条备忘录是作者根据当时的客观事实引发的感想：1526 年干邑联军（圭恰尔迪尼担任教皇代理长官）攻打克雷莫纳时采取的贸然行动，致使城市在被困两个月后最终被攻陷。】

149. 在战争中，想要节约成本的人，最后反而会花费更多。没有 战争花销一件事情能像打仗一样花钱如流水。军需供给及军费开支 [2] 越充足，战争结束得越快。为了省钱使得军备不足，会让战争拖得更久，而且还会让你花费更多的开销。因此，没有一个充足的预算，并且相关军费的补足一拖再拖，在战争中是非常危险的。因为，这不是去结束战争，

---

[1] 这里，圭恰尔迪尼指的是 1526 年干邑联军攻打克雷莫纳（Cremona）时贸然行动所引发的错误。作者在其手稿页面的空白处写着"我们在克雷莫纳的遭遇"（La andata nostra a Cremona）。

[2] 这里，圭恰尔迪尼使用了一个词"provisione"，意指"军需"，实则为"provvedimenti"（军备供给）及"stanziamenti"（军费拨款）两个词的缩写。这是圭恰尔迪尼在众多作品中惯用的书写习惯。

而是去滋养拖长战争。

【作者提出自己的战争理论：充足的军需供给和军费开支是快速结束战争的重要保障。"想要花更少的钱来成就事业，到最后往往会花费更多"这句谚语在战争领域同样适用：想要节约成本的人，最后反而会花费更多。论述从对军费开销保守预算的思考入手，之后转移到探讨战争中拖延、犹豫、不及时的问题（军费补足的一拖再拖），这是佛罗伦萨在军事政治领域的一贯传统。】

关于被得
罪之人

　　150.如果你得罪了一个人，就不要再信任和依靠他。即使一件事情做好了可以让那个人名利双收，也千万不要委托给他。因为有些人天生对他们被得罪的记忆刻骨铭心，即使有损自身的利益，也会择机报复。他们要么非常看重这种"报仇雪恨"的满足感，要么因为激情的蒙蔽，往往看不清什么是自己真正的名誉和利益。用心记住这条建议 [1]，因为很多人都犯了类似的错误。

【马基雅维利在《君主论》中也有类似论述："那些秉承'伟大的君主和充满善意的人，对于他们之前被得罪的记忆会转瞬即忘'思想的人，你们大错特错。"圭恰尔迪尼使用心理分析法来剖析人类此类行为的内在原因：人类时常受到激情的蒙蔽，让自己分不清现实，同时也是由于自身享受报复满足感的主观感受所致。在亲笔手稿中此条备忘录的旁边，圭氏写下"乌尔比诺公爵"的字样，再联系文末作者提出的忠告"用心记住这条建议"，圭恰尔迪尼似乎在提醒自己，因为他从这个人物身上得出了类似的教训。这里的"乌尔比诺公爵"并不是人们通常认为的美第奇家族的洛伦佐二世，而是指弗朗西斯科·玛利亚·德拉·罗韦雷（Francesco Maria della Rovere）。1508年起德拉·罗韦雷成为乌尔比诺公爵；在干邑联盟战役中，他担任教皇军队将军，而圭恰尔迪尼则是教皇代理长官（luogotenente），两人之间经常产生冲突。C148条中提到的"克雷莫纳战役"，圭恰尔迪尼将矛头直指德拉·罗韦雷将军，指责他在战争中缺乏激情，最终导致战事失败。】

---

[1]　参见 C9、C116 中有关 "ricordo" 一词的注释说明。

151. 就像我之前说的关于君主的那些事 [1]，对于你必须与之谈判打 人类本性
交道的人也同样适用：不要过分关注按照道理他应该去做哪些事，而
是要注意观察，考虑其本人的品性和习惯，哪些事他会想着去做。

【继 C128 之后，作者继续探讨人类行为特征，提出"实际怎样"与"应
该怎样"的关系，并将其放在品性习惯和道德义务背景下进行论述。这里，圭
恰尔迪尼将讨论对象扩展到与其谈判打交道的人等经济和民事领域，而非仅仅
指君主，突显此条建议的普遍适用性。】

152. 在你开始一项新的事务之前必须格外小心，因为一旦开始， 谨慎对待
新事务
就必须得朝前看。正式开始之后，你会遇到很大的困难。这些困难，
假如你一开始就预见了哪怕是一点点，你都会拒之于千里之外。然而
一旦被卷入，你就无法撤退了。在争执、派系斗争和战争中，经常会
出现上述情况。因此，在你参与这些或类似的其他事务之前，任何小
心和思量都不为过。

【这里，作者强调在开始一件新的事务和活动之前"任何小心和思量都不
为过"的观点。内容上与 C126 有一定的矛盾：C126 中作者强调不要花费太多
的心思和时间纠结于细节之处，而这里作者则认为"开始一项新的事务之前必
须格外小心"。但是无论怎样，两条备忘录都阐明了未来事物（结果）的不可
预测性，这也是整部作品的核心观点之一。"一旦被卷入，你就无法撤退了"
的观点，也暗指很多人在面对这样的事务时，没有过多思索便参与进去，到最
后只能硬着头皮努力走完自己选择的道路。】

153. 大使通常会站在他们所驻国君主的身边，因此时常有人怀疑 斯德哥尔
摩效应
他们是受人贿赂，或是为了寻求贿赂，或至少是被对方的礼遇和优待
所迷惑。也有可能因为所驻国君主的事务经常在他们眼前出现，而其
他事务大使则通常不甚了解，因此他们就会把所驻国君主的事务看得
无比重要。而他们自己国家的君主则不会这样，因为他们纵观全局，
能够很快地发现大臣的错误，将其归结于图谋不轨，而这些错误通常

---

[1] 这里指的是前文 C128 中所写的内容。

是大臣行事的不谨慎所致。如果你想成为大使，就要多加注意，因为这对你相当重要。

【作者谈及大使职业的特点，也谈到其与自己国家君主的关系和相处问题（可以参照阅读 C2、C171）。圭恰尔迪尼从一个官场现象（大使通常会站在他们所驻国君主的身边）出发，细致分析了人类这一行为的深层原因：人类的本性使得其常常被事物的表象所迷惑，从而做出一个非常主观的评判，而无法通过细微的观察并结合所处的客观环境进行分析。这是由于人类智慧的局限性所致，可以称为"不审慎"。之后，提出需要向本国君主那样，学会纵观全局，以一种更加全面的视角进行判断。因此，作者在这里也提出一个观点：君主和大使看待世间事物的视野是不一样的，前者比较全面（纵观全局），后者相对片面（所驻国君主的事务经常在他们眼前出现，而其他事务大使则通常不甚了解）。】

君主的秘密　154. 君主的秘密真是无穷无尽，他要考虑的事情也是无边无际。对其轻率地做出判断是一种草率的行为，很多时候，当你认为他是出于某种考虑去行事时，实际上君主却另有打算；当你想着他是随随便便、鲁莽行事时，实际上这是君主计划周密、谋划已久的行为。（A159）

【此条备忘录最先出现在 A 辑中，后在 B 辑作品中被删除，之后又再次出现在 C 辑中，教导人们不要轻易对君主的行为做出判断。如同 C141 中所说，政府和民众之间隔着一堵厚墙，普通人很难了解君主的真实意图。在最初版本中，作者还强调君主的头脑和人民的头脑是两样不同的事物，这两类人看待世界的视野角度不一样，思维方式不一样，从而得出的判断也不一样。如同上一条备忘录中所说，君主和大使的视野（前者全面，后者片面）也是不一样的，很多时候同样的事情在大使身上发生，在君主身上则不会体现。】

判断力　155. 有人说如果没有对于所有细节做出周全的考虑，是无法做出正确判断的。但是我却常常见到本身判断力很差的人，在只知晓事情的大概轮廓时做出的判断，要比通晓所有细节后做出的判断还要正确。因为，在只知其大概时，恰当的判断通常会在脑海中浮现；而在掌握所有细节之后，人们反而会变得困惑不已。（A147；B171）

【圭氏经典论证结构再次出现：1. 提出普遍看法；2. 提出反例现象；3. 分析原因。要想得出一个正确的判断，必须要知晓所有的细节（参见 C82、C117 有关内容）。文中指出，仅凭直觉根据事物的大致情况做出判断，这是判断力很差的人的特征，他们无法感知实际事物的复杂性和多变性。但是作者很快又发现，事实往往相反，过多地考虑细节而做出的判断反而不如只根据大概情况做出的判断。因为根据 C23 内容，世间万物充满变数、无法预测，即便是那些睿智之士也时常出错。要想掌握全部细节也是不可能的（就算掌握了，人类也会变得相当困惑），因此理论归理论，实际生活中的真实情况往往与理论所述不相符合。这一切充分反映了圭恰尔迪尼的现实主义思想，相比理论知识，他更加看重实际情况。】

156. 我生来就是一个行动坚决果断、思想坚定不移的人。然而，我会在做出一个重大决定之后，立刻质疑所选道路是否正确。不是因为如果我有机会重新做出选择，我会选择其他的道路，而是因为在做出决定之前，我会把在多种方案中将会碰到的风险一一罗列在眼前，而一旦做出决定，我就不再担心那些未选中方案所要面临的风险，而只是关注已选道路将要面临的风险。当这些风险单独被考虑时，就会显得比之前未选中时的还要大。这时，如果你想从这样的痛苦中解脱出来，还真得倒回去重新想一下那些被你搁置在一边的风险。（A153）

两条道路的选择

【与 C154 一样，最早出现在 A 辑，后被 B 辑删除，之后再次出现在 C 辑中。此条备忘录涉及人类心理特质内容，圭恰尔迪尼提出一条实用主义建议，分析了众多决定背后隐藏的风险特征。文末提出的方法非常实用，确实能够有效消除面对似乎确定的风险心理所产生的巨大痛苦。作者将自己的人生经历（做决定时的心理）展示在众人面前，从心理学的角度详细分析了心理和行为过程，同时也是一种自我安慰的心理暗示，就好比：决定之前，在我面前有 A 和 B 两个方案，两个方案中分别会面临 C 和 D 两种风险。当我没有做出决定时，我会感觉"我即将承担 C 和 D 两种风险"，当我做出选择后（如选择 A），我会愈发觉得风险 C 即将来临（似乎必然发生，因为我的注意力都集中在 C 上），心理非常焦虑，一度产生悔意，但是此时，我如果这么想，可能心理压力就会小很多——还好我没有选择 B，因此不用担心 D 的发生；如果我不选择，可能会面临 C 和 D 的双重压力，那样心理压力会更大。】

怀疑主义　　157. 得到一个多疑与不信任别人的名声，固然不是一件好事。然而，人类是如此的虚伪，如此的阴险，喜欢搞欺骗，又深藏不露。人类对自己的利益看得极重，而对他人的利益看得极轻。因此，对他人的信任少一点，总是没错的。

【面对人类天性（参见 C5、C19、C24、C25、C27、C201）和不可改变的自私特征，作者流露出强烈的悲观主义态度。开头部分，圭恰尔迪尼提出一个观点：多疑与不信任不是不好，只是得到这样的名声不是一件好事。这里实际上说的是两回事：首先，圭恰尔迪尼是赞同多疑与不信任的，原因可以从下文对于人类本性的深刻分析看出；其次，他强调的是"不要让别人感觉你是这样的人"，即好的名声问题。这里我们再次回想起圭恰尔迪尼著名的观点："实际怎样"（实际行为）与"应该怎样"（人们的评价，即好的名声）的关系。道德要求和实际表现，在现实中往往是相悖的；为了好的名声，满足道德要求，人们往往需要掩饰其实际表现。】

好名声　　158. 拥有一个好名声所带来的益处清晰可见，但是这些明面上的好处与背后无形的好处相比，还是微不足道。你往往不知道背后的好处是如何而来的，因为你在人群之中具备了良好的口碑，这些好处自然而然地就会眷顾于你。有句话说得真太有道理了：好名声胜过万贯家财。（A144；B168）

【紧接上一条，继续探讨关于名声问题，并阐述其重要作用。作者明确表达了自己对名声的态度：好名声胜过万贯家财。好的名声能够带来巨大的社会价值和影响力，就像 C157 所说的那样，人们如何对你评价（名声），有时候比你的实际表现更为重要。】

至高之善　　159. 我对教会的规定和僧侣们倡导的禁食、祈祷等教宗仪式并无异议。但是，不伤害他人，尽你所能地帮助他人，才是至高之善。与这些至善相比，其他的都是次要的。

【开篇作者明确认可教会和僧侣的一些行为，认为这些行为净化了民众，也构建了和谐的市民生活。但是继而提出对形式主义的宗教仪式的反对态度，认为有时这些表面行为掩盖了很多实际问题，同时也为教会的职责提出了更高的要求：努力帮助别人，同时不伤害他人。】

160. 我们都知道人生必有一死，但所有人却仿佛认为自己将会永 生与死
生一样，这真是不可思议。我认为，其原因在于那些我们可以触及的眼前之物，比那些遥远的不可见之物，更能使我们动心。因为死亡离我们非常近，可以说我们的日常生活时时刻刻都面临着死亡。我认为真正原因应该是大自然希望我们按照这个世界的运作程序和规律来生活：大自然不希望这个世界了无生气、毫无意义，因此它赐予我们一种不去想着死亡的特质，从而避免世界上充斥着懒散与麻木。

【一则非常精彩的备忘录，分析精准，表述合理。面对死亡，我们陷入了深深的思考，因为死亡离我们非常近，日常生活时时刻刻都面临着死亡。作者并没有对神秘的死亡展开论述，而是将重点放在人类的生命力上，继而分析了人类的情感和心理世界，对通常观点（人类对眼前事物比较关心，对遥远的未来事物关注不够）进行了否认，之后指出大自然的神性力量，并声称其为了这个世界不至于了无生气、麻木懒散，从而给予人类一种特质：不去思考死亡。】

161. 每当我想到人的生命中充满着各种意外、危险、偶然还有暴 生命中的
意外
力，想到要有多少因素凑在一起才能在某年有一个好的收成，我就会为见到一个老人、一个丰年而感到惊喜。

【此条备忘录仅出现在 C 辑版本中，表达了作者的人生感慨：人一生中会经历众多的磨难，能够一路走来，步入古稀之年，实属不易。同理，看似平凡的丰年，实则需要多少因素的汇聚才能实现。文中充分表达了圭恰尔迪尼对人生、对生活的细心观察和深刻感知，我们能够体会到作者对"生命的不平凡"的深刻理解。】

162. 在战争还有其他很多重要的事务中，我常常见到一些准备工 战争的漫长
作被认为为时已晚而遭放弃，然而接下来事实又会证明，其实这些准

备工作正当其时，因为放弃这些工作而造成了巨大的损失。因为一般来讲，事物的发展速度要比你想象的慢得多。你预计一个月能完成的事情，通常三四个月过去了，它都没有完成。这条规律非常重要，一定要铭记在心。（B173）

【与C34相似，作者继续探讨世间万物的发展规律，再次强调，事物发展的速度远比人类想象的慢得多。这是1528年新加入B辑的10条全新备忘录之一。文末的建议，再次体现了圭恰尔迪尼对事物发展观的重视，希望后世家人能够铭记在心。】

职位考验人　　163. 有句古话说得很有道理：官职考验人。没有其他方法比把权力和责任交给一个人，更能认清这个人的本质了。有很多人嘴巴上说得非常好，但是却不能落实到实践中。还有很多人坐在长椅上或在大庭广众之下时看似一个能人，但一旦被委以重任，人们就会发现原来这只不过是个假象。（A12；B36）

【作者引用在众多作品中都有出现的一句古话：官职考验人。公共职位是检验一个人最有力的武器，可以充分显示个人的真正价值。在共和国中，所有公民都被赋予了某种程度上的"公共职位"，借此他们可以互相考验身边每一个人的能力，能够更加清晰地看清个人的实际品质。圭恰尔迪尼并没有把这句古话视作抽象的理论，而是从实际操作的角度予以论证，指出很多人并不具备与之相符的能力，而是担任了实际无法担任的职位（有很多人嘴巴上说得非常好，但是却不能落实到实践中）。】

好运　　164. 好运时常是一个人最大的敌人。因为它会使人变得邪恶、轻浮、傲慢无礼。相比逆境，好运则是对一个人更大的考验。

【探讨有关人生考验的问题，如同C163中提出对人类执政能力的考验，这里则提出对人类道德品行的考验。基督教教义中极力反对傲慢的举止，而斯多葛主义（Stoicismo）则要求，人类不能被厄运轻易击垮，也不能在好运面前丧失理智，认不清自身的局限性。因此，公共职位和好运都是对人类各个方面的考验。】

165. 一方面，君主或主人看起来似乎比其他人更了解其臣民或仆人的品性，因为他们必须亲自去了解这些人的需求、计划和行为；但从另一方面看，事情往往又是相反的：因为臣民或仆人在面对别人的时候，通常放得更开，而面对自己的君主或主人时，他们就会极其小心地用尽一切技巧去掩饰他们的本性与想法。（A110；B133） 领导与下属

【作者指出，君臣（主仆）相处过程中充满着不信任和虚伪，众人表面上的虚心假意使得君主或主人在面对自己的臣民或仆人时，必须洞察对方的本质而不被表面行为所欺骗。】

166. 千万不要认为攻击者（例如在围攻一座城市时）能够掌握敌人的所有防御手段。因为，一位精明的进攻者（原告）可以事先掌握防御者（被告）的常用手段。[1] 但在危急和必要时刻，防御者也会被迫去思考一些非常规手段，即那些没有身临其境的人无法想象的手段。 灵活应变

【此条备忘录仅收录在 C 辑版本中，作者再次强调常规与非常规的关系，内容与 C136 条中提出的"智者和傻子在面对同样的情况下做出不一样的举动"类似：智者即句中的"攻击者"（法律场合的原告），傻子即"防御者"（法律场合的被告）。攻击者往往认为自身优于防御者，自然而然地能够事先掌握防御者的常用手段，但是往往防御者如同傻子一般，不会按照常理（理性）出牌，结果却是让攻击者扑了个空。同时，文中也暗含圭恰尔迪尼万年不变的"未来事物不可预测"观点，同时他强调：我们不能总是按照理性的思维，或者是"客观怎样"的思维去判断事物，而是要考虑到各个事物千差万别、细节变化无法预测的特征，按照"实际怎样"的原则去观察事物。】

167. 我相信，世界上没有一样东西会比轻率肤浅[2] 更糟糕了。那些 轻率肤浅的人

[1] 这里，作者借助隐喻修辞手法，使用法律领域的相关词语表达战争场合的概念，如使用 "attore" 表示法庭上的原告，即句中的"进攻者"，使用 "reo" 表示被告，即句中的"防御者"。一般情况下，该句的现代意大利文表述为 "colui che aggredisce, e sia anche un esperto soldato, prevede le misure difensive che normalmente un aggredito adotta"。

[2] 这里，圭恰尔迪尼使用 "leggierezza" 一词，即现代意大利语的 "leggerezza"，含有 "superficialità"（肤浅，浅薄）和 "sventatezza"（轻率，冒失）之义。

轻浮而没有原则的人，他们做出的决定通常都是糟糕、危险，甚至恶劣的，这是他们惯常使用的手段。所以，要像远离大火一样远离这些人。

【文末的比喻十分传神，形象地表达了"这类人的危险"和对他们的嘲讽。作者在这里描述了轻率肤浅之人的行事特征，也暗含对那些内心具有优越感的智者的讽刺，指出他们轻率虚荣的作风（参照阅读 C200）极易引发巨大的危害。】

无知的人　　168. 如果一个人冒犯了我，无论是出于无知，还是出于恶意，这又有何区别呢？有时，无知甚至比恶意更坏。因为恶意目的明确，会有其规律可循，而且不可能总是能够为所欲为；而无知既没有目的，也没有规律和标准，只是疯狂地胡搞，像盲人一样胡乱行事。

【作者对待人类恶意和无知的品性判断，他认为，怀揣恶意之人的行为是有规律可循的，是有标准的，通过人类的洞察力可以预见其行为；无知的人则恰恰相反，所有行为没有规律可循，没有理论原则和行事标准，只能胡乱行事，人类通常对其是没有任何判断和预测的，因此显得更加危险。对于恶意和无知的评论也可以扩展到整个人际交往范畴，作者认为，往往那些"无法控制、无法预测、没有行事准则和规律"的人恰恰是最危险的，也是最需要严加防范的。这样的思想在圭恰尔迪尼众多其他作品中均有体现。】

学会自我　　169. 无论你是生活在一个共和国家，抑或一个寡头政体国家，还满足　　是生活在一个君主国家中 [1]，都要记住这条规律：你不可能完全按照你的设想，施行你的计划。如果没有按照你的计划发生了一些事，千万不要怒不可遏，也不要轻易谋反叛变，至少假如维持现状能够满足你的基本要求，就千万不要这么做。否则，你会发现给自己，也给整个城市带来了麻烦，到最后，你会发现自己的处境越来越糟。

【圭恰尔迪尼对所有普通民众提出的一条行为建议：针对现有政府制度，只要不是完全不可忍受，即"至少维持现状能够满足你的基本要求"，就要尽可能地避免采取那些对你自己、对这个城市的稳定有害的任何举动；此观点在

---

[1] 作者再次提出当时社会的主要政府类型：多数人执政（民主制），少数人执政（寡头制）和一个人执政（君主制）。

作者早先作品《关于佛罗伦萨政府的对话》及后来的代表作《意大利史》中均有涉及。相比在另外两部作品中提出针对此问题的具体操作手段，在《备忘录》中，圭恰尔迪尼则从更广泛的人类处世原则角度出发，给出了这样的解释：面对任何不满，人类都应学会接受这样一个事实，学会自我满足，即"你不可能完全按照你的设想，施行你的计划"，要学会接受自身局限性这个不幸的事实。】

170. 君主注定是幸运的。他们可以轻而易举地把自己的责任推卸到别人身上。他们本该为自己犯下的错误或罪行承担责任，却往往将这些过错归罪于坏的建议和身边人的教唆。我认为，这并非君主刻意制造的"口碑效果"，而是因为人们更乐意憎恨和诽谤那些他们身边的人（与自己地位及条件差不多的人）。人们觉得把罪责推卸于这样的人来得更加容易。

【作者在这里又提出一个常见现象：人们往往把仇恨和罪责指向君主身边的人，而不是指向君主本人。圭恰尔迪尼只是描述了现象，并没有给出一个具体的应对手段。作为道德主义学者，圭氏并没有反对这样的现象，只是努力分析了此类现象背后人类深层的心理原因，具有现实主义特征，他认为，人们更加乐意憎恨和诽谤那些与自己地位及条件差不多的人。这样的结论让我们感到震惊，即便摆到当今社会，也是十分适用的。】

171. 卢多维科·斯福尔扎公爵[1]曾说过，可以使用同样的标准来检验（评判）君主和弓弩。弓弩的好坏，由它射出去的箭说了算；同理，君主的好坏，也可以看他派遣出去大使的素质高低。佛罗伦萨派出的大使有在法国的卡尔杜齐，在威尼斯的瓜特罗特，在锡耶纳的巴尔多大人，在费拉拉的加莱奥托·朱尼大人。看看这些人，我们就可以想

[1] 即"摩尔人"卢多维科（Ludovico il Moro），参见 C91 注释部分。

象这座城市的政府是个什么状况！[1]

【一则"发泄式"的论述，作者明确地阐明了个人观点：面对近在眼前的事实（1530年8月10日佛罗伦萨共和国再次垮台），圭恰尔迪尼并没有笼统地反对大众政府制度，而是将矛头直指佛罗伦萨第二共和国（1527—1530）政府，特别是1528年起"温和政治"主导者尼可罗·卡波尼[2]派出一些"愤怒党派"（Partito dei cosiddetti Arrabbiati）的主要领袖为驻外大使（如文中列举的四位人物）的历史事实（实际上是卡波尼被迫派出那些人士为驻外大使）。1530年春天，广大民众已经对大众政府产生了巨大的不满，并且逐渐失去了信心，认为政府背叛了人民。文中出现的四位大使，皆为当时的法律顾问，面对大众人民的无知（经常成为圭恰尔迪尼的控诉对象），他们中无一能够平息人民的不满情绪。通过文中描述，我们可以清晰地推算出，这条备忘录写于1530年8月10日（佛罗伦萨城市被攻陷，第二共和国垮台）之后。】

君主的吝啬　　172. 不是为了个人利益，而是为了大众的福利[3]，这是国家对君主执政提出的相关要求。交给君主的所有税收收入，都应该用于他的统治和他的臣民。然而，君主的节俭吝啬相比平民显得更为可恶。当君

---

[1] 言下之意，圭恰尔迪尼认为这样的政府状况不佳。卡尔杜齐（Baldassarre Carducci）、瓜特罗特（Bartolomeo Gualterotti）、巴尔多大人（messer Bardo）、加莱奥托·朱尼大人（messer Galeotto Giugni）都是佛罗伦萨第二共和国时期（1527—1530）的大使。卡尔杜齐，佛罗伦萨的法律顾问，曾担任佛罗伦萨驻帕多瓦（Padova）和威尼斯的法律教师。他是反美第奇派人物，在1527年美第奇家族被驱逐后返回佛罗伦萨后，成为"愤怒党派"的领导人，反对尼可罗·卡波尼（Niccolò Capponi）的"温和政治"，并于1528年出任佛罗伦萨驻法国大使。瓜特罗特，其父亲为佛罗伦萨第一共和国（1494—1512）期间著名的法律顾问；曾担任佛罗伦萨国家法律教师，1527年后从事政府职务；1528年1月28日此人出任佛罗伦萨驻威尼斯大使，1530年8月共和国垮台后返回佛罗伦萨，从此淡出政治舞台。巴尔多大人，著名的法律顾问，1529年夏天出任佛罗伦萨驻锡耶纳大使。加莱奥托·朱尼大人，出身于贵族家庭，曾担任比萨（Pisa）法律教师，在第二共和国期间担任政府司法领域的相关要职；1529年6月9日出任共和国常驻费拉拉大使，1530年夏天返回佛罗伦萨。在圭恰尔迪尼的眼中，这些人都是缺乏经验的失败者，也是共和政府无能的象征。

[2] 尼可罗·卡波尼（Niccolò Capponi），1527被任命为佛罗伦萨共和国"正义旗手"，同时也是"温和政治"（politica moderata）的倡导者。

[3] 这条准则是伴随整个西方政治发展的基本原则，它清晰地区分了正派政府和专制政府。

主囤积的财富多于他的税收时，他应该只拿自己应得的部分。确切地说，君主应该是大众财富的管理者也是分发者，而不是大众财富的掌控者。（A67、68；B92、93）

【作者从政治经济学和法律学的角度，很好地诠释了开篇的那句话：不是为了个人的利益，而是为了大众的福利。同时提出有关君主慷慨与吝啬的问题（该问题马基雅维利在《君主论》中也有专门篇章论述）：在这里，圭恰尔迪尼并没有强调人文主义者所秉承的"君主慷慨宽宏大量的行为给其带来了大度的美名"观点，而是集中在"君主应该成为人民大众财富的管理者，而不是掌控者"这样的问题上。作者给君主提出另一个全新的义务，结合个人利益和公共利益的概念，提出君主在面对大众财富和私人财富时应该采取的手段：不能为了自己的私人财富，而成为大众财富的掌控者，而是应该成为其管理者和分发者。】

173. 君主的大肆挥霍（过度慷慨）比他的吝啬更加可恶，也更为 *挥霍与吝啬* 有害。因为不从大量臣民那里征敛，君主就无财挥霍（无法慷慨），这比他吝啬不给臣民任何东西更加有害。然而平民大众似乎更加喜欢一个挥霍无度而不是过于节俭的君主。其原因在于，君主挥霍起来（过度慷慨）只能让一小部分人得利，而大部分人都要为此付出代价。就像我在其他地方[1]说过的那样，人们的希望大于恐惧，很多人喜欢把自己想象为受到君主慷慨眷顾的少数人中的一员，而不是需要付出代价的大多数人中的一个。（A46；B72）

【探讨君主面对财富时应采取的措施。与上一条"君主的吝啬"概念相反，这里提出财富挥霍的问题，同时继续使用圭氏论述的经典结构：1. 提出普遍认识；2. 列举相反现象；3. 进行深入分析。这里，圭恰尔迪尼提出跟马基雅维利在《君主论》中如出一辙的观点：君主不能过度慷慨（挥霍），这是非常有害的。因为过度慷慨只能让一小部分人得利，而让大部分人为此付出代价，与其这样，还不如背上"吝啬"的名声。我们发现，在上一条备忘录中，作者认为君主的吝啬是有害的，这里又提出"君主的过度慷慨更为有害"，看似互相矛盾，实则是圭恰尔迪尼秉持面对两害取其轻的原则，认为君主宁可背上

---

[1] 这里指的是 C5、C62 两条备忘录。

"吝啬"的恶名，也不能过度慷慨。对于传统观念认为的"君主喜欢挥霍，人民大众更喜欢挥霍的君主"，圭恰尔迪尼表示反对，并针对人民大众为何喜欢挥霍的君主这一现象，从人类心理学角度出发进行了细致入微的分析。对照阅读 C5 和 C62 的内容，我们会发现其原因在于"人们的希望总是大于恐惧"。凭借这样的心理，人们总是对自己成为少数得益人群报以很大的希望，从而显得不那么惧怕自己成为多数付出代价的人群中的一员。这样，与圭恰尔迪尼相反，普通民众实则选择了面对两害取其重的态度。】

与君主保持良好关系

174. 尽你所能去和君主以及那些当权者处好关系。尽管你现在还没有碰到任何麻烦，生活安宁，井然有序，也无意参与政治生活，但是，指不定哪一天发生的事情就会让你落入当权者的手里（不得不面对当权者）。到那时仅仅是一些你不受当权者欢迎的言论，就会让你受到各类伤害。（A13；B37）

【圭恰尔迪尼关于人生处世的中肯建议：平日里一定要与当权者保持好关系。这体现了作者彻彻底底的实用主义思想体现，他认为良好的关系和口碑是需要日常维护的，因为在关键时刻，糟糕的关系或口碑会给你带来不公正、不客观的评价，尤其是面对当权者。当然，此条建议也可以扩展到更大的范围，即面对所有将来可能会与你产生关联或影响的人，我们都应该与之保持良好的关系。】

滥用权力

175. 人民执政者，也就是执政官，要特别小心，不可对任何人抱有敌意，也不可因为自己的不快而寻求报复。借助法律权威来报复私人恩怨，会给你招来漫天责骂。你需要耐心等待时机，你总有机会利用公正的手段来达到同样的效果，而不让人产生怨恨。（A13；B37）

【作者在这里提出"等待时机进行报复"的实用建议，给人以玩世不恭的震撼效果。拥有律师职业背景的圭恰尔迪尼，从法律专业的视角，合理分析了报复的现状，同时以其深信的公共人物伦理道德观念以及法律规章制度为参考，提出了个人建议。客观性、平等性以及公共关系与私人利益的严格区分、公平对待，这是法律的首要原则，倘若违反原则，必然会招致群众的漫天指责。】

176. 祈祷上帝让你永远站在胜利者的一边吧！因为这样，即使你并没有立下功劳，也会得到赞赏；相反，如果站在失败者的一边，即使你完全是无辜的，也会为千夫所指。（A122；B146） 站在胜利者一边

【开篇这句话是圭恰尔迪尼的名言之一，很多人因为这句话给圭氏扣上了"实用主义"的帽子。在最终版本中，作者使用"祈祷上帝"的话语，隐隐表达了宿命论的无奈之情。同时，作者还流露出好运不可预测的悲观情绪，个人的功劳和过失可能因为上帝无意的选择而呈现不同的效果。后半部分是作者通过个人亲身体验而总结出来的人生经验：1527 年美第奇家族再次被驱逐出佛罗伦萨（自 1494 年以来第二次），共和国复辟。6 月 29 日，圭恰尔迪尼离开教皇军队，回到佛罗伦萨。同年秋天，佛罗伦萨新政府改由"正义旗手"卡波尼执政，随即圭恰尔迪尼被征以重税，失去了原有的政治影响力，同时还被佛罗伦萨军队指挥指控，擅自挪用本该提供给军队士兵的金钱财物，并暗中操纵军队洗劫了佛罗伦萨。之后此事被证明子虚乌有，但圭恰尔迪尼经过这一遭指责，心灰意冷，自愿被流放，回到了自己位于佛罗伦萨近郊乡下的别墅。正是因为"站在了失败者一边"，作者心中纵然有再大的委屈和无辜，也难以得到众人的宽慰。】

177. 在佛罗伦萨，总会有一些愚蠢之人，他们对于那些使用暴力参与动乱的人不施以任何惩罚措施，而是想尽办法让这些躁动分子得以豁免，只求他们放下武器，停止活动。这不是一个驯服傲慢无礼者的好方法，只会把绵羊变成雄狮。 危险的赦免

【此条备忘录仅在 C 辑版本中出现，作者提出有关惩罚措施的意见，同时也点出当时社会的一个可怕现状：佛罗伦萨城市包围战（1529—1530）中共和国政府采用的镇压措施完全受制于教皇与皇帝联军的意志。作者在创作此条备忘录时，佛罗伦萨还处于城市被包围、人民顽强抵抗外敌的历史进程中。圭恰尔迪尼暗指共和国不施以惩罚措施的态度，只会助长暴乱分子的野心，助长其胆量，使其更加为所欲为。文末使用的比喻修辞非常形象，给人留下了深刻的印象。】

178. 贸易制造业的鼎盛时期，往往发生在它被认为有利可图之前。 贸易与竞争

一旦广为人知，它就要进入衰落期，因为激烈的竞争会使得利润非常微薄。因此对于所有事情来说都一样的，越早起家越好。

【作者对经济领域的现象进行了观察，并就盈利的规律进行了解读：当一个产业被众人所熟知前，就已经到达了其峰值；随着越来越多的人对其了解，进入该领域，竞争随之而来，这个产业也就进入了衰退期，想要盈利也就越来越困难。文末的总结更为精彩，论述跳出经济领域，扩展到所有事物，这样的感悟摆在现在都不为过，同时这也是当今社会经济发展和产业发展的金牌定律：越早起家越好。当所有人都在做同一件事时，你就应该看准另外一件事，着手去做了。】

学会吹拉弹唱

179. 年轻时，我曾经嘲笑过那些懂得吹拉弹唱之类技艺的人，甚至还鄙视那些写得一手好字、懂得骑马、打扮自己的人，即所有那些使人显得更注重表面装饰而不是实际内容的东西。后来我的想法转变了，尽管花太多时间引导年轻人去掌握这些技能，确实不太合适，但是人生经验还是教会了我，这些装饰与才能，即使对于那些品性高贵的人，也是能够增添光彩和荣誉的。甚至可以说，不了解这些技能，人生反而感觉缺了什么。更何况，精通这些技艺还可能为你铺平获取君主宠爱的道路，可以为你带来收益、事业及社会地位的提升。毕竟，天下的君主，不是按其所应然，而是按其所实然的状态，活在这个世上的。

【继续上一条谈论人生经验。这里作者以自己亲身感受指出，那些"看似注重表面装饰而不实际的技艺"，有可能为你带来意想不到的收获。同时，作者对于年少时期的高傲想法略有后悔之意，认为自己缺乏后天行走于宫廷、展示其才华的看家本领。在圭氏眼中，这些"技艺"实际上给你提供了一个与能人或君主交流的机会，是人类在社会交往中不可缺少的本领。圭恰尔迪尼认为，如果自己也具备了这些才华，自己的人生可能又要重写了。文中再次引用作者的核心观点之一，即"应该怎样"（按理君主也应该不会为这些空有表面装饰而无实际内容的才华所吸引）与"实际怎样"（君主偏偏喜欢拥有这样才华和技能的人）的关系。】

180. 在战争中，最危险的敌人就是坚信自己将获得胜利。因为战 战争无易事
争无论看起来多么轻松，甚至局面已定，仍可能遭遇多种变故。在精
神和武力缺乏准备时，这些变故造成的混乱将更为严重。因此，只有
想到战争在一开始就会碰上困难，才会去做这些准备。

【作者反对对战争管理轻率、草率的态度，认为这是造成过于自信的原
因，因为根据圭氏"世间万物不可预测"的观点，特别是在战争中，出现变故
的事例太多（C67、C127），而我们却时常忽略。"变故"（accidenti）也是整部
作品论述未来不可预测的关键因素。】

181. 我已经在教皇国政府连续服务 11 年了 [1]，上司和人民对我的恩 自我认识
惠让我心满意足。如果不是因为 1527 年罗马和佛罗伦萨的那场事变 [2]，
我还会在那里服务更长的时间。在那期间，我从未考虑过连任的事情，
回想起来，这也让我在自己的职位上更加安稳。抱着这样的想法，我
无须过度担忧，也不必卑躬屈膝，就能很好地完成我的工作。因此我
的声誉也得到大幅提高。仅凭良好的声誉，我便获得了比使用奉承、
私交等其他手段所获得的更光彩、更显赫的成就。

【作者总结了 11 年在教皇国担任政府要职的政治生涯，对自己在政坛上
所取得成就表示满意。圭恰尔迪尼用自己的亲身经历，告诫后人一条重要的道
德行为准则：不要过分看重自己的职位和既得利益，这样才能让自己在工作中
解放思想、行为自由、踏实做事。作者认为往往这样可以取得更好的声誉，而
且比使用其他技巧权术获得的声誉，还要光彩和显赫。这里，圭氏对职位和声
誉的态度和行事方法，也是众多君主和执政者难以达到的高度。】

182. 我常常看到一些十分聪明的人在重要关头做决定时，总是习 第四种情况
惯限定所有可能发生的情况，仅仅假设两到三种可能出现的情况，然
后在假定其中某种情况出现的基础上，做出最后的决定。这是十分危

---

[1] 圭恰尔迪尼于 1516—1527 年服务教皇国政府：1516—1517 年他任莫德纳和雷焦 –
　　艾米利亚地区总督，之后成为教皇克莱门特七世的特别顾问，直到后来 1526 开始参
　　与"干邑联盟"协议战争，对抗查理五世皇帝。

[2] 1527 年，查理五世帝国军队洗劫罗马，教皇克莱门特七世曾有一段时间藏身于圣天使
　　堡（Castello Sant'Angelo），最终还是投降。同时，美第奇家族再次被逐出佛罗伦萨。

险的做法，因为通常，甚至总会有第三或者第四种你没有预料到的情况出现，此时你的决定就不管用了。因此，做决定时尽量做好出现无法预料情况的准备，除非万不得已，否则不要把自己完全限制住。（A155；B172）

【作者提出有关做决定的建议，他认为，由于未来的不可预见性，未来之事会出现各类变化和不可预料的情况。与马基雅维利时常将情况预料成两类的主张不一样，圭恰尔迪尼认为，未来你不可预料的状况绝对不止两类，需要做好充分的面对突发情况的心理准备。开篇所说的"习惯限定所有可能发生的情况"，也是人类自欺的一种心理表现，是面对客观现实可能出现无数不可预测的变化的一种过于主观的心态。此内容是 B 辑中新创作的 10 条备忘录之一，没有收录在之前的 Q 辑和 A 辑中，但是，A 辑中的第 155 条以及 B 辑中的第 172 条备忘录所述内容的主题与其非常相似。】

谨慎投入　　183. 明智的将军只会在万不得已时才会投入战斗，除非他知道自己占
战争　　据绝对优势。因为战斗的成败常常系于运气，而失败的后果则十分严重。

【继续探讨军事领域话题，作者提出战争背景中运气（时运）的重要性，再次强调战争结果的不可预测性以及失败后果的严重性。一个明智的将军需要慎重考虑是否需要发动战争，"只会在万不得已被迫之下才会投入战斗"也是马基雅维利《战争的艺术》（*Arte della guerra*）中的核心思想。】

警惕　　184. 我并不想阻止人们参与任何日常讨论，或一同在欢乐友好的氛围中交谈。我想强调的是，出于谨慎考虑，除非极有必要，否则不要谈论你的私事；就算谈到私事，也只需说说那些与证明你的观点、表达你的意图有关的内容就够了，其他无须赘言。按照其他方式，做起来更加惬意，但是按照这条方式行事，则更为有用。（$Q^2$27、28；B49、50）

【圭恰尔迪尼实用主义的典型建议，对于说话艺术提出了自己的观点：言多必失。此条备忘录将原先版本中的两条内容合二为一（$Q^2$27、$Q^2$28；B49、B50），提出"保守秘密与不轻易吐露心声"的建议。在最终版本中，作者重新做了修改，将两个观点糅合在一起，既保留了保守秘密，也修正了不轻易吐露心声的建议：在一些"欢乐友好的氛围中"交谈也不是不可以接受。结语极

具启发性，充分体现了作者实用主义的思想原则。】

185. 人们常常称赞他人任意挥霍、慷慨大方、出手阔气的表现，但多数人自己却从来不这么做。因此，你需要好好掂量自己的实际生活水平，计算好真实准确的收益，合理计划开销。在众人面前，你要不为所动，不要指望得到那些人的认可和称赞。人们自己内心都不奉行那些行为时，是不会真心称赞他人的。

【继续探讨人类心理话题，这里作者通过挥霍钱财的现象，充分细致地分析了人类的内在心理过程。圭恰尔迪尼明确提出他对财富的观点：合理控制花销，不要过自己无法负担的生活（量入而出）。这也是资产阶级社会的传统建议，可以看出圭氏对于家族成员的谆谆教诲。开篇提到那些"任意挥霍、慷慨大方、出手阔气"的人，作者暗指早先的大洛伦佐以及后来美第奇家族教皇的现实生活，这样的排场给广大普通佛罗伦萨市民留下了深深的印象。最后，作者还是通过其对人性的细致观察和深入分析，得出结论：人们自己内心都不奉行那些行为时，是不会真心称赞他人的。】

186. 为人处事，不能一成不变死守某条绝对的、不变的规律。在与人交谈中，对那些应该保密的事情，即使面对朋友，也最好不要随意坦白。另一方面，当朋友意识到你对他们不够开诚布公时，他们也会以同样的方式来对待你。只有当别人认为你信任他们时，他们才会选择信任你。如果你对别人守口如瓶，那么也不要指望从别人那里听到些什么。在这件事上，可以说与其他很多事情都一样，必须认清不同人的品质，区分不同的事情和场合。因此，具备洞察力，就显得尤为重要。如果天生没有这种能力，仅凭经验是很难学会的。靠书本？想都别想！（Q^{2}16；B13）

【此条备忘录信息量非常大，值得多加品读。作者在这里谈论有关为人处世的行为准则，提出了诸多观点。首先，他再次强调，世间不存在绝对的和不变的规律，因为世间万物时时处于变化之中，未来事物是不可预测的，仅仅依靠过去的规律是无法指导和预测未来事物的（对照阅读 C6）；其次，关于保守秘密的建议，这里作者提出一个人类心理特质问题，即人类会将自己主观的判

理性的称赞

再论洞察力

断作为行事的主要依据，即出现"别人认为你是怎样的，他也会对你采用怎样的态度"的现象；最后，作者提出人类需要一种区分不同的人、不同的事情和场合的能力，即"洞察力"——整部作品中的重要思想之一，也是其思想的核心词语之一。作者通过实用性建议，逐步提出认识论的重要原则：洞察力是观察思考客观实际唯一值得赞赏的能力。文末，再次提出通过书本来掌握洞察力是绝对不可能的，该能力只能通过后天的不断学习、不断实践，加上经验的作用，才能习得。】

领导科学　　187. 记住：靠运气生活的人（守株待兔者），最后会成为运气的牺牲者。仔细思考、观察并注重所有细节，这才是正道。即便如此，要让所有事情都顺利进行也是极费力气的。很难想象一个随波逐流的人能成什么事！

【作者在这里提出"自己要成为生活的领导者"观点，提倡对周遭所有事物进行仔细的思考和观察，并注重所有细节，要时常对自己的行为进行反思和思考，保持自己走在正道上。最后，圭恰尔迪尼还将生活中的情况推及政治领域，认为在政治事务中，一个随波逐流、完全没有自己的思考和观察、时常走偏的人，是没有什么好结果的，也必然是一个无法履行政治权利、做出政治决定的人。】

中立之路　　188. 为了避免一个极端，你与中间的道路离得越远，就越容易掉进你害怕的，或与之前一样坏的另一个极端中去。同样，你越想享用手头的一切，就会越快地失去而无法再次享用它。例如，一个珍爱自由（民主政府）的民族，越想利用自由，就只会越难以享用它，很快国家就会衰落或陷入暴政，或陷入一个比暴政好不了多少的状况当中。（B175、176）

【佛罗伦萨当时的政治现状引发了作者的深层思考，他认为，佛罗伦萨的政治体制总是在一个极端与另一个极端之间相互转化，并没有一个良好的中间政体，这与作者推崇的"贵族共和混合政体"思想相悖。之后，通过人民对自由的使用，圭氏提出现实社会所要面临的严重问题：越是想要享用自由，反而越难得以享用，而且会更容易跑到另一个极端，即失去自由，陷入暴政。中立之路的概念也是古典道德思想的主要内容之一，现实社会中这种偏离中立之路的现状，无论是在个人道德还是在政治体系中，都造成了这个世界的不平衡，即"非黑即白"的极端现状。】

189. 所有城市、国家，还有王朝，都有终结的那一天。无论是因为自然规律，还是出于偶然，天下万物都有寿终正寝的那一刻。因此，当一个公民生活在自己国家生命的最后阶段，也没有必要去自叹命苦、时运不济。国家的命运归属不可避免，而生在这样一个阶段的国家中，确实是不幸的。（A156）

巨大的不幸

【此条备忘录未收入在 1528 年的 B 辑作品中，而却出现在 A 辑作品中。开头部分连用三个主语（城市、国家、王朝）充分阐明了作者的事物发展观：世间万物，无论以何种形式存在，无论"因为自然规律，还是出于偶然"，最终都会趋于衰落直至灭亡。字里行间透露出淡淡的悲观情绪，事物发展的趋势不可预测，但是最终结果都是寿终正寝，这是无法避免的。根据此客观自然规律，圭恰尔迪尼也劝诫人类，不要因为事物的最终灭亡而感到不幸，感到时运不好，因为事物发展的结果与时运是不相关的。继而他谈到，人类可以因为自身的老去和生命的终结而抱怨，但是将其视作"不幸"则是毫无理由和根据的，因为这是事物发展的必然规律，人们应该学会接受这一事实。从某种角度看，这也是作者自我安慰的一种心理暗示。】

190. 对那些不得志的人有一条很好的建议：向后看，不要向前看！也就是说，往后看看有多少人比你混得还要差，而不是朝前看那些比你混得更好的人。这条建议很有道理，可以让人们对自己的所得感到满意。但是，要按此去做，却并非易事。因为上天对于我们脸庞的设计，使得除非我们努力扭头朝后看，否则就只能朝前看。

知足的不易

【谚语式的建议，提醒大家不要总是抱怨那些比我们条件优越的人，应该时常回过头去看看那些还不如我们的人。这是圭恰尔迪尼实用建议中为数不多的知足心态的体现，同时，也从另一个侧面提出，人们应该减少自己内心的欲望和贪婪，不要总是不知足地去追求，去跟比你条件更好的人比较。文末从人类自然构造的角度，充分说明了此条建议操作起来的困难性，也充分反映了想要突破常规、另辟蹊径的巨大困难。不难看出，在当时的社会背景下，作者在思考此类问题时独特的视角和全新的见解，这样的建议摆在当今社会仍然具有极其深刻的正面影响，可以充分改善社会上弥漫的互相攀比、永不知足的不良风气，纠正人们的价值观，对稳定社会有着良好的作用。】

決定与実施　191. 思量许久才做出决定的人，不应受到指责。尽管有时候一些事情需要快速做出决断，但一般来说，匆忙之间做出决定的人，总是要比不慌不忙做出决定的人犯更多的错误。真正需要严厉批评的是决定之后迟迟不付诸行动的态度。甚至可以说，这种拖拉的作风除了偶然情况之外，几乎总是害人不浅。我告诉你们这些，是为了让你们保持警惕，因为很多人都会犯这个错误，要么出于懒惰，要么想避免麻烦，要么是出于其他什么原因。

【作者摆出行动论的观点：一旦做出决策，必须立马付诸实施，切不可一拖再拖。首先，作者对于决定的快慢不做对错评判，但更倾向于"不慌不忙地做出决定"；之后，他将论述的重点放在决策后的行动上，坚决反对拖拉的行事作风。文末对于此类现象的原因分析，也都来源于作者亲身的政治经历和细致入微的观察思考。】

坚持到底　192. 做事情时请记住这句话：只做一个开头，或指明一个方向、提供一个动力，是远远不够的；我们必须不断跟进，不到最后绝不松劲。如此行事的人，往往能够事半功倍。反其道而行的人，往往在刚开始或者刚遇到困难和危机的时候就假设事情已经完成了。人类身上疏忽、不坚定、恶劣的品性是多么的严重，因此很多事情生来就存在诸多困难和障碍。记住这句话，有时它会给我带来极大的荣誉，就如同它给反其道而行的人带来的耻辱一样多。

【作者对政治人物和需要做出重大决定之人提出的行事准则：凡事都要不断跟进，不到最后绝不松劲。圭恰尔迪尼显然对于自身的职业生涯颇为满意，认为自己是坚定贯彻执行决定之人，因此获得了极大的荣誉。后半部分，通过对人性的深层剖析，作者提出对在行事过程中遇到困难和障碍的合理解释，还

从反面论证了"反其道而行"的行为，充分否定了那些肤浅、无能、虚伪、不坚定的人的行事标准。】

193. 如果你正在密谋反对国家的行为，记住千万不要使用信件进行联络，因为它们常常会被拦截，成为你无法抵赖的罪证。尽管当今也有很多依靠编辑密码来写信的方式，但仍有不少办法可以破解你书信的内容。使用自己的亲信，比写信安全多了。但是期望普通百姓参与此类联络事务，也是十分困难危险的，因为并没有那么多的人可以使唤（成为亲信）。即便有一小群人可以使唤，他们也不会得到雇主的太多信任，因为背叛雇主而取悦君主，对这些人来说，是一件受益良多、损失极小的事情。

口说无凭、书信为证[1]

【开头部分与 C19、C20 内容相似，继续谈论阴谋主题。这里，圭恰尔迪尼提出有关信息传递方式的问题，指出普通信件和密码信件不可靠，之后引出"使用亲信"的观点。后半部分探讨如何挑选亲信，文末提出"受益良多、损失极小"的观点，再次深入剖析了人类的心理特质，也充分论证了"阴谋的危险性"。】

194. 尽管做事需要万分谨慎，但也没必要心里总是预想种种困难，以至于最后觉得事情无法成功，而放弃它。实际上，你要记住事情只有去做了，才能变得容易，因为在实施过程中，困难或许会自行消失。这一点千真万确，实践者可以亲身感受到。如果克莱门特教皇 [2] 能够明白这个道理，他做起事来就会更加果断、更加光彩一些。

行动起来

【作者提出"在计划和行动之间需要合理平衡"的观点，文末列举克莱门特七世教皇的事例，暗指其行事风格犹豫不决、优柔寡断，总是预想各种困难而迟迟不付诸行动的行事特征。内容与 C126 条中的不完美论有一定的相似性，与 C116 条中"危险时常会意外消失"的观点也有呼应。】

---

[1] 原文为拉丁语 "Scripta Manent"，字面意为"说出去的言语不算数，写下来的文字才有效"，这里进行了意译。具体内容参见：F. Guicciardini, *I Ricordi riuniti per argomenti e trascritti nella lingua italiana di oggi*, a cura di Claudio Groppetti, Carello Editore, 2008, p. 86.

[2] 这里指的是教皇克莱门特七世，具体内容参见 C59 注释部分。

君主的恩惠　　　195. 君主手下的人如果想为自己或友人寻求恩宠或提拔，必须十分小心，千万不能时不时地就向君主索求。他应该等待、寻求机会，适时巧妙地跟君主表达自己的意愿。一旦时机来临，就要迅速把握好，切不可让其白白溜走。按此行事者，就能轻易达成自己的心愿，还不会让君主感到厌烦。同时，因此尝到甜头以后，在讨取其他好处时他还会更有信心、更加自在。

【圭恰尔迪尼为君臣相处提出的实用建议：等待时机，适时巧妙表达。这一建议在当今社会的职场领域，对于自己及友人的任用提拔也颇具启发作用。作者提出整部作品的一个核心观点：要善于把握、利用时机，根据所处的具体境况，合理巧妙地处理事务。这也是作者通过自身的职场经历而总结出的行为心理学建议，同时，也为职场上下级相处（君臣相处）的微妙关系提供了宝贵的意见参考：一边轻松达成心愿，一边还不会让君主（雇主、上级）感到厌烦。圭恰尔迪尼处世哲学的实用主义思想跃然纸上。】

优势与劣势　　　196. 当人们得知因为你的处境迫使你按照他们的意愿行事时，他们就会对你不尊重，并且趁机利用你。因为通常人们的行动是由其自身利益，或是邪恶的品性决定的，而不是从理性角度出发的：你应该得到什么，他们对你有什么义务。甚至，当人们知道你是因为他们的逼迫或是为了满足他们而深陷困境时，也不会心存怜悯。因此，我们要像防备火灾那样去防备这样的情况。如果人们用心记住这则建议，那么很多被流放的人也不至于背井离乡。这些人因为曾经效忠这个或那个君主而被驱逐。而对君主来说，那些人已经毫无用处，君主们甚至还会想，"没有我，你们什么都不是"。君主随心所欲地对待这些人，根本不会考虑他们的感受。

【作者充分表明了联结社会政治关系的唯一要素，即利益与行为的内在关系：人们对于他人的评价和态度完全出于自身利益的考虑。圭恰尔迪尼在论述这样的话题时，内心充满了平静和淡定，因为他坚信，利益是人类行为准则的唯一动机。作者细致观察人类的利益内心，剖析了利益驱使下的人类行为。文末的范例，清晰地表明君臣关系之间充满着利益私心的因素，所致结果"随心所欲地对待这些人，根本不会考虑他们的感受"不免让人心生悲凉。】

197. 处理那些困难而具争议的公民事务时一定要小心，如果可能，最好将一系列事务分开处理，并且只有在第一件事情做完之后，才去讨论第二件事。因为这样，那些反对其中一件事情的人就不会去反对另外一件事了。相反如果将所有事务放在一起处理，某人只要对其中一个事件感到不满，他就会反对整个一系列事务。皮耶罗·索德里尼[1]在为四十人法庭[2]重新立法时，如果采取了这样的办法，他就已经达成目的了，并且还能通过此手段巩固公民政府的体制。这条建议不仅对公共事务有效，对于私人事务也同样有效，比如你想让别人吞下苦涩的饭菜，可以建议使用多口吞服的方法。

【作者就处理公民事务的方式展开论述，主张分解处理、一次一事的原则。圭恰尔迪尼认为，为了使反对者的意见降到最低，最好采用"一次一事、就事论事"的方法行事，不要将所有的事件堆在一起一次性处理，以免被反对者提出"以偏概全"的意见。文末，作者还将此条建议推至所有的私人事务，同时采用了一个形象的比喻（多口吞服），再次描述了该建议的具体操作方法。】

198. 相信我，无论是公事还是私事，取得成功的关键因素都在于正确的方法。同一件事情，使用一种方法可以带来成功，使用另一种方法，往往只能招致失败。

【作者在这里强调正确的方法对于取得成功的重大影响，同时也承认这是造成不同结果的关键因素。】

---

[1] 皮耶罗·索德里尼（Pier Soderini），出生于佛罗伦萨一个显贵家族，1494—1512 年期间佛罗伦萨共和国的重要政治人物之一，尤其是在 1498 年萨沃纳罗拉教士被处决之后，成为共和国政坛的关键人物。1502 年，共和国政府借鉴威尼斯共和国的政体形式，进行了政体改革，索德里尼被推选为共和国"正义旗手"，即共和国首席执政官，任期两个月。在任期间重用马基雅维利，之后被任命为第一位共和国"终身正义旗手"（gonfaloniere di giustizia a vita）。1512 年，美第奇家族在西班牙军队的协助下重返佛罗伦萨，索德里尼失去政权，遭到流放。

[2] 四十人法庭（la Quarantia），又称"特别法庭"，最初诞生于威尼斯，是指一个由不超过 40 位（不少于 20 位）杰出人士组成、用于审判重要政治罪案的特别法庭。法官都是由大参议会选出，在国家内部是一个独立、稳定且备受尊敬的机构。在佛罗伦萨，这样的特别法庭并不多见，1505 年索德里尼试图效仿威尼斯建立这一司法机构，为其重新立法。1527 年佛罗伦萨共和国重建这个法庭，也正是这个法庭之后判处流放了圭恰尔迪尼。

掩饰艺术

199.假如你想对他人掩饰或隐藏自己的某种意图，就要试着努力找出与之对立的想法，并使用最有力、最合逻辑的理由来为自己辩解。因为当别人认为你做某件事是合情合理的，他们就会轻易认为你的决定是理性思考后的结果。

【作者在这里提出掩饰一切的终极方法：使用最有力、最合逻辑的理由来为自己辩解。之后圭恰尔迪尼阐述了其内在原因：人们很容易根据你理性逻辑思维的辩解，相信你的行为或你的决定是合情合理、有根有据的。主题再次回到 C128 中提出的有关"实际怎样"与"应该怎样"的关系，即人们往往会被你的合理逻辑所影响，认为这样的决定是"应该怎样"的，而不会去考虑你的实际意图，即你所掩饰和隐藏的意图，那才是"实际怎样"的内容。】

煽动人类
的虚荣心

200.有一个很好的办法，能够将一个原本反对你计划的人变成你计划的支持者，那就是让他成为计划的领头人，让他感觉自己是这个计划的创始者和推动者。虚荣轻浮的人通常可以用这种方法来驯服，因为这能使他们的虚荣心得以满足。而这样的人往往把虚荣看得比实质性的利益还重。（A150）

【作者在这里提出一个小小的行为技巧，用于掌控虚荣轻浮之人：让那个人产生一种置身于计划之中的错觉，以此来满足他的虚荣心。文末，圭恰尔迪尼透过观察以及对人性的深入剖析，认为往往可以通过一些小小的手段并利用人类内心本质容易被操控的弱点（比如虚荣心），来获取自己的私人利益，完成自身的行事计划。】

睁大双眼

201.世界上的坏人要比好人多，特别是在事关政治和经济利益时。这一说法尽管看似邪恶并值得怀疑，而且上帝也不希望这是真的，但是事实却是如此。因此，在与所有人打交道时，要想不犯错，必须将眼睛睁大一点，除非你用亲身经历或有绝对可靠的消息，证明此人是好人。如果你能做到这一点，同时又不让别人冠以猜疑的名声，那是最好不过。最为关键的是：不要相信任何人，除非你有十足的把握。

【与 C134 中指明的"人性本善"观点类似，文中也引用上帝的言论，强调这一尚未被论证的观点。在 C134 中，面对"人性本善"观点，作者继而提出"世间的诱惑又是如此之多，人们很容易就让自己偏离正轨，弃善从恶"，而这里又提出"特别是在事关政治和经济利益时，世界上的坏人要比好人多"，两处都显示了圭氏前后观点的相互矛盾。这是圭恰尔迪尼在作品中经常使用的论述手法：摆出一般事实，之后提出一些现实情况，继而进行深入分析。读者似乎感觉到圭氏的诸多观点只有在一般理想情况下才有可能成立，而面对客观实际，其观点往往会出现诸多反例。文中作者提出人与人交往时需要遵守的一般法则，即"睁大双眼，辨别人品"，充分做好内心思考（仔细辨别）和外部表现（不引起众人的猜疑）的平衡。因为，在社会交往中，他人眼中的表面印象对你事业的成功至关重要，因为往往表面现象会左右大众对你的评判，会给你带来不一样的名声，而好的评价和好的名声会给你带来巨大利益。最后，作者简明扼要地提出自己的观点：不要相信任何人。】

202. 让对方都不知道伤害来自于你，以这样的方式进行报复，至　_{公开复仇}多被人理解成是出气或泄愤。最好的方法是公开复仇，让所有人都知道是谁干的，这种方式会让别人觉得你不仅仅是为了泄愤和出气，而是为了荣誉而报复。也就是说，你以这样的方式让大家知道你无法接受任何人对你的侮辱。

【内容与 C74 中"报复并非总是出于仇恨或是邪恶的本性"有一定的关联，这里作者阐明了对报复手段的态度：公开复仇，而不是秘密泄愤。圭恰尔迪尼认为，报复不是简单的发泄愤怒，而是一种自我公众形象的管理方式。你时常需要通过公开的复仇方式，将内心的怒火和激愤转化为一种光明正大的、为荣誉而战的行为手段，这才是一种值得推荐的政治行为智慧。以这样的方式，人们可以向世人表明自己的态度，让他人今后不敢轻易冒犯。】

203. 君主应该注意，不要给予自己的臣民太多的自由。因为人类　_{自由的渴望}生来就是渴望自由的，而且另一个天性是永不知足，他们总会想方设法去改善现状。这样的欲望，比起他们与君主建立友好关系并从君主那里得到各种好处的回忆，总是显得更为强烈。（A90；B113）

【之前两个版本中的内容将重点放在上级对下级的行为方式，提出不能过分给予的原则，因为考虑到人类生来不知满足的天性，这样做会助长他们的欲望。无论是在政治领域，还是在私人领域，这样的情况都有存在，因为"给的越多，欲望越强"。在 C 辑版本中，作者将此话题限制在政治领域，针对君主施与自由提出"人类生来对于自由的渴望"以及"人类天性不知满足"的观点。文中也暗含 1530 年美第奇家族回归后采取的镇压措施使人民产生反抗情绪，而向往自由的人民总会想方设法去改善现状。】

官员的贪污　　　204. 无论采取什么措施，都无法阻止政府行政官员贪污的现象。我自己是一个洁身自好的人，手下也有很多官员。但是无论我如何想方设法、以身作则，都无法阻止我的下属贪污。原因就在于"金钱万能"，当今社会的价值观使得人们尊敬一个富翁甚于一个好人；另一个原因在于君主的无知和忘恩负义，他们纵容作恶者，而对于那些曾经尽心尽力为他服务的人，所给予的待遇还不如那些做得很差的人。

【作者通过对于人性贪婪的痛苦思考，意在说明在当今社会中，所有人都在通过各种手段捞钱，社会的价值观已经将富裕看成一个成功的标志。作者这里提及自己的情况，将自身摆在一个政府领导的位置，一方面强调了自身的洁身自好，另一方面也通过自身的经历，发现君主（政府领导）在对待下属关系中所存在的缺陷，即"无知和忘恩负义"导致了社会上此类现象的泛滥。对君主无知和忘恩负义的评论，也是圭恰尔迪尼历史著作《意大利史》的开篇用语。】

16 世纪的
战争　　　205. 我曾两次担任军中要职，参与了重要的远征战役 [1]，最后得出这样的结论：如果那些作品中关于古代军队的描述是真实的（大部分我是相信的），那么相比之下，我们现在的军队简直是悲哀，远远不及古代军队。现代的指挥官既没有勇气，也没有技巧。作战时既没有战术，又缺乏谋略，那场景就像在大街上悠闲地散着步一样。我记得参与第一次远征的统帅普洛斯佩罗·科隆纳 [2] 将军指出我之前从未有过作

---

[1] 圭恰尔迪尼曾在两次重要战役中担任教皇军队的重要职务：第一次是 1521—1522 年的伦巴第战役，他担任教皇军队总司令（commissario generale），联合西班牙人共同对抗法国国王弗朗索瓦一世军队；第二次是在 1526 年，他作为教皇克莱门特七世的代理长官，参与了干邑联盟对抗查理五世帝国军队。

[2] 普洛斯佩罗·科隆纳（Prospero Colonna），1521—1522 年伦巴第战役中教皇军队的统帅。具体内容参见 C64 注释部分。

战经历时，我坦率地回答他："我很遗憾也很痛苦，这次战役我依旧没有学到任何东西。"

【针对历史上对古代军队的描述，作者认为，当今时代的军队简直是一无是处，没有任何作战能力，缺乏作战技巧和战争的勇气及谋略（文中科隆纳将军的案例已经充分说明问题）；从文中最后一句话中，我们可以看出圭恰尔迪尼对此类现状的悲观情绪。此条内容也拉开了圭氏对不同职业人士的批判主题的备忘录的序幕，这里针对军队首领，接下来作者则将矛头直指医生、星相学家和法律工作者。】

206. 我不想讨论是让医生来治疗我们的疾病好，还是像罗马人长 关于医生期以来那样^[1]，摒弃医生所有的服务好。我想强调的是，可能医学本身就是一个难题，也有可能是因为医生的马虎粗心，他们本该认真仔细观察病人最细微的症状和变化，又或许因为我们这个时代的医生除了医治一些常见疾病以外，别无所成，他们的最高医术也就是能治好一个隔日热（一种不算特别严重的疾病）。但因为疾病本身有其复杂之处，医生的治疗大部分都是在黑暗中摸索。更何况，医生这些可恶的家伙，时常野心勃勃，竞争激烈，根本不知良心和尊重为何物。他们了解医疗错误难于证明，同时又善于吹捧自己，贬低他人（同事），于是成天折磨着我们（把我们的身体用于解剖实验）。

【作者在上文抨击完军队首领之后，紧接着提出对医生的看法，重点不在开头部分的"是否接受医生的服务"，而是圭恰尔迪尼对医生这一职业的专业性产生了深刻怀疑。作者赤裸裸地揭露了医生这一职业的认知缺陷和马虎粗心的职业态度，他对医学领域所取得的成就更是不屑一顾。之后，圭恰尔迪尼还对医生的职业特征进行了描述，"野心勃勃，竞争激烈，根本不知良心和尊重为何物"，这是他对这一职业的猛烈抨击，也充分反映了当时社会人们对医生这一职业的普遍评价。文末"解剖实验"的隐喻，充分讽刺了这一职业的糟糕境况，极具震撼力。】

---

[1] 以"现代医学之父"希波克拉底（Ippocrate）为代表的古希腊医学，直到公元2世纪才传入罗马，之后逐渐代替了传统的古代拉丁和伊特鲁里亚医学（la medicina tradizionale，latina ed etrusca）。

再论星相学　　207. 相信所谓的"星相学"，即预测未来的科学，简直是疯了。这种科学，要么本身就是错误的，要么研究它所需要的知识是人类不可获取的，甚至是人类智力所不能到达的。无论如何，结论都是一样的：通过星相学来了解未来，简直就是做梦！星相学家从来都不知道自己到底在说些什么；除了偶然说中，他们根本无法准确预测任何事物。如果把一个星相学家的预测和另外一个人随机做出的预测放在一起，后者命中真相的概率与前者是一样的。

【继上文对军队领袖和医生的论述之后，作者此次将矛头直指星相学家（可参照阅读 C57，也可阅读 C211 中有关预测未来的内容）。这里，圭氏再次搬出"未来不可预测"的核心观点，文末列举的事例，充分说明在预测未来方面，没有所谓的能人或超能力：面对无法预测的未来，人类都是平等的，人类的认知都是一样的，没有任何差别；另一方面，圭恰尔迪尼深刻讽刺了所谓"预测未来的学科"——星相学。对星相学家这一职业，作者也是充满了怀疑，因为"星相学家从来都不知道自己到底在说些什么"。】

法律科学　　208. 法律科学如今已经沦落到这样一个地步：在一宗案件的审判中，如果一方呈现的是极有说服力的证据，而另一方呈现的是某位权威法学家的书面论证，那么后者会对法官产生更大的影响。这样，所有职业律师就不得不去阅读大师的文献作品，把本该用于思考案卷的时间花在阅读上，最后搞得身心俱疲，感觉就像一个搬运工在做苦力，而不是像一个学者那样工作。

【这里，作者将话题集中在法律学科的内部，对如今法庭上出现的奇怪现象进行了说明，讽刺法律工作者"像一个搬运工在做苦力"，把大把的时间浪费在阅读书籍中，而不是对具体案卷进行分析思考。另外，圭恰尔迪尼根据自身的从业经历，表达出对倚重权威，轻视证据这一风气的不屑和控诉。"把本该用于思考案卷的时间花在阅读上，最后搞得身心俱疲"，这样的描述很容易让我们想起在 C6 和 C186 中作者提到的对"书本"的态度：经验的习得和实践的指导，通过书本知识的学习是不可能实现的。在法律科学领域，仅靠对书本知识的研读，是无法解决千变万化的具体法律案件的，因为不同事物之间，存在着不可预测的变化和众多细节的差异，仅凭书本经验，在实践过程中是无

法应对时刻变化着的具体事物的。】

209. 我认为土耳其人那种迅速、近乎随意的判案方式，并不比基 土耳其判
案法
督徒的审理方式更糟糕。后者的方式会花费大量的时间和金钱，给诉
讼方带来巨大的不便，即使最后胜诉，也会觉得还不如一开始就败诉
合算。更何况，就算土耳其人真的如我们所想象的那样随意判案，从
概率上看，至少还有一半的人可以得到公正的审判；再说，我们这里
的法官要么无知，要么恶毒，与土耳其人的审判法相比，我们这边不
公平的审判，数量应该是更多的。（A42；B67）

【作者对于法律工作领域采用的专业判案法进行了论述，对比描述了土耳
其人的判案法和基督徒的判案法，得出第一条结论：案件审理过程中花费的大
量时间、金钱，案件审判进程的缓慢，以及带给诉讼人巨大的不便，对于法律
赋予的正义获得已然失去了意义和作用。之后，论述法律工作者的职业特征，
"无知和恶毒"抵消了漫长审判过程中的审慎仔细，使得我们这个时代的法律
工作存在诸多不足，对比迅速且随意的审判方法，我们的案件审判仍然存在较
多的不公正现象。】

210. 谚语说"少而精"。说得太多，写得太多的人，最后往往证明 少而精
他只不过制造了一大堆废话；相反，话越少，往往经过深思熟虑，也
显得更加简明扼要。因此，将这部作品中的精华部分择选出来，要好
过照单全收。

【在创作收尾阶段，圭恰尔迪尼回顾整部作品，提出"少而精"的观点，
希望读者将作品中的精华择选出来，挑选对自己而言最为有益的内容，而不是
全盘皆收。虽然作者在创作这部作品时，并无出版之意，至多也只是为家族后
人撰写"人生备忘录"之类的家书，但是这里隐约能够看出圭恰尔迪尼已经拥
有将自己人生的众多杂感汇集成书的考虑。开篇对于"少而精"的阐述也是
作者创作作品时所采用的主要态度，特别是在前后四个版本的修订和重写过程
中，圭氏更倾向于删减而不是增添，这也是《备忘录》的主要特征之一。】

211. 我想我可以证明灵魂的存在，这里我指的是我们称之为"精 神秘主义

神"的那些虚幻的能与我们相互交流和感知的物质。我对此有亲身经历，因此深信不疑。但我相信，对于灵魂的本质是什么，那些自称了解的人，和那些从未考虑过此事的人一样，都是所知甚少。有关灵魂和预测未来的知识，正如有时我们看到某些人通过魔法技巧或神秘的诠释来表达的那样，是大自然的一种神秘力量，又或者是一种推动自然及万物的带有神性的原动力。这一切只有上帝知晓，而我们却一无所知，因为它超出了人类所能理解的认知范围。

【作者提出"灵魂存在"的观点，透露出其自然主义哲学思想特征，再次强调未来的不可预测性，继而提出，人类的认知能力无法对于"灵魂"这一精神的本质进行合理的解释和说明，认为它是一种大自然的神秘力量，这一神性的原动力只有上帝知晓，人类是无法理解的，这是人类智力的局限所致。面对神秘的大自然，人类能够知晓的仅是其中很小的一部分；面对神秘的自然和未来时，作者表现出深深的怀疑精神。他不否认这类自然现象的复杂性，但同时也承认，人类的头脑是无法知晓或理解这类现象的。人类无法奢求运用理性知识去超越认知的局限，去掌控神秘的大自然，甚至去预测未来。这一观点也与上文"对于星相学家预测未来的否定和抨击"有一定的关联性。】

佛罗伦萨与三类政府

212.有三种政府形式：一人统治、少数人统治、多数人统治。我认为，对于佛罗伦萨而言，寡头政体（少数贵族统治）是最坏的，因为它是不自然的[1]，就像专制制度那样不可接受一样。寡头执政者的野心和相互争斗，会带来和专制制度一样多，甚至是更多的罪恶。他们不但不具备专制君主的优点，而且会很快使城市陷入分裂状态。

【此条备忘录内容涉及对当时政治时局的分析，同时作者也提出了自己的观点。圭恰尔迪尼是佛罗伦萨贵族家族的代表之一，他深刻理解其所代表的贵族阶级肩上承担的重大历史责任，他们需要缓和社会不同阶级人群之间的矛盾，期望不同政治背景的人民和谐相处。圭恰尔迪尼一贯主张的贵族精英领导下的共和政体，在当时的社会（1527—1530年佛罗伦萨第二共和国）产生了剧烈的变化，少数人统治的"正宗政体"，即贵族政体变成了实际中的"变态

---

[1] 佛罗伦萨民主派人士一贯认为，城市中一个自由、宽松的政府是最自然的状态；这样的政府主张绝对的公平，这使得所有公民在法律面前人人平等成为可能。

政体"，即寡头政体[1]，"贵族寡头的野心和相互争斗"，使得寡头政府效应甚至还不如君主专制下的政府效应。圭恰尔迪尼在《关于佛罗伦萨政府的对话》中还清晰地表明，失去贵族精英的领导，佛罗伦萨要么由一人统治（君主），要么索性由大众人民（民主）统治，政府落在寡头手上，往往会产生各种争斗和分歧，对社会和城市造成严重后果。此条备忘录写于 1530 年，仅仅收入在 C辑最终版本中。1527 年美第奇家族再次遭遇驱逐后，佛罗伦萨进入了最后的共和国时代，到 1530 年 3 月时（C 辑即将完成的前夕），圭恰尔迪尼已经失去了与民主共和国对话的机会，被"四十人法庭"[2]指控犯有背叛罪而拒不出庭，随即遭遇流放，本人全部财产被没收充公，之后只身前往罗马。1532 年 4 月，圭恰尔迪尼参与了政治改革投票，宣告了佛罗伦萨共和国的最终灭亡，国家正式进入君主国时代，从而验证了文末作者的观点，即"他们不但不具备专制君主的优点，而且会很快使城市陷入分裂状态"。寡头控制下的共和政府最终走向灭亡，佛罗伦萨的命运只能被掌握在专制君主（美第奇家族）的手中。】

213. 对于决定和行动，我们总能找到理由去支持与之相反的行为，因为没有任何事情是绝对完美的，挑不出任何错误的。世界上没有彻彻底底的恶，找不出一丝的善；也没有完美无瑕的善，找不出一丁点的恶。这使得很多人做事变得迟疑，因为一点小小的缺陷而惶恐不安；他们过于小心，不放过任何细小的瑕疵。这其实毫无必要，我们只需衡量各方面的优劣，选择坏处较小的那一方就可以了。记住，我们是不可能做出一个方方面面都完美无缺的决定的。

【作者开篇指出：任何决定，都会有其不完美的一面，我们是无法做出完美无瑕的决定的。之后，圭氏告诫我们在行事或做决定时，不要过分小心地追求完美，以至于"因为一点小小的缺陷而惶恐不安"，这是完全没有必要的；

选择坏处较小的决定

[1] 古希腊哲学家亚里士多德将政体分为三种类型和两种状态，即"一人统治""少数人统治"和"多数人统治"三种类型，以及"正宗政体"和"变态政体"两种状态。具体来看，在一人统治政府，正宗政体为君主政体，变态政体为僭主政体；在少数人统治政府，正宗政体为贵族政体，变态政体为寡头政体；在多数人统治政府，正宗政体为共和政体，变态政体为平民政体。具体内容参见《从〈理想国〉到〈代议制政府〉：西方政治学名著释评》（浦兴祖等编著，北京：中国人民大学出版社，2012 年 4 月第一版）第 34–37 页的相关介绍。

[2] 参见 C197 注释部分。

这里再次论述不完美话题，内容与 C126 前后呼应，当然 C23 和 C108 的内容与其也有一定的相似性。另外，"世界上没有彻彻底底的恶，找不出一丝的善；也没有完美无瑕的善，找不出一丁点的恶"，这句话充分体现了圭恰尔迪尼的认知观，他认为，世间万物不存在彻彻底底的极端情况，通常都是中间状态，即没有绝对的完美，也不存在绝对的不完美。】

相互接受
缺点

214. 人人都有缺点，只不过有些人多一些，有些人少一些。但是如果一方无法忍受另一方的缺点，那么人与人之间的友谊、雇佣、伙伴等关系也将无法持续。我们必须学着去了解别人，同时记住人的改变并不能消除所有的缺点。换一个环境，我们可能会遇到同样甚至缺点更多的人。因此，我们要学会宽容，前提条件是问题本身可以容忍，而且不是什么至关重要的事情。

【作者面对"人人都有缺点"所抱有的宽容态度，此类话题在整部作品中并不多见。紧接上一条，继续强调没有人是完美的。面对人类的不完美（存在各类缺点），作者教会我们学着去了解别人，同时也提醒我们，人的改变并不能消除所有的缺点，希望我们能够接受这样的事实，同时抱着宽容的心态去面对生活琐事。这样的宽容心态，在当今社会，也是指导人类行为的重要原则，更是人与人之间的友谊、雇佣、伙伴等关系得以维系的重要手段，极具现实意义。】

深入本质
做出判断

215. 很多事情在事后遭受指责，但是当我们想象如果没有这么做会产生什么后果的话，它们就会得到赞扬。相反，又有很多本该受到指责的事情，最后却得到了赞赏。因此，不要被事物的表象或眼前的现象迷惑而进行指责或赞扬。如果你想让判断更加准确、公正，就要透过事物的表象，深入其里仔细思量。（A37；B62）

【作者对人类就事评论的行为提出了自己的观点，他认为，我们总是根据事物的表象或眼前的现象随意进行评价，而不是透过表象、深入其里思考事物本质。在作品其他地方，作者也提到"人们十分容易根据自己看到的表象进行评价"，因此提出"实际怎样"与"应该怎样"的关系。人们看到的表象都是"应该怎样"的反映，因此根据理性思维，人们对这样的"应该怎样"做出了符合逻辑的评判，但是却往往忽略了"实际怎样"，即事物的本质，因为，往往人们看到的表象与实质是有差别的。如果要做出更加准确和公正的判断，就必须抛开表象，深入其里，仔细思量表象之下事物的本质。就像 C76 中提到的，"需要具备一双慧眼"，通过仔细的观察和思考，才能做到透过现象看本质。此条备忘录在最初两个版本中都有出现，经过不断的修订和改写，最终版本的内容更加简明扼要，也充分体现了作者在判断力上的独到见解。】

216.世界上没有人能够选择自己的出身社会阶级，也无法选择自己　人生如戏
将要面对的生活环境和命运。因此，赞扬或指责一个人时，不应该考虑
他的条件，而要看他在这样的境况下如何行为：赞扬或批评一个人的标
准，不是根据他的出身条件，而是看他的具体行为表现。例如在看一场
喜剧或悲剧时，我们给予饰演主人或国王演员的尊重，不会多过给予饰
演仆人的演员，我们关注的只是谁的演技更高。（A127；B151）

【作者认为，一个人所取得的成绩不应该由他的出身所限制或决定，而应
该由他在特定情况下的具体行为表现而决定。同理，对一个人的评价，也应该
基于这样的标准来进行。文末使用喜剧和悲剧的典型范例，充分体现了圭恰尔
迪尼内心顺从命运和努力奋斗的心态：我们无法选择自己的出身和命运，但
是我们可以通过后天的努力，让自己在这样的境况下呈现出最好的表现，赢得
人们的赞赏。我们首先应该接受自身的角色（出身），同时需要努力扮演好这
个角色。如同在喜剧和悲剧中，"主人"和"国王"能扮演好自己的角色，"仆
人"也能用心诠释自己的角色，最后，无论什么角色（出身条件），通过自己
的努力（诠释好自己的角色），都可以赢得人们的肯定和称赞。】

217.不要因为害怕树敌或得罪人就忽略了自己的义务。尽职尽责　自身及他人
会给你带来声誉，其好处远远大于树敌所带来的坏处。在这个世界上，
除非你死了，否则做事时就不可避免地会得罪别人。我们给别人带来
愉快的手段，也可能给别人带来不快。因此，处理事情时我们要具备
恰当的理由，挑选合适的时机，态度要谦逊，动机要充分，方法要体
面。（B174）

【1528 年收入在 B 辑中的 10 条备忘录之一（B174），但是结构和内容远
不如 C 辑那样完整丰富。这里，作者再次提出 C42 中"保持名节"的观点，

同时强调声誉的重要作用，他认为，保持名节（声誉）可以带来更多的好处，为了这些好处，得罪别人是不可避免的。当然，为了论证这样的观点，作者在后文中还具体分析了当权者在行事过程中得罪别人的不可避免性（除非你死了）。通过履行义务来获得声誉，不要过多在意是否得罪别人，这是圭恰尔迪尼所主张的行事准则；这样的行事准则与道德标准无关，仅与自身利益有关。文末，作者提出处世行为的具体要求和标准，从理由、时机、态度、动机、方法等各个方面进行论述，使得此备忘录颇具实用价值。】

荣誉为自身最高利益

218. 这个世界上，那些干成大事的人，时刻都将自己的利益放在眼前，并将此作为每一个行动的目标。但是如果一个人不懂得自己真正的利益所在，那么就会犯下大错。例如，有人总是想着在经济上占小便宜，而不是想着怎样去保持荣誉、维护名声和口碑。

【作者通过自身的政治经历（在两任教皇手下担任政府要职）和细致观察，总结归纳出世间人类行事的主要动机——自身利益。圭恰尔迪尼坚信，利益是人类所有行为的终极目标和首要动力。因此，他丝毫不否认追逐利益的客观合理性，甚至认为越是能够干成大事的人，越是明确自身的利益所在。但是在后半段，作者将话题转为"真正利益的选择"，认为有很多人其实不知道自己的真正利益为何物，目光短浅、急功近利，往往想着占小便宜，而对于荣誉、名声、口碑等可以带来诸多好处的利益视而不见。这里，从一个侧面我们能够体会到作者的利益观：追逐利益是人类行为的终极目标和首要动力，而保持荣誉、维护名声和口碑可以给人类带来最大的利益。】

警惕与名声

219. 当一个人做出某个决定，或者声明拥护某个观点，而在实施之前因为某些原因而打算改变主意时，坦白承认是最诚实的做法。然而，如果没有能力或权力来改变原始计划的实施，此时要想保住名节，千万不要坦白承认，最好的做法就是坚持最初的立场。因为中途变卦，对其名声必然有损害，只能以失败收场，因为不管哪一方胜利，都可以宣称他先前或后来的某一个立场是错误的；而如果他坚持最初的想法，万一事成，这当然有可能发生，他还会给别人留下牢靠可信的印象。

【作者再次提出如何为自己赢得名声的方法，探讨如何在政治场合正确地做出决定。这里继续使用作者惯常的表述结构：1. 提出一种观点；2. 提出反面现象；3. 深入分析其原因。文中作者虽然承认中途变卦是最诚实的做法，但是转而又立刻否定了自己的观点，认为坚持最初的立场更为有效，因为可以为自己赢得"牢靠可信"的名声，而中途变卦只会败坏自己的名声，被扣上"见风使舵、不可靠、不坚定"的帽子。】

　　220[1]. 如果国家落入暴君之手，我认为作为一个好公民，有义务去　与暴君合作
参与政事，用自身的影响去帮助政府扬善惩恶。显然，让好人[2]掌权，
在任何时候对一个城市来说，都是有利的。无知而狂热的佛罗伦萨人
总是对此持有异议，但他们将来会意识到：当政府身边围绕的都是一
些疯子和恶人时，美第奇的统治将会遇到怎样的浩劫。（A84；B108）

　　【作者继续探讨有关统治者面对公民的政治立场问题。C98 中所说的"精明智慧的暴君"，这里圭恰尔迪尼明确指的是美第奇家族成员。面对美第奇家族的重新回归，共和国政权再次落入"暴君之手"，圭恰尔迪尼本来满心期望能够在美第奇新政府中贡献余热，去配合新政府，"用自身的影响去帮助政府扬善惩恶"，但不料，新政府并没有十分器重他的政治才华和从政经历，以致圭氏回归政坛的最后愿望落空。文中提出的"好人"，作者实则暗指美第奇家族，这也不免让后人产生某种讨好政府的感觉。最后，圭恰尔迪尼看到了新政府周围的疯子和恶人，心生悲凉，担心这样的政府会遭遇前所未有的浩劫。同时，这里也点明了圭恰尔迪尼所关注的另一个中心问题，即美第奇家族的专制统治与理想共和主义者之间的协调共处问题。】

---

[1] 第 220、221 条备忘录是 C 辑中仅有的两条没有数字编号的内容（在圭恰尔迪尼亲笔手稿中，这两条内容的旁边仅仅用"斜杠"［/］标识）。后来文本编辑者推测，这两条内容应该是在作品完成（1530 年 8 月）之后添加的（大约在 1530 年秋天）；那时，佛罗伦萨共和国已经灭亡，美第奇家族再次重返政坛，与原先政府中有牵连关系的人受到了镇压和处罚。圭恰尔迪尼面对新旧政府的交接，有感而发，写下了这两条备忘录，表达了自己的政治立场（C220）及政治手段（C221）。具体内容详见扎纳托（T. Zanato）教授有关《政治与经世备忘录》版本进化史的研究文献：T. Zanato, *Qualche messa a punto dei Ricordi guicciardiniani*, in «Giornale Storico della Letteratura Italiana», 615, 2009, p. 371.

[2] 作者眼中的"好人"，既包括当时道德传统上的好人，即诚实善良的人，也包括社会传统上的好人，即城市里的贵族精英以及美第奇家族的同盟。

当敌人相
互争斗时

221[1]. 当那些时常联合起来反对你的敌人之间产生分歧、出现矛盾时，你想通过攻击其中之一，再逐一把他们击败的话，结果却常常使得他们重新联合起来。因此，你必须仔细思量他们之间产生仇恨的原因和特点，同时还要观察他们的条件和环境，在此基础上做出最为明智的选择：是攻击其中之一，还是袖手旁观，任他们自相残杀。

【作者为政治外交行事方法提出的一条实用建议，他主张不要轻易采用"攻击其一、各个击破"的方法对待你的敌人，因为这样往往适得其反。我们只有根据具体情况，仔细分析双方之间的矛盾和仇恨，"观察他们的条件和环境"，谨慎思考，才能做出正确的选择。】

---

[1]　参见 C220 注释部分。

C 辑人名、地名中意文对照表 [1]

C1
佛罗伦萨（Firenze）
吉罗拉莫（Ieronimo /Gerolamo）
费拉拉（Ferrara）
克莱门特七世（Clemente VII）
查理五世（Carlo V）
巴塞罗那（Barcellona）
美第奇（i Medici）
马太（Matteo）
马可（Marco）
弗朗西斯科·圭恰尔迪尼
（Francesco Guicciardini）
奥朗日亲王（principe di Orange）
菲利贝尔特（Filiberto di Chalon）
大洛伦佐（Lorenzo de' Medici,
detto il Magnifico）[2]
乌尔比诺公爵（duca di Urbino）

洛伦佐二世（Lorenzo de' Medici il
Giovane）
亚历山大·德·美第奇
（Alessandro de' Medici）[3]
吉罗拉莫·萨沃纳罗拉
（Gerolamo Savonarola）
亚历山大六世（Alessandro VI）[4]
皮耶罗·圭恰尔迪尼（Piero
Guicciardini）

C2
菲利普一世（Filippo I d'Asburgo）
波尔戈尼亚公爵（duca di Borgogna）

C3
利奥十世（Leone X）

---

[1] 相关人名、地名根据作品中出现的先后顺序标注，同一名称仅在第一次出现的备忘录中标注原文（意大利文），标注范围为正文、评论及注释部分。
[2] 又译作"豪华者洛伦佐"。
[3] 又译作"亚历山德罗·德·美第奇"。
[4] 又译作"亚历山德罗六世"，原名罗德里格·波吉亚（Rodrigo Borgia）。

C5
尼可罗·马基雅维利（Niccolò
　　Machiavelli）

C7
斯彭加诺（R. Spongano）

C13
塔西佗（Cornelio Tacito）
奥古斯都（Augusto）
提比略（Tiberio）
尼禄（Nerone）
屋大维（Ottaviano）
恺撒（Cesare）

C21
科西莫·德·美第奇（Cosimo de'
　　Medici）
皮耶罗·德·美第奇（Piero de'
　　Medici）

C28
马丁·路德（Martino Luther /
　　Martin Lutero）
德桑蒂斯（F. De Sanctis）
莫德纳（Modena）
雷焦 – 艾米利亚（Reggio Emilia）

C29
威尼斯（Venezia）

托斯卡纳（Toscana）
翁布里亚（Umbria）
罗马涅（Romagna）
卢卡（Lucca）
锡耶纳（Siena）
威尼托（Veneto）
弗留利（Friuli）
伦巴第（Lombardia）
亚德里亚（Adriatico）
艾奥尼亚（Ionio）

C31
法比奥·马西莫（Fabio Massimo）
汉尼拔（Annibale）

C33
西西里（Sicilia）
圣奥古斯丁（santo Augustino /
　　sant'Agostino）
马尔西利奥·费奇诺（Marsilio
　　Ficino）

C38
老科西莫（Cosimo de' Medici,
　　detto il Vecchio）
乔瓦尼·德·美第奇（Giovanni
　　de' Medici）
朱利奥·德·美第奇（Giulio de'
　　Medici）
乔瓦尼·迪·比奇（Giovanni di

Bicci）

阿尔比奇（Albizzi）

斯特罗齐（Strozzi）

乌查诺（Uzzano）

C39

雅各布·圭恰尔迪尼（Iacopo Guicciardini）

路易吉·圭恰尔迪尼（Luigi Guicciardini）

吉罗拉莫·圭恰尔迪尼（Girolamo Guicciardini）

C50

乔瓦尼·达·波比（Giovanni da Poppi）

贝尔纳迪诺·达·圣米尼亚托（Bernardino da San Miniato）

热那亚（Genova）

戈罗大人（messer Goro Gheri）

C58

亚里士多德（Aristotele）

C59

干邑（Cognac）

朱利亚诺·德·美第奇（Giuliano de' Medici）

C64

普洛斯佩罗·科隆纳（Prospero

Colonna）

米兰（Milano）

查理八世（Carlo VIII）

那不勒斯（Napoli）

比克卡（Bicocca）

劳特元帅（maresciallo di Lautrec）

C68

路易十二（Luigi XII）

普拉托（Prato）

皮耶罗·索德里尼（Pier Soderini）

C73

亚历山大大帝（Alessandro Magno）

佩拉（Pella）

拿破仑（Napoleone）

C75

内穆尔公爵（duca di Nemours）

米开朗基罗（Michelangelo Buonarotti）

达·芬奇（Leonardo da Vinci）

C77

天主教国王（re Catolico）

阿拉贡的斐迪南（don Ferrando d'Aragona）

天主教徒斐迪南（Ferdinando il Cattolico）

C91
卢多维科·斯福尔扎（Lodovico
　　Sforza / Ludovico Sforza）
摩尔人（il Moro）
吉安·加莱亚佐（Gian Galeazzo）
马 西 米 利 亚 诺（Massimiliano
　　d'Asburgo）[1]
弗朗西斯科二世（Francesco II）
拉文纳（Ravenna）
弗朗索瓦一世（Francesco I）
弗朗西斯科（Francesco）
瓦伦蒂娜·维斯孔蒂（Valentina
　　Visconti）

C93
费拉拉公爵阿方索一世（duca
　　Alfonso I di Ferrara）
安娜·斯福尔扎（Anna Sforza）
卢克雷齐娅·波吉亚（Lucrezia
　　Borgia）

C97
佩 斯 卡 拉 侯 爵（marchese di
　　Pescara）
费迪南德·弗朗西斯科·达
瓦 罗 斯（Ferdinando Francesco
　　d'Avalos）
帕维亚（Pavia）

C106
弗朗西斯科·维托里（Francesco
　　Vettori）
保罗·维托里（Paolo Vettori）

C112
维纳弗拉的安东尼大人（messer
　　Antonio da Venafra）
安 东 尼·乔 尔 塔 诺（Antonio
　　Giordano）
潘多尔夫·佩特鲁奇（Pandolfo
　　Petrucci）

C115
阿 拉 马 诺·萨 尔 维 亚 蒂
　　（Alamanno Salviati）

C121
布鲁托（Bruto）
卡西奥（Cassio）

C124
圣玛利亚·因普鲁内塔（Santa
　　Maria Impruneta）

C138
塞内加（Seneca）

[1] 又译作"马西米利安"。

C140

托勒密（Claudio Tolomeo）

哥伦布（Cristoforo Colombo）

C144

阿尔马扎诺（Almazano）

卡斯蒂利亚（Castiglia）

朱利奥二世（Giulio II）[1]

C148

克雷莫纳（Cremona）

C150

弗朗西斯科·玛利亚·德拉·罗
　韦雷（Francesco Maria della Rovere）

C153

斯德哥尔摩（Stoccolma）

C171

卢多维科·斯福尔扎公爵（duca
　Lodovico Sforza）

卡尔杜齐（Baldassarre Carducci）

瓜特罗特（Bartolomeo Gualterotti）

巴尔多大人（messer Bardo）

加莱奥托·朱尼大人（messer
　Galeotto Giugni）

尼可罗·卡波尼（Niccolò Capponi）

帕多瓦（Padova）

比萨（Pisa）

C181

罗马（Roma）

C206

希波克拉底（Ippocrate）

C220

扎纳托（T. Zanato）

---

[1] 又译作"尤利乌斯二世""儒略二世""朱利叶斯二世"，原名朱利亚诺·德拉·罗韦
雷（Giuliano della Rovere）。

《政治与经世备忘录》B 辑（1528）

　　1525 年前记于其他笔记本，1528 年新年伊始，我难得空闲，便抄录于此本之中，同时也将先前笔记本中的大部分内容一并录入。[1]

　　*[2] 仅有闲情逸致，还不足以孕育奇思妙想（ghiribizzi）；没有闲情逸致，奇思妙想也绝不可能产生。[3]（Q$^{1-2}$1）[4]

　　1. 公民不依靠派系斗争来争权夺利，而是以明智谨慎的方式服务于国家，以这样的方式来赚取名声和荣耀，是值得赞扬并且有益的。愿上帝赐予我共和国大量拥有如此雄心壮志的人。然而，如果公民只

---

[1] 弗朗西斯科·圭恰尔迪尼写于 B 辑首页正上方的"前言"（avvertenza iniziale）。这是作品第三个版本，包含 181 条备忘录，其中大部分由作者根据早年创作的内容加以整合、修订、编辑。根据圭恰尔迪尼的记载，1528 年早些时候，他将之前 Q 辑和 A 辑中的大部分内容进行了修订，一并归入 B 辑，一共包含 171 条备忘录（写于 1525 年之前）；之后于 1528 年 4 月（写于 B172 之前）开始进行增补，新加入 10 条备忘录，共计 181 条。参见原文："Scritti innanzi al 1525 ma in altri quaderni che in questo, ma ridotti qui nel principio dell' anno 1528, nel grandissimo ozio che avevo, insieme con la più parte di quelli che sono indietro[prima aveva scritto innanzi, N.d.R.]in questo quaderno." Cit. F. Guicciardini, *Ricordi*, Edizione critica a cura di Raffaele Spongano, Firenze, Sansoni, 1951: XVII. 因此，我们可以看出，在 1512 年（Q 辑）与 1528 年（B 辑）两个版本之间，应该还存在另外一个版本，即后来被证实已经遗失手稿的 A 辑（1525 年左右）。

[2] 带 "*" 内容为 B 辑中未收录在 C 辑中的备忘录（下同）。

[3] 作品 B 辑（1528 年）的"卷首语"（motto iniziale），同样也出现在 1512 年最早版本的 Q^1 和 Q^2 辑手稿首页。

[4] 括号内为本条备忘录对应在其他版本（Q 辑、A 辑、C 辑）作品中的序号（下同），方便读者对照查阅。

是以此来追逐权力，就十分可怕了。因为一旦崇拜权力，他们就不会再有任何正义、诚实的考量与顾虑，他们为了达到目的可以不择手段。（Q^{1-2}2；A78；C32）

2. 本质上不算好公民的人，在他人眼里也不会长久地被视为好公民。如果想表现出是一个好公民，你就得倍加努力，证明自己名副其实。否则，最后你还是会被人看穿。（Q^{1-2}3；A49；C44）

3. 人的本性都是去恶存善的。如果从作恶中得不到任何喜悦与益处，那么大家都会行善。但因人的本性是如此的脆弱，而作恶的诱惑又无穷无尽，所以，人们很容易见利忘义，背离本性。因此，明智的立法者发明了鞭子与缰绳，即奖励与惩罚，它们不是用于暴力统治，而是用于保护人的自然天性。在一个共和国，如果没有这样的奖惩制度，就不会有好公民。这样的情况佛罗伦萨每天都在上演。（Q^{1-2}4；A14；C134）

4. 如果你听闻一些人并不是想从中得到什么利益和好处，只是由于天性倾向作恶而非从善，那么我们就可以称之为禽兽，而不是人。因为，他缺少人之所以为人的那种共有天性。（A149；C135）

5. 民主政府存在巨大缺陷和混乱，但是我们城市里还有很多明智且善良的公民甘愿选择这样的政府，因为它不是最坏的。（Q^{1-2}5）

6. 可以这样断言：在佛罗伦萨，凡是明智的人都是好公民。因为如果他无法成为一个好公民，他一定是不明智的。（Q^{1-2}6）

7*. 真正拥有智慧的人，很少以慷慨来取悦民众。表现得慷慨大方，又显得非常成熟，这并不值得称赞。（Q^{1-2}7）

8*. 在共和国中，人们喜爱公正的公民。而对那些智者，人们对其的敬畏多于喜爱。（Q^{1-2}8）

9*.啊上帝！让人相信我们的共和国不久便会灭亡的理由，要比认为她还能长久延续的理由多得多！（Q$^{1-2}$11）

10*.有见识的人能够好好利用才华横溢的人，效果远胜于才华横溢之人对于有见识之人的使用。（Q^{1}12；Q^{2}13）

11*.一个公民享有比他人更多的荣誉，并不会影响一个民众政府下的平等原则，只要这样的荣誉是拜民众的热爱与尊敬所赐，并且只要民众愿意，可以随时削减这样的荣誉。相反，如果没有这样的依靠，共和国则更加难以维持。如果在我们的城市佛罗伦萨，那些愚蠢之人能够好好地理解这一点，就太好了。（Q^{1}13；Q^{2}14）

12.对别人发号施令时，不应过于小心谨慎。我不是说完全不顾及这些，而是说如果过头了，就会造成危害。（Q^{2}15；C41）

13.秘密地处理你自己的事，是有好处的；如果这样做的同时，在友人面前又不显得那么偷偷摸摸，那好处就更大了。因为当很多人发现你拒绝对他们开诚布公时，他们就会感到被你轻视，因而心生怨恨。（Q^{2}16；C186）

14*.在我死前我想看到三件事，然而不管我能活多久，我都怀疑自己能否亲眼看见到其中任何一件事的实现：在我们的城市中建立起一个组织良好的共和国；意大利摆脱一切蛮族人的侵略；世界从一帮邪恶教士的暴政统治下解放出来。（Q^{2}17）

15.在战争中主动保持中立，是一种愚蠢至极的行为，除非，无论发生什么，你都无须担惊受怕，因为稳固的条约或者自身的力量足以保证你的安全。否则，战败方会因为你没有帮助他而对你不满，战胜方会把你当作下一个猎物。如果你还坚持，那就看看我们城市的前车之鉴吧，在教皇朱利奥（papa Iulio）[1] 和阿拉贡的天主教国王（re Catolico d'Aragona）[2] 联手发动的反对法兰西国王路易（Luigi re di Francia）[3] 的战争中，我们采取了中立态度，最后的下场是什么！[4]（$Q^2$18；A85；C68）

16. 如果你实在想保持中立，那至少要和想要你中立的一方立下一个契约。这也是表态的一种方法，因为一旦那一方获胜，他们或许会不愿意或者不好意思伤害你。（$Q^2$18；A85；C68）

17*. 控制欲望比放纵欲望更能使人感到满足。控制欲望，旷日长久；放纵欲望，转瞬即逝。后者来自于肉身，前者则由我们的灵魂和良知来掌控。（$Q^2$20）

18*. 荣誉和名声比财富更令人向往。但考虑当今形势，没有财富就不足以获得和维持名誉，因此有德之人还是有必要去追逐财富，但是不要没有节制，应该以恰好能够得到或维持名誉为限度。（$Q^2$21）

19*. 佛罗伦萨的人民大多都是穷人，而我们的生活品质使得所有人都想去追逐财富。这导致人们只顾追逐个人利益，既不尊重，也不关心公共荣誉。这样，我们的城市是难以维护她的自由的。（$Q^2$22）

20*. 公民的鲜血，是暴君建立专制统治高墙的灰浆。希望大家一起努力，不要再让这样的建筑出现在他们的城市中。（$Q^2$23）

21*. 如果共和国的人民处于一个尽管有缺点但尚能忍受的政府统治下，就不要试图去改变以争取一个更好的政府。否则，情况往往会

[1] 即教皇朱利奥二世（Giulio II），原名朱利亚诺·德拉·罗韦雷（Giuliano della Rovere）。

[2] 即"天主教徒斐迪南"（Ferdinando il Cattolico），具体内容参见 C77、C105、C142 相关注释。

[3] 即法国国王路易十二（Luigi XII）。

[4] 参见 C68 注释说明。

变得更糟糕，因为变革者无力创造出一个新政府，并使其完全遵照自己的想法和设计。（$Q^2$25）

22. 城市里的权贵所犯下的罪行，多数源于他们之间的猜忌。因此，当一个人获得权力之后，如果没有正当理由，城市没有义务帮助其他人剥夺他的地位。这样做，只会带来猜忌，进而引发暴君的邪恶统治。（$Q^2$26；C120）

23*. 穷人的恶毒很容易由偶然遭遇导致，而富人的恶毒则是出于本性。所以一般来讲，富人的恶毒要比穷人的恶毒受到更多的指责和非难。（$Q^2$29）

24. 无论是谁，君主也好，平民也罢，想要利用大使或其他代表，让别人相信他的谎言，首先要做的就是骗倒大使。当大使相信自己知晓君主的想法时，他们的举止和谈话，要比他们心知肚明地为君主撒谎时显得更加有说服力。（A1；C2）

25. 做或不做一些小事，这样的细节常常能够决定重大事件的成败。因此，即便是微不足道的事情，也要谨慎小心，多加思考。（A2；C82）

26*. 取得优势非常困难，而毁掉优势却十分容易。因此，假如你境遇尚好，就要竭尽所能，不要让好的势头从你指缝间白白溜走。（A3）

27*. 惹怒那些权势显赫、而你却永远无法为自己复仇的人，简直是疯了。因此，即便当你感觉被这些人冒犯时，你也应该忍气吞声，假装无事。（A4）

28. 战争中时常出现无穷无尽的变化，因此我们无须为好消息感到激动，也无须为坏消息感到沮丧，事情总是处于变化之中。借此机会

提醒一下，在战争中出现机遇的时候，一定要好好把握，因为机遇总是转瞬即逝。（A5；C127）

29*. 商人的结局时常是破产，水手的结局往往是溺亡。同理，那些长时间掌管教区的人，最终结局往往也好不到哪里去。（A6）

30. 佩斯卡拉侯爵 [1] 曾对我说："普天下人都期望的事情，通常很少会发生。"如果他说的有理，其原因大概在于推动事情发展的往往是少数人。而这少数人所怀揣的目标，与大多数人的目标和期盼，几乎总是相反的。（A7；C97）

31*. 永远都不要与宗教做斗争，也不要与看似依赖上帝的事情作对。在愚蠢之人的心目中，这些东西都是深入骨髓的。（A8）

32[2]*. 太多的宗教信仰有害于整个世界，这是有道理的。它弱化人们的心灵，导致人们犯下无数错误，还让人们远离慷慨的、具备男子气概的雄伟事业。我这样说的意思，并非要贬低基督教信仰及神性崇拜，而是想通过分清什么是适量，什么是过头，来确认和提高宗教信仰。同时，我还想激发人们去用心思考到底哪些事情真正值得重视，哪些事情根本无须操心。

33. 所有你能获得的对敌防范措施都是好的，无论是利用他的信仰、他的朋友、他做出的承诺还是其他的保证。但是由于人性险恶的特征以及时代的变迁，最好并且最保险的做法就是妥善安排，保全自身。不是让你的敌人不愿意伤害你，而是让他们不具备伤害你的能力。（$Q^2$19；A9；C27）

---

[1] 参见 C97 注释。

[2] B32 仅出现在 1528 年的 B 辑版本中，在此前的 Q 辑、A 辑中都没有出现，之后在 1530 年 C 辑版本中被删除。类似的情况还有 B135、B178、B179、B181。

34. 在人世间，没有一件事比亲眼看见你的敌人在你面前跪地求饶、任由你处置更能让你感到幸福了。但是为了获得此殊荣，你也不能不顾一切。能够做到的确是一件很幸福的事，但是，能够以"宽恕敌人、展示仁慈"对待你的好运，不得不说是一种更值得赞扬的态度，这也会给你带来巨大荣耀。这才是大度、慷慨的大夫本色。（A10；C72）

35. 这些建议只是一些写进书本[1] 的规则 [2]，但是特定的事物拥有其具体情形，必须要区别对待，这些例子无法写在任何书本上，只能依靠自己的谨慎判断力 [3] 来行事。（$Q^2$12；A11；C6）

36. 古人对一句谚语评价甚高：官职考验人。不仅因为官职在手，很能考验一个人的能力是大是小，同时因为位高权重，非常能展现一个人内在心灵的真实倾向和品性。因为一个人手中的权力越大，按其本性行事的阻碍和疑虑就越少。（A12；C163）

37. 注意千万不要搞僵你和国家当权者的关系，也不要以为凭你自己的生活方式和规律，就能逃出他的手心。说不定哪一天当你自己都意想不到的事情发生时，你就不得不请求他的帮助。相反，如果当权者想要惩罚你，报复你，他不应该气急败坏、着急行事，而是应该静待时机。无疑，时间一久，他总能找到机会实现或部分实现自己的愿望，而又不给人留下"自己是恶毒和武断的"这一把柄。（A13；C174、175）

38. 城市或人民的统治者想要把所有人都置于自己的掌控之下，就必须对所有的罪行施以严厉的惩罚，但是在惩罚的力度上，不妨宽松一些。除去那些实在凶残恶极、有必要杀鸡儆猴的案例外，一般情况

---

[1] 参见 C6 注释说明。

[2] 同上。

[3] 同上。

下，一里拉的罚金，收个十五分钱，也就足够了。[1]（A15；C46）

39. 如果仆人具有良好的眼力[2]，并且懂得感恩，那么主人尽其可能地赐予恩惠，这是他的本分。然而仆人们的品性往往相反，一旦他们心满意足，便会弃主人而去，或是将主人惹怒，因此，对他们还是要手紧一些为妙。同时，给予他们期望，但又只是维持刚好让他们免于绝望的境地。（A16；C5）

40. 运用上面的建议，记得不要让自己背负"吝啬鬼"的恶名，否则会让他人对你望而却步。偶然对仆人之一施以厚赠，就能轻易地躲避这个坏名声。因为希望总是鼓舞人心的，一次慷慨施赠给人留下的印象，远胜于你一百次不足的打赏给人带来的印象；前者所带来的好处和名声，远远盖过后者。（A17；C5）

41. 人们对于被冒犯的记忆要比被恩典的记忆持久得多。实际上人们即使记住了那些恩惠，也会对其分量进行弱化，认为他们理所应当得到更多的恩惠。相反，得罪人的事，给他人造成的痛苦时常会超过其实际伤害。因此，撇开其他因素，做一件事对某人有利，但同时势必对另一个人有害，必须三思而后行。其原因就像上文所说的，这样做会让你得不偿失。（A18；C25）

42. 依靠那些有求于你或与你志同道合的人，强过依赖你的施惠对象，因为人们通常不懂得感恩。所以，如果你不想被人蒙骗，最好按照此条规则来行事。（A19；C24）

43. 我写下以上两条建议[3]，目的是让你们学会生存之道，学会如何

---

[1] 原文为"a quindici soldi per lira"，文字本意为"只需要（罚款）十五分钱（相对一里拉）即可"。在当时，一里拉约为二十分钱，罚款十五分钱相当于一里拉（二十分钱）的四分之三。

[2] 参见 C5 注释说明。

[3] 这里指的是 B41、B42 两条备忘录。

衡量事物的轻重，而不是让你们停止帮助他人。因为，除去施惠行为本身具有慷慨的性质并体现出你的美好心灵之外，偶尔对他人的付出也会得到回报，甚至让你觉得以往所有的付出都是值得的。这可能是因为至高的上帝更欣赏高贵的行为，因此他不会同意让这些人总是一无所获。（A20；C11）

44. 尽可能地去结交朋友，因为不知何时何地、何种情况下，朋友总能够帮到你。这则建议看似是一句老掉牙的话，但只有那些有过深刻教训的人，才能真正领会这句话所包含的重要价值。（A21；C14）

45. 真诚开朗的性格是所有人都喜爱的，它的确是一种高贵的品质，但也有可能是有害的。相反，由于人心险恶，因此假心假意反而特别实用，而且有时人们还不得不戴上假面具。不过，欺诈毕竟还是可恶的、丑陋的。于是，我也不知道该做哪种选择。我认为最好的方法还是兼收并蓄，也就是说，在日常事务中，尽可能地按前者行事，由此你可以获得一个"真诚"的名声；而在某些重要关头或罕见场合，则不妨搞点欺骗，这样对行事者来说更加有效，也会获得更好的结局。因为当你获得"真诚"的名誉之后，大家就会更加轻易地相信你所说的话。（A22；C104）

46. 根据上述原因，我不赞同总是假心假意、使用阴谋诡计度日的人，但是我能原谅那些偶然使诈的人。（A23；C104）

47. 或许你对这点很清楚：如果你想向人们隐瞒你的所作所为或一些计划措施，最好的办法就是矢口否认，哪怕是即将被公之于众的时候。因为，满口否认虽然动摇不了那些拥有证据或坚信相反说法之人的信念，但至少可以让部分人心生疑虑。（A24；C37）

48. 保密对于治国者而言，其作用简直不可思议。不仅因为如果你的计划一旦公开，必然会遭遇阻碍或被中断，而且因为当臣民上下对你的计划毫不知情时，他们就会产生敬畏之心，对你的一举一动都充满好奇。即使是最微小的细节举动，都会引发无数的评论和猜想，这样就为你带来了极高的声誉。因此，一个统治者应该让自己以及臣民上下都学会保守秘密，对那些不宜外露的事情如此，对那些公之于众也无任何益处的事情更要如此。（A25；C88）

49. 奉劝各位，如无必要，尽量保守自己的秘密，这对每个人都适用。泄露秘密后会给你带来很多坏处，另外你也会成为那些知情者的奴隶。因此即便情势所迫，不得不吐露秘密时，你也应该尽量拖延时间。因为留给别人太多的时间，他们就会冒出一大堆邪念。（Q^{2}27；C184）

50. 不时宣泄情绪，或喜或怒，对于个人而言虽然倍感惬意，但却有害。因此，就算难以控制，也得设法避免，这才是明智之举。（Q^{2}28；C184）

51. 我在西班牙担任大使时，发现每当他们精明而高贵的天主教国王，阿拉贡的斐迪南陛下[1]，想要开创某项新事业，或是要做出一个重大决定时，他不会将其决定首先公之于众，并予以论证。相反，他会以高超的手段进行处理，使得臣民不久便公开要求"因为这样那样的原因，王国必须如此这般行事"。其实早在之前，国王心中就已经有这样的想法了。然后国王宣布他将把大家认为的公正和必要的事情付诸实施。这样一来，国王的决定就会得到不可思议的支持与赞赏。（A26；C77）

52. 即使是那些将一切归功于谨慎和德能[2]，而丝毫不去理会运气因素的人，也不能否认：出生或生活在一个珍视你品行和才能的时代，真的是非常幸运。从经验中我们可以发现，同样一种品性或才能在不同时代，或许会得到不一样的评价；同样一种行为，在一个时代或许

---

[1] 参见 C77 注释。

[2] 参见 C31 注释说明。

能够讨喜，在另外一个时代可能就会惹人讨厌。（A27；C31）

53. 对那些准备冒着极大风险为国家争取自由的爱国者们，我并不想打消他们的积极性。但我要说，在我们的城市中，任何人想要因为自身的利益推翻当局统治，都是不明智的。这是一件极其危险的事情，而且很少有人能够成功。即便侥幸成功，你也几乎不可能从政变中得到你期望的好处。此外，你将陷入无尽的忧虑之中，因为你不得不时刻提心吊胆，担心那些曾经被你驱逐的人杀回来重新推翻你。（A28；C51）

54. 不要枉费心机去参加那些只能使城头变幻大王旗的政变。原先由皮耶罗施行的恶政，现在由马尔蒂诺[1]来施行，你又能得到什么好处？举例来说，如果你看到戈罗大人[2]下台，取而代之的是另一个与其毫无二致的人，你会感到开心吗？（A29；C50）

55. 计划卷入阴谋的人要铭记：没有什么比希望阴谋万无一失更容易使它失败。因为这种事总是相当费时的，同时牵扯的人和事也太多，这大大增加了阴谋被曝光的风险。另外，你要相信，在此类事务中占据主导地位的幸运女神，对于那些总想着摆脱其控制、自己做主的人，是很愤慨的。总之，在搞阴谋的时候，冒点风险反而更加安全，不要总想着万全之策。（A30；C20）

56. 不要把计划建立在你没有的事物之上，也不要花费未来的收

---

[1] 这里的皮耶罗（Piero）和马尔蒂诺（Martino）仅是两个泛泛的名称，意为"随便两个类似的人"，并没有特指某人。需要指出的是，现有的两个中译本都将原文"Piero"和"Martino"译成"彼得"和"马丁"；根据现代意大利文的翻译法则，中文名称应为"皮耶罗"和"马尔蒂诺"，特此说明。

[2] 戈罗大人（Messer Goro Gheri），1513 年起成为美第奇家族统治下的大臣，他曾在教皇利奥十世手下担任众多政治行政职务，同时担任皮亚琴察（Piacenza）地区总督；1515 年起担任"乌尔比诺公爵"（duca di Urbino）洛伦佐二世（Lorenzo de' Medici il Giovane）的私人秘书。此人在佛罗伦萨政治事务中扮演了举足轻重的角色，圭恰尔迪尼与其保持着密切的通信往来。

益，因为这常常无法兑现。你看很多大的商人都是因此而破产了。抱着猎取未来高额利润的期望，他们不惜向人借贷，要知道债务的累积及利息是固定的，而且需要在一定的时间内归还。但是无利可图或者利益获取时间较长的情况时有发生，因此原本你认为有利可图的事业，变成了对你毁灭性的打击。（A31；C55）

57. 不要相信那些宣称因为自己喜欢清静和平，厌烦了野心角逐，因而告别公职的人。其实，他们内心所想与口头宣称的恰恰相反。这些人要么因为心怀愤恨，要么是无可奈何，要么就是做了蠢事，才被迫离开公职过上了安宁的生活。这样的事例天天都在上演，这种人一旦逮到机会，可以官复原职，他们马上会抛弃自己所鼓吹的"清静生活"，揽权之迅猛，犹如干柴遇烈火。（A32；C17）

58*. 如果你触犯了法律，在入狱之前，请好好思量每一个细节。尽管证明自己是清白的总是很难，想让一个勤勉的法官在一大堆事情中为你找到一些证据，几乎不可能。但是，如果能够找到一个突破口，那么，真相就有可能大白于天下。（A33）

59. 和所有的人一样，我曾经也追名逐利[1]，并且直到如今，由于上天的眷顾和自身的运气，我所得到的通常还会超过我的本来期许。但是，我从来都没有从中找到当初那种我所盼望的满足感。仔细想来，我们应该减少人类自身的贪欲。（A34；C15）

60. 位高权重是人人追逐的目标。因为其好处一目了然，而坏处却隐藏在内部。无疑，这样的坏处会让人陷入危险、猜忌、烦恼苦闷之中，如果人们能够看到这些，或许就不会对它如此渴望了。也许，人们的这种诉求，来源于"高人一等"的普遍愿望，即便是那些心灵纯洁的人也是一样，因为这样，会让我们看起来和上帝更加相似。（A35；C16）

---

[1] 参见 C15 注释说明。

61. 突发事件对我们的影响远比那些预料中的事情要大。因此，我把在突遇困境与不测时能够不为所屈、坚韧不拔的品质称为伟大和无畏。在我看来，这真的是一种极其难得的品质。（A36；C70）

62. 很多事情，如果我们知道不做或者反着来做的结果，那么人们对其的责备或称颂，就会出现相反的结果。（A37；C215）

63. 毫无疑问，人愈老，贪婪之心愈盛。人们把其中的原因归结为心智会随着年龄的增长而变得软弱。对此我不敢苟同，因为老年人如果意识不到"人越老，需求越小"的道理，那是非常愚蠢的。但是，据我观察，很多老年人的纵欲（心有余而力不足）、残忍之心以及其他恶习，是与日俱增的。我想其中的原因是人活得越久，对于世间的事物就会越习惯，对此的眷恋就会越强烈。（A38；C63）

64*. 同理，人活得越久，死亡的念头就越会成为他的负担。他的所作所为、所思所想，越来越像自己会长生不老似的。（A39）

65. 大家都相信，并且经验也告诉我们：不义之财，传不过三代[1]。圣奥古斯丁说："上帝容许创业者享受他的财产，以作为对其一生善行的回报。但上帝不会让财富久传，因为在其眼中这毕竟是不义之财。"我曾经对我的父亲提过另外一种解释：通常来说，创业者们是在穷困潦倒中长大，他们知道爱惜自己的基业，也懂得如何保持使其不受亏损的方法；但他们的儿孙们都是在锦衣玉食中长大，他们既不懂得生财之道，对如何保存它们也不甚了解，所以很快就会把家产挥霍一空。（A40；C33）

66. 人们渴望生养孩子，这是一种自然的想法，不应受到指责。不过，我还是要奉劝各位，真正的幸福不在于生养孩子。因为即使孩子聪

---

[1] 参见 C33 注释说明。

明伶俐，带给父母的烦恼总是多过慰藉的。我父亲就是一个例子，他尚且是那个年代佛罗伦萨人民视为拥有众多优秀子女的榜样。[1]但是想想那些有着一些不争气子女的父母，他们又是一个什么情形！（A41；C39）

67. 土耳其人的民事审判快捷草率，但也没必要全盘否定。因为即使一个人闭上眼睛断案，或许也会有一半的案子可以得到公正的审判，并且涉案双方都能节省很多时间金钱。但是，凭我们这里法官的审理方式，即便是最后的胜诉者，也会发现与其花费大量的金钱，忍受巨大的麻烦，倒不如一开始就败诉更加合算。再考虑到我们法官的无知与残忍、法律的含糊其辞，因此在我们这里经常会出现黑白颠倒的情况。（A42；C209）

68. 认为依法把案件转交给法官，并根据法官的意志来任意审理案件，这种想法是错误的。法律并没有给予法官主持公正的权利。只是碰到一些情况特殊的、不能按照成文的法律条款来裁定的案件时，才必须由法官凭借他的良心和意识，综合考虑所有因素，按照他所认为正确的方式来裁决。法律给予法官一定的回旋余地，在此范围内法官无须向法庭负责，因为他所做出的决定在法律文件中无从寻觅，只能自行加以判断。不过，法官没有被赋予剥夺他人财产的权利。（A43；C113）

69. 我们从经验中看到，主人对于仆人，很少有关怀之心。为了自己的一点蝇头小利，满足自己的欲望，不惜对他的仆人轻慢相待，或者弃之不顾。因此，仆人对主人采取同样的态度与方式，倒是十分明智的。当然，仆人还得维护自身的正直和尊严。（A44；C4）

70*. 年轻人要知道：经验会教会我们很多东西。聪明人学会的东西要超过那些傻瓜。任何人仔细思量，都能明白其中的道理。（$Q^2$24）

---

[1] 圭恰尔迪尼的父亲皮耶罗一共生有四个儿子。参见 C39 注释。

71. 就算你天资聪慧，如果没有人生经验的教诲，你对某些事情的理解，总是很有限的。亲身经历，并且处理过诸多世事的人，对这句话的理解会更深刻，因为他们已经从经验本身中领教到了其巨大价值。（A45；C10）

72. 大肆挥霍的君主无疑比过于节俭的君主更受人欢迎。但是，根据常理，应该反过来才对。因为挥霍者总得勒索掠夺，而吝啬鬼则不取人分文。大多数人都受害于奢侈君主的巧取豪夺，只有少数人才会因为他的慷慨而获益。依我看，这是因为人们的希望总是大于恐惧，因此希望从君主那里获得奖赏的人，总是多过那些害怕受其压迫的人。（A46；C173）

73. 与兄弟、亲戚保持良好关系，会给你带来无数好处，只是你意识不到，因为这些好处你通常都看不见。但是往往这些看不见的好处会使你在很多地方受益匪浅，还会让别人对你充满尊敬。因此，即便会给你带来某些不便，你都要维持住他们对你的敬意和爱意。人们往往在这方面犯错，因为他们总是被一些看得见的微不足道的烦恼所动，而不顾那些看不见的巨大好处。（A47；C87）

74. 如果你的权威和地位比别人高，你可以进一步拓宽你的权限，甚至超出你的权力范围。因为下属常常看不清楚也无法确切了解哪些你能做，哪些你不能做。实际上，下属常常以为你的权力比他大得多，因而对那些你本来无权发布的命令，他们也会选择服从。（A48；C40）

75. 我曾经认为，一件事情，在经历过万千思考之后，人们不会看到比原先更多的一面。但是经验告诉我，这样的想法大错特错。谁再这么想，就会被嘲笑。人们对事物思考得越多，他们的理解就会越透彻，执行起来就会越顺畅。（A50；C83）

76. 有机会得到你想要的，就千万不要迟疑、浪费时间。因为这个世界上的事情变化太快，只有当你把它抓在手里了，才能说明你真正得到了它。同理，当某件令你不悦的事情困扰你的时候，就尽量拖延时间，尽量等待。因为就像你所见的那样，时间会带来改变，帮你摆脱困境。智者常常挂在嘴边的一句谚语"人要善用其时"，说的就是这个道理。（A51；C79）

77. 有些人对他们想要的东西，志在必得；有的人却认为只有到手之物，才能称为拥有。毫无疑问，少许期望或许更好。期望太大，你就失去了努力的方向；一旦期望落空，带给你的是更大的不悦。（A52；C61）

78. 想知道暴君们的所思所想，就去读一读塔西佗笔下弥留之际的奥古斯都与提比略的临终交谈吧。（A53；C13）

79. 了解塔西佗的人，会发现他也在尽其所能地教会那些屈身于暴君统治下的人们如何生存。（A54；C18）

80. "愿意的人，命运（i fati）领着走；不愿意的人，命运拖着走。"[1]这句话讲得太有道理了。平日里这样的事例比比皆是。我相信没有另外一句话比它讲得更好。（A55；C138）

81. 暴君[2]会费尽心机来揭开你心底的秘密，来了解你对他的政府是否满意。他会关注你的行动，会向与你交谈过的人打探消息，会与你讨论各类事情，提出问题并征求你的意见。如果你不想让他知道你的底细，就得谨慎地对付他所采用的各种手段。你要避免使用那些容易引起疑心的措辞，即使在跟密友交谈时，也要出言谨慎。在回答问题的时候，要注意不要让别人轻易猜到你话中的含义，从而留下把柄。如果你把暴君时刻想要设下圈套探寻你心底的秘密这件事记在心上，你就会成功。（A56；C103）

---

[1] 参见 C138 注释说明。

[2] 原文中使用"tiranno"一词，现代意大利文意为"暴君，专制君主，僭主"。参见 C98 注释说明。

82. 如果你是一个有地位的人，但同时又在残忍嗜血的暴君统治之下，那么除了流亡，没有什么更好的建议了。但如果一个暴君治国有道，无论是由于谨慎，或是迫不得已，还是统治环境使然，一个智慧的人都应该想方设法让自己受到尊重，并让别人相信你是一个勇敢的人，同时又要显示自己个性沉稳，除非万不得已，不会轻易改变。这种情况下，暴君就会对你态度和善，并且努力让你找不到由头制造事端。但是如果你天性不安分，他们就不会这样做了。因为他们认为无论怎么做，都无法让你安分守己，于是就会找一个恰当的时机，把你给除掉。（A57；C98、99）

83. 在上述情况下，不要成为暴君的亲信相对来说更好。这样，他不仅对你会更亲切一些，而且在很多事务上，也不会像对待其他人那样，对你严加防范。由此，你可以享受他的权力，就算将来他下台了，你也能变得很有权势。不过，此条建议并不适用于那些在国家中没有较高地位的人。（A58；C100、101）

84. 绝望的臣民和不知足的臣民之间有着天壤之别。绝望的臣民只想着搞政变，即使代价再大，冒再大的危险，他们都会想方设法；而不知足的臣民尽管也渴望变化，但他们只会等待，而不会去制造机会。（A59；C131）

85. 人性是如此险恶，不使用强硬的手段，是无法管理臣民的。但是需要精明地使用该手段，同时让众人相信：你本性厌恶苛刻严厉，只是为了维护公众福利，才不得已使用的。（$Q^2$15；A60；C41）

86. 人们应该更为重视实质的东西[1]，而不是表面的形式[2]。但是，温和的言语和对别人的称赞，总是会给你带来意想不到的好处。我认

---

[1] 这里圭恰尔迪尼使用了"effetti"一词，意为"实质，现实"。参见 C26 相关注释说明。

[2] 作者这里使用了"superficie"一词，等同于 C 辑版本中的"cerimonie"。在圭恰尔迪尼的政治术语中，这类词均为"表面，表象"（apparenze）之意。

为原因在于所有人都对自己有着过高的评价。因此，当人们发现你对他们认为应得的待遇漠不关心时，便会怒不可遏。（A61；C26）

87. 不作兑现不了的承诺，这是一件很荣耀的事情，也体现了堂堂男子汉的作风。但通常人都是非理性的，因此无论理由多么充分，被你拒绝的人，一定会对你不满。而相反的做法，就是对人轻易许下承诺，因为情况时常会发生变化，使得你的诺言无法兑现。这样的话，你无须做什么就能换来别人的满意。再说，当你不得不去兑现承诺时，你总能找到恰当的托词！很多人甚至会愚蠢到被几句话糊弄的地步。然而，背信弃义总归是一件不好的事情，但是得到的好处却比你恪守诺言要更多。因此，你得设法学会使用一些笼统的、让人充满期待的含糊词语来搪塞别人，避免做出实实在在的承诺。（A62、160、161；C36）

88. 小心行事，千万不要做出对你只有害处而无益处的事情。除非万不得已，或者有利可图，千万不要当面或者背后说任何人的坏话。无缘无故地去招惹敌人，简直是疯了。我提醒你们，因为几乎所有人都会犯这种轻率的错误。（A63；C7、8）

89. 不计后果就踏入危险中的人，称之为野蛮；知晓危险，为了荣誉不得已而坦然面对的人，称之为勇敢。（A64；C95）

90. 很多人认为一个聪明的人不可能是一个勇敢的人，因为他把所有的风险都摸得一清二楚。而我却持相反意见：一个胆小的人，不能称之为聪明人。因为一个把危险夸大到超过其原本面目的人，是缺乏判断力的。为讲清这个容易使人困惑的道理，我得说：并非所有的危险最后都会发生。因为一些危险，可以凭借人的勤奋、勇气和努力来避免；其他危险，则可以通过无数变数和意外而消除。所以，认识到所有的危险，不代表这些危险就注定会发生。做事之前必须谨慎了解哪些资源、哪些机遇可以善加利用。一个人应该勇敢面对，不能因

为知道自己将要面对的危险就退出那些充满男子气概和荣誉的事业。（Q$^{1-2}$9、10；A65；C96）

91. 学习使人头脑变坏，这种说法完全没有根据。或许对于一个资质平平的人是有道理的，但对于天资聪慧的人来说，学习能够使其趋于完美。良好的天资加上优质的教育，可以协力塑造秉性高贵的人。（A66；C47）

92. 君主不是为了追寻自己的利益而被推上政坛的，因为没有人会毫无理由地对其俯首称臣。君主要为大众利益着想[1]，人民才会归顺于他的统治之下。因此，如果一个君主不再尊重人民，那么他就不再是一个君主，而是一个暴君了。（A67；C172）

93. 毫无疑问，君主的贪婪，相比公民个人的贪婪要可恶得多。不仅因为君主占有的资源越多，他人被其掠夺的也就越多，还因为私人的财产本来就归私人所有，应该归他自己享用，只要不招惹别人，他想怎么用就怎么用。而人民上缴给君主的财富，应该是君主用于恩泽广大民众的利益的。君主如将其据为己有，就是凭空掠夺他人财产。（A68；C172）

94. 我认为费拉拉公爵[2]以商图利的行为，不但可耻，而且使他成为一个暴君。他插足了本不属于他，而属于公民私人的事务。同理，如果人民反过来企图干预君主的事务，他们所犯的过错，也不过与君主在人民面前犯的错误同样严重而已。（A69；C93）

95. 细看其源头，几乎所有的政权都是暴力起家的。除了在自己的国土上建立一个共和国之外，世界上根本就不存在什么合法的权力。

---

[1] 这条准则是伴随整个西方政治发展的基本原则，它清晰地区分了正派政府和专制政府。

[2] 参见 C93 注释。

即使是皇帝的权力也不例外：它建立在罗马人的权威之上，也是通过暴力夺权的。教士们的事例也不是一个例外，为了征服我们，他们动用了精神与世俗两种武器，搞双重暴力袭击。（A70；C48）

96. 世间万物变化多端，受到诸多偶然因素影响，因此预言未来之事，着实不易。经验证明，即使是最为睿智的人，预测未来也总会出错。因此，我不赞同出于对未来巨大危险的恐惧，去放弃眼前哪怕是微小的惬意和幸福的那些人，除非未来的危险迫在眉睫注定发生。因为，你所担心的事情，通常不会发生，你会发现自己因为无谓的担心而失去很多美好的东西。古话说得好："万事皆有因。"[1]（A71；C23）

97. 探讨国务时，我发现人们常常犯这样一个错误：他们按照理性，而不是通过分析君主的天性和个性去推测他会做什么。例如，如果你想判断法兰西国王会做什么，你应该多了解一些法国人的天性和习惯，而不是总去想一个审慎的人应该如何行动。（A72；C128）

98. 我说过很多遍，这里再次重申：懂得如何利用时间的聪明之人，不应该去埋怨人生苦短。他完全可以专注于很多事情，因为懂得如何有效地利用时间，也就自然不会感到时间匮乏了。（A73；C145）

99. 想在政坛有所成就，就不要让任何一桩事务与你失之交臂。因为事情会一件接着一件到你手上，就如同你走的第一步决定了第二步，而你在处理事务中的积极行为，还会为你带来各类名誉。从这样的角度考虑，你就会认可这样一句谚语："万事皆有因。"[2]（A74；C84）

100. 想出这些建议[3]，已经够难了；将其付诸实践，则是难上加难。

---

[1] 原文为"di cosa nasce cosa"，文字表面意为"一件事情催生另外一件事情"。这里进行了意译，并参考《圭恰迪尼格言集》（王坚译，南京：译林出版社，2012年）第67页的相关内容。

[2] 参见 B96 注释部分。

[3] 参见 C9 注释说明。

因为通常人们懂得一个道理，但未必会遵照执行。因此，想要用好这些建议，就从自身的性格开始努力吧。养成良好的习惯，如此你不仅能用好这些建议，而且还能够毫不费力地按照理性的指引行事。（A75；C9）

101*. 塔西佗笔下记载的罗马人虽然统治了全世界并且生活在巨大的荣耀之中，但在皇帝手下也会卑躬屈膝，这使得狂妄自大的暴君皇帝提比略（Tiberio）也为这些人的无能而感到恶心。当我们读了这些史料之后，肯定不会为我们公民充满奴性的灵魂而感到诧异。（A76）

102. 如果你对一个人感到不满，最好还是隐藏起来，否则对方就会彻底疏远你。隐藏得好，没有得罪对方，很多情况下他还是愿意并且可能帮助你。我就经历过这样的事情，有时我对某人深感痛恶，但对方没有感觉到我的恶意，还是会像好朋友那样在我需要的时候给予我巨大的帮助。（A77；C133）

103. 所有最后以渐进消退而非剧烈变动方式走向终结的事物，都比你当初预期的要活得长久。这是因为事物的变化速度，远比人们想象的要慢，并且，一旦人变得顽强不屈，就能超乎想象地忍受并战胜困难。我们会看到这样的例子：由于饥荒、军需不足、缺钱或其他的原因，战争似乎难以为继，但是出乎意料的是，它却往往能够旷日持久地打下去。同理，一个肺痨患者，会比医生和旁观者认为的活得更久；一个生意人，在高利贷面前行将破产时，也能比人们想象的要挣扎得更久。（A79；C34）

104. 与大人物打交道时，千万要小心，不要被他们的甜言蜜语和表面的亲善所蒙蔽。通过这样的手段，那些大人物总是可以将别人玩转于股掌之间，让别人为他们卖命。要想保全自身是很困难的，你必须学会自我控制，保持头脑冷静，不要轻易为之所动。（A80；C90）

105. 珍视荣誉是一种无上的美德。这样的人，无惧任何危险，也不会做出不义之事。牢记这一点，你将无往而不胜：经验之谈[1]。（A81；C118）

106. 你尽可以嘲笑那些奢谈自由的人，我不否认全部，但是一小部分人的确例外。当很多人发现在一个专制政府下能更好地混职发迹，他们总是会趋之若鹜。因为几乎所有人都是考虑自身利益的，能够意识到荣誉价值的人，寥寥无几。（A82；C66）

107. 卢多维科公爵以邪恶的手段，得到了米兰公国；之后，整个意大利都遭到了奴役和毁灭，至此基督教世界的种种灾难相继而来。如果他成功后，其后代还能掌权这个公国，那么我很难相信，上帝怎么会容忍这样的事情发生！[2]（A83；C91）

108. 我认为，一个善良且深爱自己国家的公民理应去和暴君搞好关系，这不但是为他自身的安全考虑（因为一旦被怀疑，就会陷入危险），也是为国家的利益考虑（因为这样做的话，他就可以利用自身的话语和行为促成很多好事，避免很多坏事）。那些指责他们的人一定是疯了，当暴君身边充斥着的都是一些邪恶小人时，他们以及他们的城市能有什么好的下场！（A84；C220）

109*. 当我们没有意图征服锡耶纳时，希望那里最好有一个英明的政府，这样就会对我们有利。一个明智的统治者，总是乐于和我们打交道，并且不愿意让托斯卡纳地区卷入战争。他做事依靠理性，不会被锡耶纳人天生对于我们的仇恨所影响。现在，教皇[3] 也是我们的人了，如今锡耶纳的政府管理一团糟，我们可以轻而易举地吃掉它。（A86）

---

[1] 原文为拉丁语 "Expertus loquor"，字面意为 "拿我亲身经历而言"。

[2] 本条参见 C91 相关注释说明。

[3] 这里指的是美第奇家族教皇，即利奥十世（Leone X）和克莱门特七世（Clemente VII）。

110*. 谁不知道，如果现在的教皇占领了费拉拉，那么教皇国的下一个目标一定是统治托斯卡纳？因为那不勒斯王国在强硬君主的统治之下，教皇要想攫取它，实属不易。（A87）

111*. 在大众政府统治下，能够保存一些其他类似我们这样的贵族大家庭式的富贵家族是有好处的。老百姓憎恨他们，对我们来说是件好事；如果那些家族消失了，那么老百姓的憎恨，势必会转移到我们的头上来。（A88）

112*. 我父亲[1]曾给皮耶罗·索德里尼[2]提过一个很好的建议，他规劝索德里尼将美第奇家族恢复成平民而保留在城中。这样做不仅能够避免有人遭到流放（一个国家最坏的惩罚），同时，还能在城里城外，一并铲除美第奇家族的势力：在城里，被降为平民后，他们发现自己与别人一样平起平坐，就不会再愿意生活于此；在城外，很多君主本以为美第奇家族在城里会有诸多追随者，一旦看到他们沦为平民、无权无势后，就再也不会尊重他们了。但是我认为这条建议的施行，如果没有一个比索德里尼更明智、更英勇的执政官，恐怕是难以成行的。[3]（A89）

113*. 人类的天性，与我们每个个体一样，都是不满足于他们所拥有的东西的，总想索取更多。因此，当他们第一次提出要求的时候，谨慎的做法是予以回绝。如果妥协，你就很难拒绝他们的下一个要求。因此，迁就实际上就是怂恿他们提出更多的要求，并且态度比起先还要坚定。因为，你让他们喝得越多，他们就越感到饥渴！

---

[1] 即皮耶罗·圭恰尔迪尼（Piero Guicciardini）。此人一生从政，获得了无数的荣誉，深得佛罗伦萨政府的喜爱。他本人总是避免对人做出政治承诺，从而避免了一切政治的阴暗面，所以历经 1494 年美第奇家族被驱逐、萨沃纳罗拉共和国、对共和国的反对、1512 年美第奇家族复辟之后，他都能幸存下来，且从未失宠。另外参见 C33 相关注释说明。

[2] 皮耶罗·索德里尼（Pier Soderini），1502—1512 年间担任佛罗伦萨第一共和国大众政府"正义旗手"（gonfaloniere）一职，即共和国首席行政官。

[3] 这里，圭恰尔迪尼用一个小小的讽刺，道出了索德里尼平庸、缺乏活力、行事迟疑的缺点。

（A90；C203）

114*. 以史为鉴，可以照亮未来。世界永远是一样的，现在有的，将来会有，过去也存在；同样的事情重复发生，只不过换了一个名字和外表而已。不过，并非人人都能看穿其中的奥秘，只有那些智慧之人，才会对这样的现象仔细观察，深入思考。（A91；C76）

115. 毫无疑问，在这个世界上，那些凡人活得更自在，也更长久，某种意义上甚至比那些超世之才更加幸福。那些超世之才总是被麻烦和忧虑所困，普通人则更乐于满足其动物本能而非人性，天才们总是喜欢超脱人性，企图超凡入圣。（A92；C60）

116. 仔细观察，就会发现，从一个时代到另一个时代，不仅语言、时尚、风俗会改变，就连人们的口味和喜好都在变化。这种差异，甚至在同一时代的不同国家里，也能时常碰到。我要说的不仅是不同的生活方式（由于不同的制度背景产生），甚至不同的人对食物的口味和偏好都有所区别。（A93；C69）

117. 同样的事情，如果时机不恰当，很难或根本不可能办成；时机一旦成熟，要成功则相对容易。如果你搞错了时机，不但事情无法办成，还有可能面临即使等到时机成熟时事情通常也无法办成的危险。因此，人们都说"聪明人善于等待时机"。（A95；C78）

118. 多次在政府任职的经历让我观察到，每当因为身边的争论而不得不采取行动进行和解的时候，我其实无须提出什么协议，只需通过不断地拖延，就能让手下的各个派系自行提出和解结论。这是因为如果我在一开始便提出一个和解建议，很有可能会被他们拒绝，但是当时机成熟后，我的和解方案反而会更受人拥护，而且他们还会求着我来将其付诸实践。（A96；C43）

119. 一个经常动用苛酷严厉手段的统治者，人们对其心生敬畏，这算不上什么大事。因为臣民对那些可以无所顾忌对他们加以伤害或毁灭的人，必定是万分惧怕的。但我更欣赏那样的统治者，他们只是稍稍动用严厉的惩罚和迫害手段，却深明获取并保持令人惧怕的名声之道。（$Q^2$15；A97；C41）

120. 我不是说统治者在任何时候都不能手沾鲜血，而是说除非万不得已，他不应该这么做，而且通常这样会让他得不偿失。因为他不但得罪了他所攻击的人，而且也会令众人不悦。尽管他为自己扫除了一个敌人，一个障碍，但却没有根除仇恨的种子。因为其他人会前赴后继，就像许德拉[1]一样，砍掉一个脑袋，又会长出七个新的脑袋来。（$Q^2$15；A98；C41）

121. 记住我前面说过的话[2]：不要不加以区分地使用这些建议。一些事情有其自身的特殊性，在某些情形下，有些建议毫无用处。在这种情况下，任何规律都不管用，也没有任何一本书能够教你如何处理。此时，你首先得依靠自己的天性，其次是经验，来寻求启发了。（$Q^2$12；A99；C6）

122. 我可以肯定地说，没有一件差事或一项职务比指挥一支军队需要更审慎、更高超的才能。作为指挥官，面对无穷无尽的事物，必须要保持预见性和控制力。而且，事情瞬息万变，机会稍纵即逝，他得比巨人阿尔戈[3]还多长个心眼。因为这个职位本身的重要性，作为军队指挥官，必须考虑周全，行事谨慎，我深信与这个职位相比，其他的职位都是小儿科了。（A100；C67）

---

[1] 许德拉（Idra di Lerna），又译作"海德拉"，希腊神话中的蛇怪。据说头被砍下后，会立刻长出新的脑袋，又称"九头蛇"。

[2] 这里指的是 B35 中的内容。

[3] 阿尔戈（Argo），神话人物，据说是一个长有百只眼睛的巨人。

123. 所谓的"民众"，实际上指的是一个疯子、一头充斥着混乱与谬误的野兽而已。他们提出的虚无判断，离事实之远，就如同托勒密眼中西班牙与印度之间的距离。（A101；C140）

124. 我自然希望看到教会国的毁灭。但是命运却安排我曾经不得不辅佐两任教皇 [1]，为他们的荣耀而卖力服务。若不是出于尊重，我必定会像爱自己那样去爱马丁·路德，希望他的教派能够摧毁，或至少剪去在那些教士领导下的凶残暴政的翅膀！（C28）

125*. 勇敢是一回事，顾及荣誉而又直面危险，则是另一回事。两种人都意识到了危险，但是前者相信可以依靠自己的力量抵御危险，如果无法做到，他便会放弃应对；后者也许内心十分惧怕危险，但是表面不为所动，不是因为无畏，而是因为他下定决心，宁愿受到伤害，也不愿丢了面子。（A102）

126. 在我们的城市中，经常发生这样的事情：君主们时常与上台执政者成为敌人。据说原因在于那些执政官总是猜忌他手下的人，因为那些人通常很有才识和能力，有时还特别不安分。此外，还有一个原因：这些人大多认为自己功劳巨大，经常过分索取回报，一旦得不到满足，便会气急败坏。这使得君臣之间互相产生了敌意和猜忌。（A103；C52）

127. 辅佐别人或为别人登上王位立下功劳的人，现在想要依据自己的方式来插手君主事务，这样一来就把他之前立下的功劳一笔勾销了。因为这就相当于他在使用之前帮助别人而得到的权威，那就不要怪当权者不再对他抱以宽容的态度，这样的人甚至都没有资格被称为无能者。（A104；C53）

---

[1] 圭恰尔迪尼曾经辅佐过利奥十世（Leone X，1513—1521 年在位）和克莱门特七世（Clemente VII，1523—1534 年在位）教皇，并担任教皇国重要官员，政绩辉煌。1516 年，利奥十世任命圭恰尔迪尼为莫德纳（Modena）总督，之后继任雷焦 – 艾米利亚（Reggio Emilia）地区总督；克莱门特七世则将圭恰尔迪尼视为教皇国最得力的顾问和官员。

128. 如果去做一件事情，最终理应受到指责，那么不去做，就不值得称道；反过来，如果有一件事不去做，最后也会受到责难，那么现在做了，同样不值得称道。（A105；C129）

129. 卡斯蒂利亚人有句古话："线索易于从其最脆弱的地方断开。"在所有的竞争和同盟中，无论理性、诚实、感恩之情多么重要，面对更强或者更有地位的对手时，弱者只有屈从的命。因为人们总是更乐于追逐自身的利益，而不是履行自身的义务。（A106；C144）

130. 我不懂得如何自抬身价，让自己浪得虚名。不过，有一点我确认，如果懂得运用这门艺术，那将会受益匪浅。让大家相信你很有势力，会给你带来不可思议的好处。因为单凭这样的声誉，人们就会追随你，而无须你证明什么。（A107；C86）

131. 我经常说，佛罗伦萨人猎取到狭小的领土[1]，要比威尼斯人[2]或其他意大利君主猎取更加广阔的领土，还要令人惊讶。因为在托斯卡纳的各个角落，都弥漫着自由的气息，以至于所有人对于佛罗伦萨的对外扩张都深表反感。这对于那些习惯于被奴役的人民组成的国家来说，则是另一回事。对他们来说，由哪个政权来统治国家无关紧要，因为他们从来不会对政府抱有敌意或进行顽强不屈的抵抗。另外，佛罗伦萨紧邻教会国，这也是一个巨大障碍，因为教会国的势力根基如此深厚，这大大妨碍了我们的统治。（A108；C29）

132*. 所有人都认为：政府由一个好人来统治，胜于由少数人或多数好人来统治。其中道理显而易见，当然所有人也都认为：政府由一人统治，相比其他的政府，则更容易变坏；当这样一个政府变坏时，就成为所有政府形式中最坏的结果了。一旦形成这样的循环就麻烦了，因为政府是世袭的，一个善良智慧的父亲生有一个同样品性的儿子，这样的

---

[1] 参见 C29 相关注释说明。
[2] 同上。

情况总是罕见的。但我十分希望这些政治家们好好考虑一下所有情况和风险，告诉我对于一个新兴城市而言，到底该使用哪种政府形式：是由一个人统治好，还是由多数人，抑或是少数人来统治好？（A109）

133. 没有人比主人更加不了解自己的仆人了，就像统治者不了解自己的臣民一样。仆人和臣民在面对自己的主人和统治者时，言行举止与在其他人面前是不一样的，而且他们时常会尽力掩饰自己，竭力表现得与他们真实情况截然相反的一面。（A110；C165）

134. 如果你身居朝廷，追随一位大官员，并且希望参与到他的具体事务中去，那么你要学会经常出现在大官员的眼前，让他看见你。因为大官员时常会把不期而至的事务委派给在他视线以内的人或者是他身边的人去办理；如果你期望他来找你或等你，机会便稍纵即逝。而失去一次这样的机会，无论多么微不足道，都意味着你失去了今后接手重要事务的门路。（A111；C94）

135[1]*. 那些修道士四处鼓吹宿命的东西，大谈一些有关信仰的道不清的言论，我认为他们都是些疯子：与其混淆人们的视听，倒不如教育他们不要为那些他们理解不了的东西瞎操心了。他们只需要跟人们说，"我们的信仰告诉我们就得这样，那是我们必须相信的东西"，如此足矣。

136*. 在佛罗伦萨，即使作为一个好的公民，没有任何篡位的野心，也需要小心，与城市中类似于美第奇这样的家族走得太近，定会招来人民的厌恶与怀疑。要尽量避免这样的情况，否则会给你带来诸多恶果。但是我要强调，因为这样的言论就放弃自己本来能够凭借亲

---

[1] B135 仅出现在 1528 年的 B 辑版本中，在此前的 Q 辑、A 辑中都没有出现，之后在 1530 年 C 辑版本中被删除。据传是因为作品手稿抄写员的失误所致，但是更具说服力的原因是，此条备忘录涉及宗教评论，表达了圭恰尔迪尼对修道士的憎恶；因此考虑到政治环境和历史背景，该内容没有出现在其他版本中。

近政权而带来的利益和好处，也大可不必。只要你没有被扣上"贪婪"的帽子，没有得罪什么重要人物或众人，即使改朝换代，你会发现之前一度担忧的那些灭顶之灾、对你的指控、谩骂都会成为历史，你终究会时来运转。话虽如此，这些事情还是非常糟糕，人们很容易为此付出代价。况且，不可否认的是，比起那些袖手旁观保全自身的人，你的"荣誉之花"还是或多或少受到了一点影响。（A112）

137. 我再次强调，主人对于仆人的关怀，少之甚少。他们为了自身的利益不断压榨仆人，毫无尊重可言。因此，如果仆人反过来以相同的方式对付主人，只要不违背信仰和荣誉之道，就是非常明智的做法。（A113；C4）

138. 如果一个人知道他拥有好运，那么做事时信心就会增加。但是需要记住，运气不但时时在变化，就算是同一时间做不一样的事情，拥有的运气也不尽相同。如果仔细观察，会发现有时候人们在一件事上好运连连，在另外一件事上则倒霉透顶。就我自己而言，迄今为止（1523 年 2 月 3 日 [1]），我在很多事上已经享受了好运，但在生意场上，还有在我自身追求的荣誉上，并没有那么好的运气。似乎那些我并非有心争取的东西，一个个地接踵而来；而我全力以赴追逐的东西，却怎么也获得不了。[2]（A114；C85）

139*. 人最大的敌人是自己。因为人身上所背负的邪恶、危险与焦

---

[1] 这里的时间显然与作者创作 B 辑的时间（1528 年）不相符合，而在 A 辑版本中（A114）也出现了相同的时间表述，可以看出，圭恰尔迪尼在重新修订此条备忘录时，直接机械地将 A114 的内容复制过来，没有做任何修改。当然也有专家认为，这是圭恰尔迪尼有意为之，意在保留原始稿件的全部内容，为后人研究其作品史提供原始证据。具体内容参见：F. Guicciardini, *Ricordi*, Introduzione e commento di Carlo Varotti, Carocci editore, Roma, 2013, p. 165.

[2] 原文为"quegli che non ho cercati mi sono corsi da loro medesimi drieto, ma quelli che ho cercatièparuto che si discostino"。字面意为"我苦心追求的，难以获得；无心追求的，接踵而来"。在 C 辑版本中（C85），对内容进行了意译，并参考《圭恰尔迪尼格言集》（王坚译，南京：译林出版社，2012 年）第 20 页的相关内容，译成"我常常是有心栽花花不开，无心插柳柳成荫"。

虑，无一例外都来自于自身无尽的贪婪。（A115）

140. 世间万物永不停息，实际上，事物都遵循各自属性，顺应自己的道路，不断发展，直到终结。但是事物发展的进程比我们想象的要慢，因为我们在估量事物时，依据的是我们自己短暂的一生，而不是世间事物漫长的发展过程。说到事物发展的步伐，总是比我们的慢，由于事物的属性，它们是在发展运动，但是我们往往察觉不到这样的运动。正因如此，我们对其做出的判断，往往是错误的。（A116；C71）

141*. 如果仅仅为了贪图享受而追逐财富，这往往是一种低级的、畸形的趣味。然而如今的世界已经如此败坏腐朽，任何人想要追求好名声，就必须去追求财富。因为有了财富，才能展现美德，受人尊重；而穷人，只会默默无闻，无人器重。（A117）

142. 那些只得到一次重大机会的人，我不知道是否应该称其为幸运儿，因为一个毫无审慎之感的人，是不懂得如何利用机会的。但是，毫无疑问，如果同样的机会能在你面前出现两次，那你必定是一个幸运儿。因为连第二次机会都无法把握的人，简直是傻瓜。第二种情况，一切都拜好运所赐；第一种情况，则部分需要审慎的判断。（A118；C80）

143. 在共和国中，自由是正义的附属。自由设立的唯一目的，就是避免一个人受到另一个人的压迫。因此，如果我们能够肯定，在一个人或少数人统治的政府下，正义已然树立，那么我们就无须再奢求什么自由了。这也就是为何古代智者和哲人们对维持法律和正义最为有效的国家之评价，要明显高于对自己国家自由政府之评价。（A119；C109）

144. 当我听到那些来源不明、似是而非、众人期待的消息时，我总是无法相信。因为人们总是易于制造那些众人心里所期待、所相信的消息。我宁可去听那些非同凡响、意料之外的消息，因为这些没人关心的消息，人们是不太乐意去编造或相信的。这种事情我经历过太多次了！（A120；C89）

145. 那些星相学家的命真好！无论是他们的艺术，还是他们自己，都漏洞百出，净整出一些毫无价值的言论。但是，他们说中一回招来的信徒，比他们说破一百回所失去的还要多；相反其他人只要一次谎言被拆穿，今后无论他说什么，即便是真话，人们都会对其投来怀疑的目光。产生这种现象的原因是人类迫切想要预知未来，但是苦于没有其他门路，所以只能跟随在那些自称可以预言未来的人身后。就像病人相信医生承诺能够治愈他的疾病一样，说的是一个道理。（A121；C57）

146. 祈祷上帝不要让你站在失败者的一边吧！否则，尽管你可能没有任何过错，你还是免不了承担责任，而且就算你跑到大街上、广场上，四处奔走，也无法为自己辩解。相反，如果你站在胜利者一边，即使你没有任何功劳，也会得到赞美和荣誉。（A122；C176）

147*. 众所周知，在私人事务上还是自己握有财产比较有优势，即便你的合法权利不受影响，而判定产权的司法程序也是常规并且固定的。但是，在那些依赖国家偶然事件或统治者意愿的事务上，你得到的好处则更是无与伦比。因为你无须与那些无法更改的理性原则争辩，也无须反对既定判定，就可以轻而易举地利用各类机会，将那些企图占有你财产的人制服。（A123）

148*. 想要赢得上司的青睐，就得尊重上司的权威，而且不要害怕做得过头，越尊重越好。因为，一旦当上司认为自己没有得到理应享受的尊重时，你将会大大地得罪他。（A124）

149*. 按照李维 [1] 所述叙拉古人 [2] 的法令：即使是暴君家的女儿也得杀掉。这确实残忍，但并非全无理由。因为当暴君被铲除之后，原先在他手下过得很好的人，会千方百计去扶持一位新君，而考虑到要找一个新人来担此大任并不容易，因此他们会想办法从前君主的后裔中挑选人选。当一个城市刚刚摆脱暴政统治时，自由是无法保证的，除非把暴君的后裔及族人全部铲除殆尽。这条律令对男性后裔，无可争议，对女性后裔，则需要视情况以及妇女和其所在城市的特性而定。（A125）

150. 我之前就说过 [3]，靠杀头是不足以保证一个城市的安宁的。因为，这样很快会制造出更多的敌人，就像许德拉 [4] 的脑袋一样，砍掉一个，会长出更多的脑袋。然而，正如建造房屋需要石灰，国家需要鲜血作为黏合剂，这样的例子并不少见。但这其中并不存在一条可以区分所有不同情形的规律，必须得靠当事人自己的审慎力和洞察力来判断。（$Q^2$15；A126；C41）

151. 并非人人都能随意选择他所中意的地位和职业，我们常常不得不接受命运的安排，这又常常与我们的出身情况相适应。因此，把自己的事情做好，就是最大的美德。如同在一场喜剧中，如果一个扮演仆人的演员表现出色，他同样可以得到褒奖，人们不会指责他不如那个披上龙袍饰演国王的人。实际上，每个人在他自己的位置上，都可以得到赞扬和荣誉。（A127；C216）

---

[1] 李维（Livio），古罗马历史学家。据说出身贵族，早年受过良好的传统教育，学习了文学、史学、修辞学、演说术等，罗马共和国后期学问渊博的博物学家，著有《罗马自建城以来的历史》（gli Ab Urbe Condita libri CXLII）一书。
[2] 叙拉古人（siracusani），古希腊移民城市的居民，又译作"锡拉库萨人"，他们的城市位于今意大利西西里岛东南部。公元前 8 世纪由希腊城邦科林斯（Corinth）所建，公元前 5 至前 4 世纪势力强盛，是西西里岛东部的霸主。在第二次布匿战争（Guerre puniche）（公元前 218—前 201 年）中，他们曾经抵抗罗马（Roma）的侵略。公元前 212 年被罗马所灭。
[3] 这里指的是 B120 中的内容。
[4] 参见 B120 注释部分。

152. 人非圣贤，孰能无过！一旦犯错，根据不同人身上的特质以及事件的轻重，会产生或大或小的损害。只在一些无关重要的事件中犯错的人，不会造成什么大碍，这样人的命真好。（A128；C108）

153. 人不犯我，我不犯人，人人和平相处，能这样生活着，是莫大的幸福。但是，一旦处境变得糟糕，落得我不犯人、人亦犯我的场面，就必须抢先一步采取行动。因为在这样的情况下，想尽办法保护自己不受伤害，与已然受到伤害再来保护自己，是一样正当的。但是，你需要谨慎地分辨不同的情况，不可因为不必要的恐惧而将保护自己变得理所应当，也不应该在缺乏正当理由的情况下，出于自身的邪恶和贪婪，以恐惧为理由为自己的暴力行为辩解。（A129）

154. 尽管美第奇家族辉煌一时，现在要在佛罗伦萨一统天下，却要比他们的平民先辈们做同样的事情难上许多。其原因在于，当时的城市，许多人还不知道自由和民主生活为何物，实际上，当时的政权总是掌握在少数人手里。对于掌权者来说，人民是不会与其为敌的，因为政府无论在谁手里，对普通百姓来说都没有多大关系。但是 1494—1512 年 [1] 的大众政府在人民心中，已经留下了深刻的记忆，除去那些在专制制度下妄图压制他人的少数人，其余人都会怀念那段时光，视当下统治者为敌人，因为他们认为被夺走了本该属于自己的东西。（A130；C38）

155*. 任何佛罗伦萨人，如果不站在科西莫 [2] 这一边，就别想在政府里当领导；事实上，就算是科西莫，想要维持自身，也不得不借助教皇国的力量。[3] 任何其他人，无论他是否承认，都不可能拥有强大的

---

[1] 这里指佛罗伦萨第一共和国时期。1494 年皮耶罗·德·美第奇（Piero de' Medici）被迫下台，佛罗伦萨进入共和国；直到 1512 年，美第奇家族在西班牙人的帮助下，战胜了法国人，回到佛罗伦萨，重夺政治权力。

[2] 这里指的是科西莫·德·美第奇（Cosimo de' Medici），又称"老科西莫"（Cosimo detto il Vecchio）。参见 C38 相关注释。

[3] 这里隐含的意思是"在教皇队伍中，必须倚赖自己家族的人"。言下之意是，圭恰尔迪尼认为，美第奇家族想要在佛罗伦萨保全政权，必须依靠教皇中自己家族人员的力量，如历史上两位著名的美第奇家族教皇利奥十世和克莱门特七世。

根基和同族支持者；除非，他拥有像皮耶罗·索德里尼[1]一样的好命，能在一个需要民众领袖的大众政府中，谋得一份官职。然而，想要得到这个位子的人，如果不站在美第奇这一边，就必须跟人民大众站在一起。(A131)

156. 把希望寄托在老百姓身上，用来取得权力，这是极端错误的。他们的想法和行为总是反复无常，多数出于偶然，思考事情总是缺乏理性，缺乏判断。想要了解他们到底要什么，只能碰运气去猜，不能靠理智去思考。(A132；C121)

157*. 在佛罗伦萨，如果你无望在政府谋得领袖之职，最好不要卷入政治，将自己的未来寄托在国家政权的未来上，是一件疯狂的事情。因为这样做，你的损失要比你的所得大得多。同时你还有被政治流放的危险，因为如果我们不能像热那亚的阿多尔尼家族和弗雷戈西家族[2]一样，成为党派争斗的领袖，那么就没有人会向我们提供庇护，将我们拉回政界。那样的话，我们将被边缘化，身败名裂，且身无长物，不得不可怜地乞讨求生。你们可以想想贝尔纳多·鲁切拉伊[3]，这就是一个很好的范例。同样的道理教导我们应该学会与当局首脑保持融洽关系，以免他们对我们无端猜忌，视我们为仇敌。(A133)

158. 如果能以一己之力达成目标的话，我非常乐意去改变我不喜欢的政府。但是，一想到得与其他人共同合作，我就再也不去想这件

[1] 参见 B112 注释部分。

[2] 热那亚的阿多尔尼家族和弗雷戈西家族（gli Adorni e Fregosi di Genova），都是当时人民党派的领导和头目。在那段风云变幻时期，这两个家族曾多次轮流坐镇热那亚（Genova）总督府。家族之间对抗激烈，常常一个家族登上舞台，另一个家族遭到流放；后来这两个家族成为"血腥、动乱"的代名词。此后，在热那亚，这两个家族的名号都遭到了禁用。

[3] 贝尔纳多·鲁切拉伊（Bernardo Ruccellai），美第奇家族的支持者，大洛伦佐（Lorenzo de' Medici, detto il Magnifico）的顾问与亲戚。1494 年鲁切拉伊出任皮耶罗·德·美第奇（Piero de' Medici）的顾问，之后成为"正义旗手"皮耶罗·索德里尼的死敌，晚期淡出政治生活，被流放至威尼斯。

事了。因为那些人通常都是疯疯癫癫的邪恶之人，既不懂得闭嘴，也不知道该如何行事。（A134；C19）

159*. 朱利奥 [1] 和克莱门特 [2] 两人同为教皇，但性格却极不相同：前者气质非凡，无所畏惧，生性冲动，没有耐心，开放且直白；后者气质一般，畏首畏尾，生性谨慎，极有耐心，温和且虚伪。然而，这两种截然相反的脾气性格，却能产生同样的效果，都能取得巨大的成就。究其原因，在贤明的君主身上，无论冲动还是耐心，都能干成大事：前者如骤雨暴风，使用自身的力量，瞬间摧毁一切；后者则耐心等待，善于利用合理的时机，制服敌人。因此，在一些事情上，一种性格有益，另一种性格则有害，相反也是如此。如果有人能够将这两种性格合二为一，并择机而动，此人定为圣人。但是，考虑到这样的情况几乎不太可能，综合所有情况考虑 [3]，我相信，审慎而耐心一定比冒失而草率更为适宜。（A135）

160*. 尽管我们做事时会参考那些最佳意见，但是因为世事多变，未来难以预测，因此往往会得到相反的结果。面对时运（fortuna）[4] 的强大力量，我们不能像牲口一样，任其宰割，而应该像人那般，听从理性的召唤。真正的智者宁愿按照好的建议行事，即便最后得到的是坏的结果，也不会按照坏的建议行动，即便得到的是好的结果。（A136）

161*. 如果一个人想要得到佛罗伦萨市民的爱戴，就要避免"野心勃勃"的名声，即使在琐碎的事情以及日常生活方面，也要注意，不要表现出高人一等，或者显得比别人更加优雅高贵的特质。因为，在一个建立在平等之上、处处充满嫉妒的城市中，一个人想要凌驾于众

---

[1] 即教皇朱利奥二世，1503—1513 年在位，也译作"尤利乌斯二世"。
[2] 即教皇克莱门特七世，原名朱利奥·德·美第奇（Giulio de' Medici），美第奇家族教皇。
[3] 原文为拉丁语"omnibus computatis"，现代意大利文为"tutto considerato"，字面意为"考虑到所有情况"。
[4] 参见 C30 注释说明。

人之上，或者显得自身与周围平常的生活格格不入，让自己鹤立鸡群，那么他必然会招来众人的忌恨。（A137）

162. 在经济方面，首要原则就是缩减一切不必要的开支。但对我而言，更聪明的做法是，花费同样的开销，却能够得到比别人更多的回报。说得通俗一些，就是花一个夸特里尼，起到五分钱的用处。[1]（A138；C56）

163*. 你们要记住，赚了钱的人肯定要比没有赚钱的人花销大，但是，如果之前没有进行资本积累，而把收入的大部分用于投资，那一定是疯了，因为赚钱的机会不可能持续太久。如果你没有善用机会，一旦机会失去，你会发现跟当初一样贫穷，或许更糟，因为你失去了时间和荣誉。当时机来临时，却不知如何加以善用的人，总是会被视为见识有限。这条建议值得你们用心铭记，因为在我的有生之年，见过太多人在这方面犯下大错。（A139）

164. 我父亲过去常说："往钱包里放一枚硬币，胜于你花掉十枚硬币。"这句话值得好好体会，并不是让你变得吝啬，或者不舍得那些正当有益的花销，而是教育你杜绝铺张浪费。（A140；C45）

165. 一开始，很少有文件是伪造的。但是到了后来，当人们想出一些坏点子，在处理事务的时候，或许出于某种需求，开始试图伪造文件，以便呈现出他们所期待的面目。因此，当你在起草与自身利益相关的重要文件时，要养成立即复制一份的习惯，并且将原始文件藏于家中。（A141；C119）

---

[1] 夸特里尼（quattrino），欧洲中世纪以来流通的一种货币。在当时，一个夸特里尼相当于"四分钱"（quattro denari）。这里圭恰尔迪尼说的"花一个夸特里尼，起到五分钱的用处"，显然指的是得到的好处大过所花费的金钱。C辑版本中对应的C56进行了略微改动，采用格罗索（grosso）和夸特里尼的例子，但是表达的含义没有太大差异。

166. 在佛罗伦萨，生养女儿是一件非常麻烦的事，因为要为她们找到一个好婆家，相当困难。想要防止嫁错人，作为父亲需要仔细掂量自家的底细以及实际情况，这样可以减少麻烦。通常，如果他自恃清高，对周围的情况不甚了解，就会变得更加麻烦。我就见过不少非常聪明的父亲，他们一开始辞退了求婚者，事后追悔莫及。当然这也不是说我们不得不自视卑贱，就像弗朗西斯科·维托里[1]那样，把女儿交给了第一个提亲者。这种事，除去命中注定以外，的确需要审慎对待。我自己也是了解其道理的，但实际真正碰到这类事情时，也未必懂得该如何处理。[2]（A142；C106）

167*. 显然，为全体公民和整个社会提供服务，还不如为某个特定人群服务，更能使人印象深刻。因为服务于群体，人们不会感觉自己受到了特别的优待。当你为人民或社会服务时，不要期望等你落入困境、需要帮助的时候，人们会冒险来帮你；也不要奢望人们因为记着你对他们的服务，会摒弃自己的利益。但是，你也千万不要蔑视公共服务这样的善举，尤其是当你有机会提供这样的服务时，因为这会给你带来好的名声和好的印象，这也是你的付出应得的回报。更不用说，有些时候，给人留下的印象会给你带来益处：那些曾经得到你帮助的人，会因为记得你的善举，而选择帮助你，尽管这种记忆不如他们受到你的特定服务时那样深刻。而且，拥有这种微小心意的人，不在少数，无数小小的恩惠汇聚在一起，就变成一股可观的力量了。（A143）

168. 做好事得到的回报，并不会时刻都出现在你的眼前。因为有一些人不愿意仅仅为了满足自己的内心而选择做好事，他们认为这是在浪费时间。但是，这样想问题的人，着实犯了大错。因为即使做好事没有给你带来明显的好处，它至少能让你口碑载道，名声在外。很多时候，口碑和名声会对你起到不可思议的作用。（A144；C158）

---

[1] 参见 C106 相关注释。
[2] 参见 C106 相关注释说明。

169. 当某地即将受到攻击或遭遇围困时，作为地方长官，首要考虑的便是尽其所能地拖延时间。即便没有十足的把握，也得尽可能地从他的敌人手里争取时间，哪怕只有短暂的一瞬。因为，往后拖得一日，甚至一时，都有可能带来转机，从而得救。（A145；C54）

170*. 让一个智者预测未来将有什么事情发生，同时让他记录在纸上，随着时间的流逝，等你回头再来审核时，就会发现那些预言没有多少是真正兑现了的。就如同在新年时发现星相学家对上一年的预言命中率极低一样。因为世间万物，总是变幻莫测。（A146）

171. 对细节不清楚的人，在处理重要事务时，很难做出准确的判断，因为往往细节决定全局。然而，我却经常看到有人在只了解事情的大致轮廓时，就做出比通晓所有细节时更好的判断。或许是因为当人们头脑不清醒，情绪也不稳定时，满脑子想着各种细节问题，反而更容易产生困惑，思绪产生动摇。（A147；C155）

1528 年 4 月之后增补 [1]

172. 在谈论未来时，千万不要妄加推断，因为这样做很危险：不要说这个或那个一定会发生，如果这个发生我将如此如此，那个发生我会这般这般。因为时常会发生第三种，甚至是第四种可能，完全出乎你的意料之外。之前的决定如果没有充分考虑到这些意外情况，到时候你必然会不知所措。（A155；C182）

173. 在危险逼近的时候，要毫不犹豫地采取必要措施，就算你认为为时已晚，也要尽力面对，特别是在战争的危急关头更是如此。依据事物的本性和其遇到的各种阻碍，当你认为为时已晚，其实事物的

---

[1] 写于 B 辑作品第 172 条内容之前，原文为 "Aggiunta cominciata d'aprile nel 1528"。即 1528 年 4 月开始，圭恰尔迪尼增补了最后 10 条备忘录，使得 B 辑的数量增至 181 条。

发展并没有你想象得那样快，也许当下正是采取你所认为已经过时的措施的最佳时机。这种事，我经历了太多次。（C162）

174. 千万不要犹豫去做可以给你带来名誉的事情，并且尽情去享受，去结交朋友吧！一旦名声在外，朋友甚至是背后的追捧自然会趋之若鹜。一个人倘若没有做好自己的本分，就不会有人尊重他；倘若没有好的名声，就会失去朋友和人缘。（C217）

175. 你越想避免一个极端，走向相反的方向，往往越会走进另一个极端，总是无法在两个极端中间保持平衡。就如同大众政府，越想逃离暴政的束缚，反而越容易陷入暴政的困局。但是我们佛罗伦萨的同胞[1]还不了解这个道理。（C188）

176. 我们有一套老传统，即每当我们面对一项法律或其他我们不喜欢的事物时，总是反其道而行之，弄出一套与之前完全相对的东西。之后，又发现新弄出来的东西有瑕疵，因为一切极端行为都是有缺点的，因此又有必要制定新的法律条款。这就是为什么我们整天都在制定新的法律，因为我们总是设法逃离邪恶，而不是去寻找恰当的补救措施。（C188）

177. 经常听到有人说："如果情况是这样，或者不是那样，那么事情就会发生，或者事情就不会发生。"这种推理大错特错。因为如果这样的说法可以得到检验，那么就算我们认为的可以让事物产生变化的情形真实存在，在多数情况下，事情发生的结果还是跟之前没什么两样。（C22）

178[2]*. 当邪恶者和无知者当政的时候，美德和善良得不到褒奖，这没什么值得惊讶的。因为邪恶者憎恨它们，而无知者根本对其不了解。

---

[1] 这里圭恰尔迪尼特指佛罗伦萨第二共和国政府（1527—1530）官员。

[2] 与 B32、B135 情况类似，此条备忘录仅出现在 1528 年的 B 辑版本中，在此前的 Q 辑、A 辑中都没有出现，之后在 1530 年 C 辑版本中被删除。因为内容涉及政府评论，表达了圭恰尔迪尼对政府当权者的不满；因此考虑到政治环境和历史背景，该内容没有出现在其他版本中。

179[1]*. 一个人，只要热衷于国家的福利，反对所有对他人不公正的评价，同时不鄙视宗教和传统，那么已经可以算是一个好公民了。而我们在圣马可的朋友[2]的这种美德似乎过了头，甚至显得有些虚伪。即便不是假装为之，实际上，也只会对基督教会有好处，对于城市的管理毫无益处。

180. 美第奇家族在管理政府时，在很多方面犯了错误，滥用了自由的权力。例如，把候选人名单拉得太长，让所有人都有机会参与类似的公共生活。在佛罗伦萨，如果没有一小批热心党羽的支持，政府是无法施行"国家的严密控制（专制体制）"[3]的。而美第奇家族的做法既无法为他们招来大批朋友，也无法为他拉来小批党羽。依据专制体制来管理大众政府中的诸多事宜，是大错特错的，尤其是将城市中的部分成员隔离开来。因为如果没有人民的满意支持，大众政府是无法维持自由的。想要模仿专制体制的做法是不可能的，同时如果模仿专制体制中令人厌恶的做法，而不是去学习它强大的地方，这样的做法简直疯狂至极。（C21）

181[4]*. 彼特拉克[5]曾经这样描述佛罗伦萨人，非常有道理："天才、机灵之人，但是不够成熟。"[6]因为佛罗伦萨人生性活泼，脑袋机灵，但是欠缺稳重，不够成熟。

---

[1] 与 B178 情况类似，此条备忘录仅出现在 1528 年的 B 辑版本中，在此前的 Q 辑、A 辑中都没有出现，之后在 1530 年 C 辑版本中被删除。因为内容涉及宗教评论，圭恰尔迪尼对基督教会修道士进行了抨击；因此考虑到政治环境和历史背景，该内容没有出现在其他版本中。

[2] 这里，圭恰尔迪尼指的是在圣马可（San Marco）的修道士，同时也暗指教士萨沃纳罗拉的追随者。

[3] 参见 C21 相关注释说明。

[4] 参见 B32、B135、B178、B179 相关注释说明。

[5] 彼特拉克（Francesco Petrarca），意大利学者、诗人，文艺复兴第一位人文主义者，被誉为"文艺复兴之父"。他以十四行诗（sonetto）著称，为欧洲抒情诗的发展开辟了道路，被后人称为"诗圣"。他与但丁（Dante Alighieri）、薄伽丘（Giovanni Boccaccio）齐名，一同被后人称为"意大利文学三巨星"。

[6] 这里，圭恰尔迪尼引用了彼特拉克写给薄伽丘的一封信中的内容。原文为"O ingenia magis acria quam matura"，现代意大利文为"O ingegni più acuti che maturi"。

B 辑人名、地名中意文对照表 [1]

B3
佛罗伦萨（Firenze）

B15
教皇朱利奥（papa Iulio）
阿拉贡的天主教国王（re Catolico d'Aragona）
法兰西国王路易（Luigi re di Francia）
朱利奥二世（Giulio II）[2]
朱利亚诺·德拉·罗韦雷（Giuliano della Rovere）
天主教徒斐迪南（Ferdinando il Cattolico）
路易十二（Luigi XII）
普拉托（Prato）
皮耶罗·索德里尼（Pier Soderini）
美第奇（i Medici）

B30
佩斯卡拉侯爵（marchese di Pescara）
费迪南德·弗朗西斯科·达瓦罗斯（Ferdinando Francesco d'Avalos）
帕维亚（Pavia）
利奥十世（Leone X）
查理五世（Carlo V）
弗朗索瓦一世（Francesco I）

B51
阿拉贡的斐迪南陛下（re don Ferrando d'Aragona）

B54
皮耶罗（Piero）
马尔蒂诺（Martino）

---

[1] 相关人名、地名根据作品中出现的先后顺序标注，同一名称仅在第一次出现的备忘录中标注原文（意大利文），标注范围为正文及注释部分。

[2] 又译作"尤利乌斯二世""儒略二世""朱利叶斯二世"，原名朱利亚诺·德拉·罗韦雷（Giuliano della Rovere）。

戈罗大人（messer Goro Gheri）

皮亚琴察（Piacenza）

乌尔比诺公爵（duca di Urbino）

洛伦佐二世（Lorenzo de' Medici il
　　Giovane）

奥古斯都（Augusto）

提比略（Tiberio）

尼禄（Nerone）

屋大维（Ottaviano）

恺撒（Cesare）

B65

西西里（Sicilia）

圣奥古斯丁（santo Augustino /
　　sant'Agostino）

皮耶罗·圭恰尔迪尼（Piero
　　Guicciardini）

吉罗拉莫·萨沃纳罗拉
　　（Gerolamo Savonarola）

马尔西利奥·费奇诺（Marsilio
　　Ficino）

B80

塞内加（Seneca）

B94

费拉拉公爵阿方索一世（duca
　　Alfonso I di Ferrara）

安娜·斯福尔扎（Anna Sforza）

亚历山大六世（Alessandro VI）[1]

卢克雷齐娅·波吉亚（Lucrezia
　　Borgia）

B66

雅各布·圭恰尔迪尼（Iacopo
　　Guicciardini）

路易吉·圭恰尔迪尼（Luigi
　　Guicciardini）

吉罗拉莫·圭恰尔迪尼（Girolamo
　　Guicciardini）

B107

卢多维科公爵（duca Lodovico）

卢多维科·斯福尔扎（Lodovico
　　Sforza / Ludovico Sforza）

摩尔人（il Moro）

米兰（Milano）

吉安·加莱亚佐（Gian Galeazzo）

马西米利亚诺（Massimiliano）[2]

弗朗西斯科（Francesco）

瓦伦蒂娜·维斯孔蒂（Valentina

B78

塔西佗（Cornelio Tacito）

---

[1] 又译作"亚历山德罗六世"，原名罗德里格·波吉亚（Rodrigo Borgia）。

[2] 又译作"马西米利安"。

Visconti）
查理八世（Carlo VIII）
弗朗西斯科二世（Francesco II）
拉文纳（Ravenna）

B109
锡耶纳（Siena）
托斯卡纳（Toscana）
克莱门特七世（Clemente VII）

B110
费拉拉（Ferrara）
那不勒斯（Napoli）

B120
许德拉（Idra di Lerna）

B122
阿尔戈（Argo）

B123
托勒密（Claudio Tolomeo）
哥伦布（Cristoforo Colombo）

B124
莫德纳（Modena）
雷焦 – 艾米利亚（Reggio Emilia）
马丁·路德（Martino Luther /
Martin Lutero）

B129
卡斯蒂利亚人（castigliano）

B131
威尼斯（Venezia）
翁布里亚（Umbria）
罗马涅（Romagna）
卢卡（Lucca）
威尼托（Veneto）
弗留利（Friuli）
伦巴第（Lombardia）
亚德里亚（Adriatico）
艾奥尼亚（Ionio）

B149
李维（Livio）
叙拉古人（siracusani）
科林斯（Corinth）
罗马（Roma）

B154
皮耶罗·德·美第奇（Piero de'
Medici）

B155
科西莫·德·美第奇（Cosimo de'
Medici）[1]
乔瓦尼·迪·比奇（Giovanni di Bicci）
阿尔比奇（Albizzi）

[1] 又译作"老科西莫"（Cosimo de' Medici, detto il Vecchio）。

B157
热那亚（Genova）
阿多尔尼（Adorni）
弗雷戈西（Fregosi）
贝尔纳多·鲁切拉伊（Bernardo
　Rucellai）
大洛伦佐（Lorenzo de' Medici,
　detto il Magnifico）[1]

B159
朱利奥·德·美第奇（Giulio de'
　Medici）

B166
弗朗西斯科·维托里（Francesco
　Vettori）
尼可罗·马基雅维利（Niccolò
　Machiavelli）
保罗·维托里（Paolo Vettori）

B179
圣马可（San Marco）

B181
彼特拉克（Francesco Petrarca）
但丁（Dante Alighieri）
薄伽丘（Giovanni Boccaccio）

---

[1] 又译作"豪华者洛伦佐"。

附录一 《政治与经世备忘录》前后版本对照表 [1]

Q^{1-2} 辑对照表（1512）

Q^1	Q^2	A	B	C
1	1	/	卷首语	/
2	2	78	1	32
3	3	49	2	44
4	4	14	3	134
5	5	/	5	/
6	6	/	6	/
7	7	/	7	/
8	8	/	8	/
9	9	65	90	96
10	10	65	90	96
11	11	/	9	/
/	12	11、99	35、121	6
12	13	/	10	/
13	14	/	11	/
/	15	60、97、98、126	12、85、119、120、150	41
/	16	/	13	186
/	17	/	14	/

[1] 具体参见：F. Guicciardini, *Ricordi*, ed. critica a cura di R. Spongano, Firenze, Sansoni, 1951. Edizione critica. Tavole di raffronto tra le varie redazioni.

续表

Q¹	Q²	A	B	C
/	18	85	15、16	68
/	19	9	33	27
/	20	/	17	/
/	21	/	18	/
/	22	/	19	/
/	23	/	20	/
/	24	/	70	/
/	25	/	21	/
/	26	/	22	120
/	27	/	49	184
/	28	/	50	184
/	29	/	23	/

A 辑对照表（1523—1525）

A	B	C	Q¹	Q²	A	B	C	Q¹	Q²
1	24	2			41	66	39		
2	25	82			42	67	209		
3	26	/			43	68	113		
4	27	/			44	69	4		
5	28	127			45	71	10		
6	29	/			46	72	173		
7	30	97			47	73	87		
8	31	/			48	74	40		
9	33	27		19	49	2	44	3	3
10	34	72			50	75	83		
11	35	6		12	51	76	79		
12	36	163			52	77	61		
13	37	174、175			53	78	13		

续表

A	B	C	Q¹	Q²	A	B	C	Q¹	Q²
14	3	134	4	4	54	79	18		
15	38	46			55	80	138		
16	39	5			56	81	103		
17	40	5			57	82	98、99		
18	41	25			58	83	100、101		
19	42	24			59	84	131		
20	43	11			60	85	41		15
21	44	14			61	86	26		
22	45	104			62	87	36		
23	46	104			63	88	7、8		
24	47	37			64	89	95		
25	48	88			65	90	96	9、10	9、10
26	51	77			66	91	47		
27	52	31			67	92	172		
28	53	51			68	93	172		
29	54	50			69	94	93		
30	55	20			70	95	48		
31	56	55			71	96	23		
32	57	17			72	97	128		
33	58	/			73	98	145		
34	59	15			74	99	84		
35	60	16			75	100	9		
36	61	70			76	101	/		
37	62	215			77	102	133		
38	63	63			78	1	32	2	2
39	64	/			79	103	34		
40	65	33			80	104	90		

续表

A	B	C	Q^1	Q^2	A	B	C	Q^1	Q^2
A	B	C	Q^1	Q^2	A	B	C	Q^1	Q^2
81	105	118			121	145	57		
82	106	66			122	146	176		
83	107	91			123	147	/		
84	108	220			124	148	/		
85	15、16	68		18	125	149	/		
86	109	/			126	150	41		15
87	110	/			127	151	216		
88	111	/			128	152	108		
89	112	/			129	153	/		
90	113	203			130	154	38		
91	114	76			131	155	/		
92	115	60			132	156	121		
93	116	69			133	157	/		
94	/	64			134	158	19		
95	117	78			135	159	/		
96	118	43			136	160	/		
97	119	41		15	137	161	/		
98	120	41		15	138	162	56		
99	121	6		12	139	163	/		
100	122	67			140	164	45		
101	123	140			141	165	119		
102	125	/			142	166	106		
103	126	52			143	167	/		
104	127	53			144	168	158		
105	128	129			145	169	54		
106	129	144			146	170	/		

续表

A	B	C	Q¹	Q²	A	B	C	Q¹	Q²
107	130	86			147	171	155		
108	131	29			148	/	/		
109	132	/			149	4	135		
110	133	165			150	/	200		
111	134	94			151	/	/		
112	136	/			152	/	/		
113	137	4			153	/	156		
114	138	85			154	/	/		
115	139	/			155	172	182		
116	140	71			156	/	189		
117	141	/			157	/	/		
118	142	80			158	/	/		
119	143	109			159	/	154		
120	144	89			160	87	36		
A	B	C	Q¹	Q²	A	B	C	Q¹	Q²
161	87	36							

B 辑对照表（1528）

B	A	C	Q¹	Q²	B	A	C	Q¹	Q²
卷首语	/	/	1	1					
1	78	32	2	2	41	18	25		
2	49	44	3	3	42	19	24		
3	14	134	4	4	43	20	11		
4	149	135	/	/	44	21	14		
5	/	/	5	5	45	22	104		
6	/	/	6	6	46	23	104		
7	/	/	7	7	47	24	37		

续表

B	A	C	Q¹	Q²	B	A	C	Q¹	Q²
8	/	/	8	8	48	25	88		
9	/	/	11	11	49	/	184		27
10	/	/	12	13	50	/	184		28
11	/	/	13	14	51	26	77		
12	/	41		15	52	27	31		
13	/	186		16	53	28	51		
14	/	/		17	54	29	50		
15	85	68		18	55	30	20		
16	85	68		18	56	31	55		
17	/	/		20	57	32	17		
18	/	/		21	58	33	/		
19	/	/		22	59	34	15		
20	/	/		23	60	35	16		
21	/	/		25	61	36	70		
22	/	120		26	62	37	215		
23	/	/		29	63	38	63		
24	1	2			64	39	/		
25	2	82			65	40	33		
26	3	/			66	41	39		
27	4	/			67	42	209		
28	5	127			68	43	113		
29	6	/			69	44	4		
30	7	97			70	/	/		24
31	8	/			71	45	10		
32	/	/			72	46	173		
33	9	27		19	73	47	87		
34	10	72			74	48	40		

续表

B	A	C	Q¹	Q²	B	A	C	Q¹	Q²
35	11	6		12	75	50	83		
36	12	163			76	51	79		
37	13	174、175			77	52	61		
38	15	46			78	53	13		
39	16	5			79	54	18		
40	17	5			80	55	138		
B	A	C	Q¹	Q²	B	A	C	Q¹	Q²
81	56	103			121	99	6		12
82	57	98、99			122	100	67		
83	58	100、101			123	101	140		
84	59	131			124	/	28		
85	60	41		15	125	102	/		
86	61	26			126	103	52		
87	62、160、161	36			127	104	53		
88	63	7、8			128	105	129		
89	64	95			129	106	144		
90	65	96	9、10	9、10	130	107	86		
91	66	47			131	108	29		
92	67	172			132	109	/		
93	68	172			133	110	165		
94	69	93			134	111	94		
95	70	48			135	/	/		
96	71	23			136	112	/		
97	72	128			137	113	4		
98	73	145			138	114	85		
99	74	84			139	115	/		

续表

B	A	C	Q¹	Q²	B	A	C	Q¹	Q²
100	75	9			140	116	71		
101	76	/			141	117	/		
102	77	133			142	118	80		
103	79	34			143	119	109		
104	80	90			144	120	89		
105	81	118			145	121	57		
106	82	66			146	122	176		
107	83	91			147	123	/		
108	84	220			148	124	/		
109	86	/			149	125	/		
110	87	/			150	126	41		15
111	88	/			151	127	216		
112	89	/			152	128	108		
113	90	203			153	129	/		
114	91	76			154	130	38		
115	92	60			155	131	/		
116	93	69			156	132	121		
117	95	78			157	133	/		
118	96	43			158	134	19		
119	97	41		15	159	135	/		
120	98	41		15	160	136	/		
B	A	C	Q¹	Q²	B	A	C	Q¹	Q²
161	137	/							
162	138	56							
163	139	/							
164	140	45							
165	141	119							

续表

B	A	C	Q¹	Q²	B	A	C	Q¹	Q²
166	142	106							
167	143	/							
168	144	158							
169	145	54							
170	146	/							
171	147	155							
172	155	182							
173	/	162							
174	/	217							
175	/	188							
176	/	188							
177	/	22							
178	/	/							
179	/	/							
180	/	21							
181	/	/							

C 辑对照表（1530）

C	A	B	Q¹	Q²	C	A	B	Q¹	Q²
1	/	/			41	60、97、98、126	12、85、119、120、150		15
2	1	24			42	/	/		
3	/	/			43	96	118		
4	44、113	69、137			44	49	2	3	3
5	16、17	39、40			45	140	164		
6	11、99	35、121		12	46	15	38		
7	63	88			47	66	91		

续表

C	A	B	Q¹	Q²	C	A	B	Q¹	Q²
8	63	88			48	70	95		
9	75	100			49	/	/		
10	45	71			50	29	54		
11	20	43			51	28	53		
12	/	/			52	103	126		
13	53	78			53	104	127		
14	21	44			54	145	169		
15	34	59			55	31	56		
16	35	60			56	138	162		
17	32	57			57	121	145		
18	54	79			58	/	/		
19	134	158			59	/	/		
20	30	55			60	92	115		
21	/	180			61	52	77		
22	/	177			62	/	/		
23	71	96			63	38	63		
24	19	42			64	94	/		
25	18	41			65	/	/		
26	61	86			66	82	106		
27	9	33		19	67	100	122		
28	/	124			68	85	15、16		18
29	108	131			69	93	116		
30	/	/			70	36	61		
31	27	52			71	116	140		
32	78	1	2	2	72	10	34		
33	40	65			73	/	/		
34	79	103			74	/	/		

续表

C	A	B	Q¹	Q²	C	A	B	Q¹	Q²
35	/	/			75	/	/		
36	62、160、161	87			76	91	114		
37	24	47			77	26	51		
38	130	154			78	95	117		
39	41	66			79	51	76		
40	48	74			80	118	142		
C	A	B	Q¹	Q²	C	A	B	Q¹	Q²
81	/	/			121	132	156		
82	2	25			122	/	/		
83	50	75			123	/	/		
84	74	99			124	/	/		
85	114	138			125	/	/		
86	107	130			126	/	/		
87	47	73			127	5	28		
88	25	48			128	72	97		
89	120	144			129	105	128		
90	80	104			130	/	/		
91	83	107			131	59	84		
92	/	/			132	/	/		
93	69	94			133	77	102		
94	111	134			134	14	3	4	4
95	64	89			135	149	4		
96	65	90	9、10	9、10	136	/	/		
97	7	30			137	/	/		
98	57、58	82、83			138	55	80		
99	57、58	82、83			139	/	/		
100	57、58	82、83			140	101	123		

续表

C	A	B	Q^1	Q^2	C	A	B	Q^1	Q^2
101	57、58	82、83			141	/	/		
102	/	/			142	/	/		
103	56	81			143	/	/		
104	22、23	45、46			144	106	129		
105	/	/			145	73	98		
106	142	166			146	/	/		
107	/	/			147	/	/		
108	128	152			148	/	/		
109	119	143			149	/	/		
110	/	/			150	/	/		
111	/	/			151	/	/		
112	/	/			152	/	/		
113	43	68			153	/	/		
114	/	/			154	159	/		
115	/	/			155	147	171		
116	/	/			156	153	/		
117	/	/			157	/	/		
118	81	105			158	144	168		
119	141	165			159	/	/		
120	/	22		26	160	/	/		
C	A	B	Q^1	Q^2	C	A	B	Q^1	Q^2
161	/	/			201	/	/		
162	/	173			202	/	/		
163	12	36			203	90	113		
164	/	/			204	/	/		
165	110	133			205	/	/		
166	/	/			206	/	/		

C	A	B	Q¹	Q²	C	A	B	Q¹	Q²
167	/	/			207	/	/		
168	/	/			208	/	/		
169	/	/			209	42	67		
170	/	/			210	/	/		
171	/	/			211	/	/		
172	67、68	92、93			212	/	/		
173	46	72			213	/	/		
174	13	37			214	/	/		
175	13	37			215	37	62		
176	122	146			216	127	151		
177	/	/			217	/	174		
178	/	/			218	/	/		
179	/	/			219	/	/		
180	/	/			220	84	108		
181	/	/			221	/	/		
182	155	172							
183	/	/							
184	/	49、50		27、28					
185	/	/							
186	/	13		16					
187	/	/							
188	/	175、176							
189	156	/							
190	/	/							
191	/	/							
192	/	/							
193	/	/							

续表

C	A	B	Q¹	Q²	C	A	B	Q¹	Q²
194	/	/							
195	/	/							
196	/	/							
197	/	/							
198	/	/							
199	/	/							
200	150	/							

独立版本内容一览表 [1]

C	B	A	C	B	A
1	32	148	147		
3	135	151	148		
12	178	152	149		
30	179	154	150		
35	181	157	151		
42		158	152		
49			153		
58			157		
59			159		
62			160		
65			161		
73			164		
74			166		
75			167		
81			168		
92			169		

[1] 即 C 辑、B 辑、A 辑三个版本中各自独立存在的备忘录，对应内容没有相互收录在其他任何版本作品中。其中 C 辑共有 91 条，B 辑共有 5 条，A 辑共有 6 条。

续表

C	B	A	C	B	A
102			170		
105			171		
107			177		
110			178		
111			179		
112			180		
114			181		
115			183		
116			185		
117			187		
122			190		
123			191		
124			192		
125			193		
126			194		
130			195		
132			196		
136			197		
137			198		
139			199		
141			201		
142			202		
143			204		
146			205		
C	B	A	C	B	A
206					
207					

续表

C	B	A	C	B	A
208					
210					
211					
212					
213					
214					
218					
219					
221					
共计91条	共计5条	共计6条	共计91条	共计5条	共计6条

附录部分内容对照表（1512—1528）[1]

编号	Q1	Q2	A	B	编号	Q1	Q2	A	B
I	1	1	/	卷首语	XLI			135	159
II	5	5	/	5	XLII			136	160
III	6	6	/	6	XLIII			137	161
IV	7	7	/	7	XLIV			139	163
V	8	8	/	8	XLV			143	167
VI	11	11	/	9	XLVI			146	170
VII	12	13	/	10	XLVII			/	178
VIII	13	14	/	11	XLVIII			/	179
IX		17	/	14	XLIX			/	181

[1] 圭恰尔迪尼在1530年创作C辑作品最终版时，将之前所有版本的内容进行了大融合并加以润色和提炼，同时舍弃了55条备忘录，即在1512—1528年间（Q$^{1-2}$辑、A辑、B辑）创作的55条内容，没有被收录在C辑版本中。这些被C辑弃用的备忘录多数收录在众多作品译注版的"附录"（Appendice）部分（I "ricordi" scartati），并用罗马数字标识。这55条备忘录中包含B辑的49条（其中1条为卷首语，5条为其独有内容）以及A辑的6条独有内容，被修订成一百余条备忘录。具体内容参见：F. Guicciardini, *Ricordi*, Introduzione e commento di Carlo Varotti, Carocci editore, Roma, 2013, pp. 317–340.

续表

编号	Q1	Q2	A	B	编号	Q1	Q2	A	B
X		20	/	17	L			148	/
XI		21	/	18	LI			151	/
XII		22	/	19	LII			152	/
XII		23	/	20	LIII			154	/
XIV		25	/	21	LIV			157	/
XV		29	/	23	LV			158	/
XVI			3	26					
XVII			4	27					
XVIII			6	29					
XIX			8	31					
XX			/	32					
XXI			33	58					
XXII			39	64					
XXIII		24	/	70					
XXIV			76	101					
XXV			86	109					
XXVI			87	110					
XXVII			88	111					
XXVIII			89	112					
XXIX			102	125					
XXX			109	132					
XXXI			/	135					
XXXII			112	136					
XXXIII			115	139					
XXXIV			117	141					
XXXV			123	147					
XXXVI			124	148					

续表

编号	Q1	Q2	A	B	编号	Q1	Q2	A	B
XXXVII			125	149					
XXXVIII			129	153					
XXXIX			131	155					
XL			133	157					

附录二　圭恰尔迪尼生平及主要大事年表 [1]

1483

3月6日，弗朗西斯科·圭恰尔迪尼（Francesco Tommaso Guicciardini）[2]生于佛罗伦萨，当时新柏拉图学派哲学家马尔西利奥·费奇诺（Marsilio Ficino）为其洗礼。弗朗西斯科在家族13名子女中排行老三，父亲名叫皮耶罗（Piero di Iacopo di Piero Guicciardini），母亲名为西蒙娜（Simona di Bongianni Gianfigliazzi）。圭氏出生在一个富裕的贵族家庭，该家族政治上与美第奇家族有着良好的关系。家族历史上曾有人在国家司法部门担任要职，其成员路易吉（Luigi）和雅各布（Iacopo）都曾经是亲美第奇派的著名人士。

1489

圭恰尔迪尼跟随老师乔瓦尼·德拉·卡斯特琳娜（Giovanni della Castellina）学习了6个月的拉丁语，之后转而学习了一些基础希腊语。

1492

4月8日，大洛伦佐（Lorenzo de' Medici, detto il Magnifico）[3]逝世，其子皮耶罗·德·美第奇（Piero de' Medici）成为佛罗伦萨政府

---

[1] 参 见：[a] F. Guicciardini, *Ricordi*, Introduzione di Mario Fubini e premessa al testo e bibliografia di Ettore Barelli con breve glossario ideologico, Ottava edizione BUR Classici giugno 2012（I edi.：BUR 1977），pp. 35–51；[b] F. Guicciardini, *Ricordi*, Introduzione e commento di Carlo Varotti, Carocci editore, Roma, 2013, pp. 341–344；[c] F. Guicciardini, *Ricordi*, Edizione integrale commentata a cura di Giorgio Masi, Ugo Mursia Editore, Milano, 1994, pp. 30–33.

[2] 相关的人名、地名、作品名及其他专有名称仅在第一次出现的地方标注原文（意大利文），特此说明。

[3] 又译作"豪华者洛伦佐"。

短暂的执政者。圭恰尔迪尼的父亲皮耶罗被任命为米兰卢多维科·斯福尔扎（Ludovico Sforza）公国大使，任职一年。同年 8 月 11 日，罗德里格·波吉亚（Rodrigo Borgia）当选教皇，又名亚历山大六世（Alessandro VI）[1]。

1494

11 月 8—9 日，皮耶罗·德·美第奇被驱逐出佛罗伦萨。查理八世（Carlo VIII）于 11 月 17 日进军佛罗伦萨，之后比萨脱离佛罗伦萨，宣布独立。多明我会修士（frate domenicano）萨沃纳罗拉（Gerolamo Savonarola）在佛罗伦萨人民当中宣扬自己的宗教统治信念，并且愈演愈热。同年 12 月，佛罗伦萨人民聚集在议会，选举产生了新的国家政体形式，即"大议会"（Consiglio grande）以及"八十人议会"（Consiglio degli Ottanta）和"十人自由和平议会"（Consiglio dei Dieci di libertà e di pace）。圭恰尔迪尼的父亲由于生性谨慎、处世低调，在全新的政治制度背景下保全了自己的政治角色，成为十人自由和平议会的成员之一。

1495

7 月 6 日，查理八世不敌神圣同盟（Lega santa），开始撤离意大利。9 月 8 日，萨沃纳罗拉拒绝奔赴罗马，被教皇亚历山大六世禁止布道。两年后，萨沃纳罗拉被开除教籍。

1498

萨沃纳罗拉在市政广场被斩首火烧，佛罗伦萨进入全新的共和国时期。6 月 19 日，马基雅维利（Niccolò Machiavelli）被任命为佛罗伦萨共和国第二秘书厅秘书（segretario della seconda Cancelleria della Repubblica fiorentina）。11 月，在家庭环境中阅读了大量古典历史文学著作后，圭恰尔迪尼开始跟随弗朗西斯科·佩皮（Francesco Pepi）学习法律。

1501

由于国内政治局势的不稳定，圭恰尔迪尼被父亲派往费拉拉继续

---

[1] 又译作"亚历山德罗六世"。

学习。在那里，圭氏跟随乔瓦尼·萨多莱蒂（Giovanni Sadoleti）老师学习，其沉稳早熟的性格特质也在学习过程中慢慢体现出来。

1502

9 月 22 日，皮耶罗·索德里尼（Pier Soderini）被佛罗伦萨共和国选为"终身正义旗手"（gonfaloniere di giustizia a vita）。由于不满在费拉拉的学习经历，11 月圭恰尔迪尼前往帕多瓦继续深造，在那里再次碰到了他的恩师菲利普·德西奥（Filippo Decio）。

1503

切萨雷·波吉亚（Cesare Borgia）一手掌握罗马涅（Romagna）地区，开始近距离威胁佛罗伦萨。8 月 18 日，亚历山大六世教皇辞世，10 月 31 日朱利亚诺·德拉·罗韦雷（Giuliano della Rovere）当选新教皇，又名朱利奥二世（Giulio II）[1]，于 1503—1513 年在位。

1504

圭恰尔迪尼大伯的儿子——科尔多纳（Cortona）地区的大主教里涅里（Rinieri）病逝。为了继承其衣钵，圭恰尔迪尼动了担任神职人员的念头，希望有一天可以成为枢机主教，但遭到其父亲的坚决反对。

1505

7 月，圭恰尔迪尼学成返回佛罗伦萨，是年 22 岁。很快他被派往当地的学府教授民法制度，直到 1506 年结束。同年 11 月，圭恰尔迪尼顺利毕业，获得比萨学府民法学文凭，开始担任职业律师，逐渐拥有了众多私人和公共客户。

1507

面对父亲的极力反对，圭恰尔迪尼坚持要求签订与玛利亚·萨尔维亚蒂（Maria di Alamanno Salviati）的婚姻协约。这桩婚事明显是出于政治目的：萨尔维亚蒂家族在佛罗伦萨属于贵族血统，有名有势，圭氏未来的岳父阿拉马诺·萨尔维亚蒂（Alamanno Salviati）是"正义旗手"索德里尼民主政府的主要竞争对手。年轻的圭恰尔迪尼对于家族之间的竞争恩怨并没有多大兴趣，他关注的是自己未来扮演的政治角

---

[1] 又译作"尤利乌斯二世""儒略二世""朱利叶斯二世"。

色，希望借助妻子家族的名声，照亮自己未来的政治人生，为自己带来实际的利益。

1508

4月13日，圭恰尔迪尼开始撰写早期作品《回忆录》（*Ricordanze*）。5月22日，迎娶新娘玛利亚，并于11月2日完成婚礼，之后开始在政府担任一些不是特别重要的公共职务。

1509

2月（也有说1508年年底）圭恰尔迪尼开始撰写《佛罗伦萨史》（*Storie fiorentine*）。这是其第一部重要的历史作品（未完成），并于同一时期开始创作《家族回忆录》（*Memorie di famiglia*）。3月31日，圭氏参与一项公共计划，意在包围比萨。6月9日，佛罗伦萨人重新夺回比萨，圭氏的岳父阿拉马诺成为该地特派员。12月28日，圭氏大女儿西蒙娜·罗莫拉（Simona Romola）出生。至此，圭恰尔迪尼逐渐在政治领域崭露头角，担任的一系列重要职务使其名声越来越大，也陆续为他带来了一些国际影响力。

1510

3月24日，圭恰尔迪尼本人一直器重并尊崇的岳父阿拉马诺大人于比萨逝世，享年49岁。岳父的离世对于圭恰尔迪尼、对于佛罗伦萨来说都是一个沉重的打击。10月4日，教皇、西班牙人、威尼斯人联合起来，成立神圣联盟（Lega santa），共同对抗法国人。

1511

佛罗伦萨共和国一直是法国人的盟友，由于教皇朱利奥二世指控佛罗伦萨人在比萨秘密召开了教皇敌人红衣主教大会议，共和国决定选派一名大使，前往西班牙的天主教徒斐迪南国王（re di Spagna Ferdinando il Cattolico）宫廷担任外交公职。最终，这个重要的职位竟然落到圭恰尔迪尼头上，尽管当时他还没有达到担任此类公职所要求的最低年龄。

1512

1月11日，圭恰尔迪尼大女儿西蒙娜不幸去世。1月29日，圭氏出发前往西班牙，3月28日，首次受到斐迪南国王的接见。国王宣称其对意大利并没有什么政治企图，只是希望保护教皇。4月11日，法国军队在拉文纳（Ravenna）打败西班牙－教皇联合军队，获此消息后，西班牙国王决定派出精锐部队兵发意大利。4月14日，圭恰尔迪尼第二个女儿西蒙娜·玛格丽特（Simona Margherita）出生。8月，圭氏开始撰写首部重要的政治理论作品《洛格罗诺论集》（Discorso di Logrogno），表达了其希望佛罗伦萨共和国采用贵族政体的愿望。8月，在曼托瓦（Mantova）议会上，神圣同盟的代表秘密预谋复辟米兰的斯福尔扎家族和佛罗伦萨的美第奇家族。8月29日，佛罗伦萨军队在普拉托（Prato）被西班牙－教皇联军打败，两天后正义旗手索德里尼正式下台，遭遇流放。9月1日，朱利亚诺·德·美第奇（Giuliano de' Medici）在红衣主教乔瓦尼·德·美第奇（Giovanni de' Medici）的陪同下进入佛罗伦萨，美第奇家族重登政治舞台，并制定了一系列对其家族有利的政策。同一时间，圭恰尔迪尼请求撤去其驻西班牙大使的职务。12月，圭恰尔迪尼给朱利亚诺·德·美第奇写去信件，表明其忠心。在西班牙任职期间，圭恰尔迪尼开始创作《政治与经世备忘录—Q$^{1-2}$辑》（Ricordi politici e civili-Redazione Q$^{1-2}$），其中包含30多条"政治杂感随笔记录"（Ghiribizzi）[1]。

1513

3月11日，美第奇家族成员红衣主教乔瓦尼·德·美第奇接替朱利奥二世，成为新任教皇，又名利奥十世（Leone X），于1513—1521年在位。圭恰尔迪尼对此状况十分满意，在此期间完成了作品《西班牙报告》（Relazione in Spagna），同时，在西班牙的政治经历助其完成了另一部作品《西班牙旅行记》（Diario del viaggio in Spagna）。12月20—21日，在从西班牙返回佛罗伦萨的途中，圭恰尔迪尼的父亲皮耶罗去世，尽管后者一辈子在政治生涯中行事低调、犹豫不决，但丝毫不影响圭氏对其的尊重和挚爱。

1514

1月5日，圭恰尔迪尼回到佛罗伦萨，重新担任律师职业，是

---

[1] 这里可以理解为"心血来潮、异想天开之作"。

年 31 岁。3 月 17 日，接替其父亲进入"十七人司法委员会"（Balìa dei Diciassette），与其兄弟进行协商，完成父亲遗产的分配，并且继续与父亲生前参与的"丝绸行会"（Arte della seta）进行合作。8 月 14 日，被任命为"八人顾问委员会"（Otto di Pratica）成员。10 月 30 日，圭恰尔迪尼第三个女儿卢克雷齐娅·桑塔·罗莫拉（Lucrezia Santa Romola）出生。

1514—1515

这一期间，圭氏创作了《论 1512 年美第奇家族复辟后的佛罗伦萨政府》（*Discorso del governo di Firenze dopo la restaurazione de' Medici nel 1512*）。

1515

圭恰尔迪尼被任命为"九月十月执政团"（Signoria per settembre-ottobre）成员，并被指派了一些公共职务。9 月 13—14 日，在马里尼亚诺战役（Battaglia di Marignano）中，法国国王弗朗索瓦一世（Francesco I）战胜了瑞士军队，掌控了伦巴第地区。12 月 1 日，圭恰尔迪尼被任命为教皇利奥十世的枢机会议律师（avvocato concistoriale）。

1516

年初，圭氏完成作品《论美第奇家族统治国家的方式》（*Discorso del modo di assicurare lo stato alla casa de' Medici*）。3 月 17 日，朱利亚诺·德·美第奇逝世。4 月 5 日，利奥十世教皇任命圭恰尔迪尼为莫德纳（Modena）地区总督。6 月 29 日，圭氏正式上任，担任教皇国重要职务，成为教皇身边的心腹之人。10 月 9 日，早先佛罗伦萨军队首领洛伦佐二世（Lorenzo di Piero de' Medici）被教皇利奥十世任命为"乌尔比诺公爵"（duca di Urbino）。

1517

1 月 15 日，圭恰尔迪尼双胞胎女儿丽莎贝塔·罗莫拉（Lisabetta Romola）和劳多米娜·罗莫拉（Laudomina Romola）出生，不过前者出生后几天便夭折。7 月 7 日，由于在莫德纳地区显示出超强的政治手段和旺盛的工作精力，圭恰尔迪尼再次被教皇任命为雷焦 – 艾米利亚（Reggio Emilia）地区总督。在那里，圭恰尔迪尼与当地的大家族进行了顽强的斗争。

1520

4 月 28 日，圭恰尔迪尼另外两个女儿诞生，但是其中一个出生不久后便夭折。

1521

这一期间圭恰尔迪尼与马基雅维利建立了深厚的友谊。同年 3 月，马基雅维利因共和国公职前往莫德纳小镇卡尔皮（Carpi），会见圭恰尔迪尼，两人第一次进行了交流，很快便成了朋友。5 月 8 日，利奥十世与查理五世（Carlo V）结盟，共同对抗弗朗索瓦一世，希望从其手中重新夺回伦巴第地区，同时得到整个艾米利亚地区。6 月 24 日，法国人攻打雷焦地区，由于圭恰尔迪尼出色的军事部署，教皇军队成功抵抗了法国人的进攻，为教皇赢得了向法国宣战的机会。7 月 12 日，圭恰尔迪尼被教皇任命为教皇军队总司令，与查理五世国王联手共同抗击法国人。同年秋天，圭氏在服务教皇 – 西班牙联合军队期间，开始创作《关于佛罗伦萨政府的对话》（*Dialogo del reggimento di Firenze*），直到 1525 年才完成。该作品是圭恰尔迪尼最重要的政治著作，他将前作《洛格罗诺论集》中的诸多政治思想再次加以整理、汇总、升华，形成了本人的政治思想理论体系。11 月 19 日，教皇军队攻占米兰。同月 28 日，圭恰尔迪尼成为教皇国帕尔马（Parma）地区总督。12 月 1 日，利奥十世教皇突然逝世。

1522

1 月 9 日，阿德里亚诺·费伦特（Adriano Florent）接任教皇职位，又名阿德里亚诺六世（Adriano VI）[1]。圭恰尔迪尼继续担任帕尔马、莫德纳和雷焦地区总督，但是失去了上述地区的军事权力。接着，圭氏被撤去帕尔马地区总督职位，开始创作《帕尔马防卫报告》（*Relazione della difesa di Parma*）。

1523

9 月 14 日，教皇阿德里亚诺六世逝世。11 月 19 日，美第奇家族

---

[1] 又译作"阿德里安六世"。

另一成员朱利奥·德·美第奇（Giulio de' Medici）当选新任教皇，又名克莱门特七世（Clemente VII），于 1523—1534 年在位。

1524

圭恰尔迪尼很快成为克莱门特七世教皇的得力顾问，后被其封为罗马涅地区总督。当时，罗马涅地区是教皇国中宗教最为狂热、民事最难管理的地区。同年春天，圭恰尔迪尼正式上任，他实施灵活的管理手段，充分地展示出外交与政治管理的天赋。

1525

2 月 25 日，法国国王弗朗索瓦一世战败，被皇帝军队囚禁在帕维亚（Pavia）地区。4 月 1 日，教皇克莱门特七世与查理五世签订同盟协议。6—7 月，马基雅维利再次会见圭恰尔迪尼，与其探讨一项已通过教皇批准的国家军事计划，但圭氏则不以为然，致使该计划最后流产。这一期间（1523—1525），重新修订了作品《政治与经世备忘录》（*Ricordi politici e civili*），即后来手稿遗失的 A 辑（*Redazione A*）。

1526

1 月 14 日，根据马德里条约（Trattato di Madrid）的规定，法国国王被查理五世释放，但为此付出了巨大代价，并割让了大片国土。圭恰尔迪尼向教皇建议，在意大利国土内限制查理五世皇帝的过度权力，并于该年春天以"教皇私人顾问"的身份回到罗马。5 月 22 日，教皇国、佛罗伦萨、法国、米兰和威尼斯之间签订了一个协议，史称"干邑联盟"（Lega di Cognac）协议，共同抗击查理五世。圭恰尔迪尼被克莱门特七世指派为教皇军队总司令（commissario generale）和教皇代理长官（luogotenente）。6—7 月，教皇军队将军、乌尔比诺公爵弗朗西斯科·玛利亚·德拉·罗韦雷（Francesco Maria della Rovere）违背圭恰尔迪尼的建议，采取缓慢、迟疑、观望态度的进攻策略，最终导致教皇军队遭遇大败。7 月 24 日，面对皇帝军队，米兰投降。9 月 21 日，圭恰尔迪尼接受教皇指示，撤出了教皇军队。

1527

4 月 26 日，佛罗伦萨发生了"周五暴动"（Tumulto del venerdì），美第奇家族被暂时流放。圭恰尔迪尼回到佛罗伦萨，得到美第奇家族

的赦免，但因为造反，他本人被驱逐出市政厅。5月6日，罗马遭到
帝国军队的洗劫，教皇克莱门特七世逃往圣天使堡。5月16—17日，
美第奇家族再次被驱逐出佛罗伦萨（自1494年以来第二次），共和国
复辟。6月5日，教皇孤立无援，再次与帝国军队签订惨痛协议。6
月21日，马基雅维利逝世。6月29日，圭恰尔迪尼离开军队，回到
佛罗伦萨。同年秋天，佛罗伦萨新政府改由正义旗手尼可罗·卡波
尼（Niccolò Capponi）执政，随即圭恰尔迪尼被征以重税，失去了原
有的政治影响力，同时还被佛罗伦萨军队指控，擅自挪用本该提供给
军队士兵的金钱财物，并暗中操纵军队洗劫了佛罗伦萨。之后此事被
证明子虚乌有，但圭恰尔迪尼经过这一遭指责，心灰意冷，自愿接受
流放，回到了位于佛罗伦萨近郊乡下的别墅。之后传来女儿卢克雷齐
娅离世的消息，同时面对罗马洗劫和不公正的指控，心中万分悲痛的
圭恰尔迪尼写下了作品《劝慰集》(*Consolatoria*)、《控诉集》(*Oratio
accusatoria*) 以及《辩护集》(*Oratio defensoria*)。

1528

圭氏开始创作《佛罗伦萨事务集》(*Cose fiorentine*)，作品名称
由意大利学者罗伯特·里多尔菲（Roberto Ridolfi）于1945年出版时
添加。同时，再次修订《政治与经世备忘录》，即后来的作品B辑
(*Redazione B*)。

1529

4月17日，正义旗手卡波尼被废黜，接替他位置的是极端共和主
义者弗朗西斯科·卡尔杜齐（Francesco Carducci）。6月29日，依据
巴塞罗那条约（Trattato di Barcellona）内容，查理五世与教皇克莱门
特七世取得暂时和平，同时查理五世意图辅佐美第奇家族再次返回佛
罗伦萨。9月，帝国军队在奥朗日亲王（principe d'Orange）菲利贝尔
特（Filiberto di Chalon）的率领下，包围了科尔多纳地区。由于受到拘
捕威胁，圭氏离开佛罗伦萨，去往卡森蒂诺（Casentino），之后彻底离
开佛罗伦萨地区，前往斯比内罗（Spinello）的城堡中。10月，圭恰
尔迪尼前往里米尼（Rimini），与教皇克莱门特七世会合，试图斡旋教
皇与佛罗伦萨共和国之间的矛盾，未果。10月14日，帝国军队开始

包围佛罗伦萨。12月，圭恰尔迪尼遭到"八人安全委员会"（Otto di Guardia）的阴谋指控。

1530

3月，圭恰尔迪尼前往博洛尼亚辅佐教皇。之后，圭氏被"四十人法庭"（la Quarantia）指控，犯有背叛罪而拒不出庭，此后遭遇流放，全部财产被没收充公，随后只身前往罗马。在罗马，圭恰尔迪尼开始创作《关于马基雅维利〈论李维〉的思考》（*Considerazioni sui Discorsi del Machiavelli*），同一时期修改《佛罗伦萨事务集》，并且最后修订、编辑了《政治与经世备忘录》，即作品的最终完整版本 C 辑（*Redazione C*）。8月3日，佛罗伦萨投降。8月20日，受教皇亲信的委托，圭恰尔迪尼被委任一项职责，意在重组教皇国。9月24日，圭氏在教皇的帮助下回到佛罗伦萨，重新被任命为八人顾问委员会成员，成为共和国首领的坚定拥护者。

1531

2月，美第奇家族重回佛罗伦萨，亚历山大·德·美第奇（Alessandro de' Medici）[1]进入共和国司法部门，同时圭恰尔迪尼表达了反对教皇通过的在佛罗伦萨建立专制君主国的意见。同年6月22日，克莱门特七世授予圭恰尔迪尼博洛尼亚总督的头衔。7月5日，亚历山大·德·美第奇进驻佛罗伦萨，第二天被查理五世正式任命为佛罗伦萨城市首领。

1532

4月，圭恰尔迪尼奉命前往佛罗伦萨，参与立法工作。最终亚历山大·德·美第奇成为佛罗伦萨共和国公爵（duca della Repubblica fiorentina），并将公爵的位置改为世袭继承制。国家建立新的"二百人议会"（Consiglio dei duecento）和"四十八人参议会"（Senato di quarantotto）。尽管投了赞成票，圭恰尔迪尼还是对于政府将原先古老的政治制度全盘清理的做法颇有微词。12月起，教皇在博洛尼亚与查理五世再起冲突。

---

[1]　又译作"亚历山德罗·德·美第奇"。

1533

9 月，圭恰尔迪尼陪同教皇克莱门特七世前往法国马赛，庆祝卡特琳娜·德·美第奇（Caterina de' Medici）与法国奥尔良公爵（duca d'Orléans）亨利（Enrico）（后来的法国国王亨利二世［Enrico II］）的婚礼。与此同时，教皇会见了弗朗索瓦一世。

1534

9 月 25 日，教皇克莱门特七世辞世。10 月 14 日，新教皇亚历山大·法尔内塞（Alessandro Farnese）[1] 继任，又名保罗三世（Paolo III），不久撤去圭恰尔迪尼在博洛尼亚的职务。

1535

圭恰尔迪尼开始撰写一部关于 1526—1527 年（圭氏作为教皇代理长官，参与了干邑联盟战役）历史的作品，并起名为《代理长官评论集》（*Commentari della luogotenenza*），后成为其著作《意大利史》（*Storia d'Italia*）中的重要篇章（第 16、17 章）。1 月 28 日，圭氏被任命为公爵四名顾问之一。3 月 25 日被任命为八人顾问委员会成员。同年秋天，圭氏被任命为公爵代理长官（luogotenente del duca）。12 月 21 日，圭氏陪同亚历山大公爵前往那不勒斯，会见查理五世。在那里，一些流亡在外的佛罗伦萨共和派分子对公国的建立以及公爵的上台纷纷表示抗议。

1536

1—2 月，圭恰尔迪尼成为亚历山大公爵对抗查理五世的主要拥护者。同年，那些流亡在外的佛罗伦萨公民得以回到祖国。4 月，查理五世造访佛罗伦萨，美第奇家族的权力开始更多地受到国王的影响。

1537

1 月 6 日，亚历山大公爵遭到洛伦奇诺·德·美第奇（Lorenzino de' Medici）[2] 的暗杀。之后，在一些支持者的帮助下，圭恰尔迪尼扶持

---

[1] 又译作"亚历山德罗·法尔内塞"。

[2] 又译作"洛伦扎乔"（Lorenzaccio）。

科西莫·德·美第奇（Cosimo de' Medici）[1]登上佛罗伦萨执政者的宝座。随之，他成为指导科西莫行政的小议事会成员，但并没有得到科西莫的赏识。3月，圭氏开始撰写历史著作《意大利史》。6月，圭恰尔迪尼极力反对科西莫将军事权力交给皇帝的做法，无果。

1538

年初，圭恰尔迪尼拒绝了教皇保罗三世赋予其教皇国总管职务的邀请，继续埋头创作《意大利史》。

1539

5月1日起，圭恰尔迪尼被任命为国家议会（Consiglio di stato）成员和公爵顾问（consigliere del duca），之后被任命为八人顾问委员会成员，但是他依旧被政治边缘化，故决定回到位于阿尔切特里（Alcetri）的桑塔·玛格丽特（Santa Margherita）庄园别墅，安享晚年生活，全心创作《意大利史》。

1540

5月1日，圭恰尔迪尼被任命为公爵代理长官。5月21日起，圭氏身体状况恶化，全身瘫痪，随即立下遗嘱。5月22日辞世。

---

[1] 著名战士乔瓦尼·德拉·班代·内雷（Giovanni delle Bande Nere，又译作"黑条乔瓦尼"）之子。

附录三　圭恰尔迪尼主要作品中文—意大利文名录

1508：《回忆录》（*Ricordanze*）

1508—1509：《佛罗伦萨史（1378—1509）》（*Storie fiorentine dal 1378 al 1509*）

1509：《家族回忆录》（*Memorie di famiglia*）

1512：《洛格罗诺论集》（*Discorso di Logrogno*）

1512：《政治与经世备忘录—Q$^{1-2}$辑》（*Ricordi politici e civili-Redazione Q$^{1-2}$*）

1513：《西班牙报告》（*Relazione in Spagna*）

1513：《西班牙旅行记》（*Diario del viaggio in Spagna*）

1514—1515：《论1512年美第奇家族复辟后的佛罗伦萨政府》（*Discorso del governo di Firenze dopo la restaurazione de' Medici nel 1512*）

1516：《论美第奇家族统治国家的方式》（*Discorso del modo di assicurare lo stato alla casa de' Medici*）

1521—1525：《关于佛罗伦萨政府的对话》（*Dialogo del reggimento di Firenze*）

1522：《帕尔马防卫报告》（*Relazione della difesa di Parma*）

1523—1525：《政治与经世备忘录—A辑》（*Ricordi politici e civili-Redazione A*）

1527：《劝慰集》（*Consolatoria*）、《控诉集》（*Oratio accusatoria*）、《辩护集》（*Oratio defensoria*）

1527—1528：《佛罗伦萨事务集》（*Cose fiorentine*）

1528：《政治与经世备忘录—B辑》（*Ricordi politici e civili-Redazione B*）

1530：《关于马基雅维利〈论李维〉的思考》（*Considerazioni sui Discorsi del Machiavelli*）

1530：《政治与经世备忘录—C辑》（*Ricordi politici e civili-Redazione C*）

1537—1540：《意大利史》（*Storia d'Italia*）

译后记

　　《备忘录》文本的译介工作始于 2016 年 8 月，历时两年半，先后经过四次修改，于 2019 年 1 月正式定稿。

　　作为《备忘录》的新版中译本，该译本是以一系列语文学研究法考据工作为基础的。在意方导师的指导下，译者对作品的多个意大利语原文本的内容进行了对比，并在此基础上整理出一个集各个版本之所长于一体的意大利语原文本，以此作为原作文本进行翻译。新译本中有一部分内容的翻译参考现有两个中译本，在此对原译者一并表示感谢。在新版译本中，译者还对 C 辑每一条备忘录添加了评论解析（参考资料：F. Guicciardini, *Ricordi*, Introduzione e commento di Carlo Varotti, Carocci editore, Roma, 2013.）和"小标题"（参考 "F. Guicciardini, *I Ricordi riuniti per argomenti e trascritti nella lingua italiana di oggi*, a cura di Claudio Groppetti, Carello Editore, 2008." 一书中相关分类及标题说明，有适当修改），帮助读者更好地理解原文内容；同时，新译本对 C 辑和 B 辑所有内容都标注了前后版本对照序号（使用括号标注形式，内容为本条备忘录对应在其他版本作品中的序号，方便读者对照查阅。例如 C6［Q²12；A11、99；B35、121］，即 C6 这条备忘录可以参照 Q² 辑中的第 12 条，A 辑中的第 11 条和第 99 条，B 辑中的第 35 条和第 121 条对比阅读，以此类推），以供读者和学者对比查询。最后，C 辑、B 辑作品中的人名、地名中意文对照表分别附于译本之后。

　　此外，新译本中还对一些高频词、难点词进行了统一翻译处理。如意大利文 "virtù" "fortuna"，这两个词语的中文译法十分多样，前者较为常见的有"德性""美德""德行""德能"等，后者较为常见的有"命运""时运""时机""机运"等。《备忘录》中的"virtù"源自于拉丁语"virtus"，实则是"勇气、才能、活力、创造力"的综合表现，是一种人类理性和认识世界的能力，一种帮助人类创造伟大功绩的品质，代表着一切人类活动所引发的力量与勇气。译者以为，将该词译作"德能"更加符合作品当时的历史环境和写作语境。而作品中的"fortuna"一词重在强调"人的行为是否顺应时机"：圭恰尔迪尼一方面认为"命运"（destino）由上天注定，人类无力改变，但另一方面也肯定人类自身的德能和才华，强调时机和机遇的重要性。"时运"来了，纵然"命运"和"德能"不允，成功一样可以被期待（如圭氏在作品中常常引用的"傻子战胜智者"的事例）；人类可以通过自身的努力与"天命"相抗衡，同时借助"时运"的力量，完成自身的事业。马基雅维利和圭恰尔迪尼在各自的作品中都对"fortuna"进行了大量的描述与阐释（如二者都将其视为"女神"[dea fortuna]），体现了一种"人文主义的超前意识"（又有学者称其为"后人文主义"[postumanesimo] 或"反人文主义"[antiumanesimo] 思想，主要指的是马基雅维利和圭恰尔迪尼所处的文艺复兴后期产生的、与早期人文主义传统思想相异的思想动态，特别是针对时运、人性、政治、国家、民族等内容的阐述）。因此，译者以为，将《备忘录》中的"fortuna"译作"时运"更为妥当。

新版中译本是译者博士研究课题的阶段性成果。该研究始于2015年9月，历时近四年，如今终于暂告一段落。回望过去的四年，从选题到研究材料的收集、整理、分析、译介、归纳，从聆听指导到整理思绪、落笔成文，在这漫长的经历中，个中辛劳、甘苦自知。研究过程中，译者有幸得到各位师长、前辈、同行、亲友、家人的指点、帮助、关心和支持，内心充满感激，谢意一言难尽。

首先，感谢我的两位导师：北京外国语大学欧洲语言文化学院意大利语系王军教授和意大利那不勒斯东方大学文学系卡罗·卫芥（Carlo Vecce）教授，感谢他们对我的悉心指导和严格要求。

其次，由衷感谢各位国内外专家：那不勒斯东方大学马泰奥·巴伦布（Matteo Palumbo）教授、乔瓦尼·巴伦布（Giovanni Palumbo）教授、圭多·卡佩里（Guido Cappelli）教授、瓦雷莉亚·瓦里亚诺（Valeria Varriano）教授、杰拉多·格罗西（Gerardo Grossi）教授、帕尔马大学卡罗·瓦罗蒂（Carlo Varotti）教授、洛伦佐·巴蒂斯蒂尼（Lorenzo Battistini）博士、玛格丽特·德·布拉西（Marcherita De Blasi）博士、亚历山德罗·维奥拉（Alessandro Viola）博士、乔瓦尼·德·维塔（Giovanni De Vita）博士；中国社会科学院外国文学研究所吴正仪教授、中国社会科学院欧洲研究所罗红波教授、北京外国语大学波兰语言文学赵刚教授、罗马尼亚语言文学丁超教授、俄罗斯语言文学张建华教授、上海师范大学周春生教授、天津师范大学刘训练教授。感谢他们曾在研究选题、材料收集以及各类学术研讨会上对我的研究给予帮助和指导，并提出诚恳的批评意见和建议。

再次，感谢我的母校北京外国语大学的文铮副教授、李婧敬副教授；感谢我的工作单位浙江外国语学院的马卫红教授、张伟慷书记；感谢我的学生王一翔、邹凯莉、张望丹、高田迪诺；感谢我的意大利友人及同事李嘉文（Gabriele Andolina）和西蒙尼（Simone Vittorio Esposito）；感谢与我在那不勒斯访学期间并肩作战的马晓路博士。感谢他们通过各种方式鼓励、支持我的研究，帮助我校对译稿和论文，收集、整理各类资料，并提供有益的信息帮助，为我答疑解惑。

最后，感谢我的父母和我的爱人李诗云女士。五年多来，他们对我的研究工作给予了莫大的精神和物质支持，他们的关心与理解是我最温暖的依靠；另有许多师长、同事和朋友给予了我直接和间接的帮助，在此仅以只言片语表达诚挚的谢意。

2019 年 3 月
于浙江外国语学院

图书在版编目（CIP）数据

政治与经世备忘录 /（意）弗朗西斯科·圭恰尔迪尼著；王忆停译 .
—杭州：浙江大学出版社，2021.4
ISBN 978-7-308-21166-6

Ⅰ . ①政…　Ⅱ . ①弗…②王…　Ⅲ . ①文艺复兴—历史—研究—欧洲
Ⅳ . ① K503

中国版本图书馆 CIP 数据核字（2021）第 044295 号

政治与经世备忘录

［意］弗朗西斯科·圭恰尔迪尼　著　王忆停　译

责任编辑	王志毅	
文字编辑	王　军	
责任校对	张培洁	
装帧设计	周伟伟	
出版发行	浙江大学出版社	

（杭州天目山路 148 号　邮政编码 310007）

（网址：http://www.zjupress.com）

排　　版	北京辰轩文化传媒有限公司	
印　　刷	河北华商印刷有限公司	
开　　本	635mm×965mm　1/16	
印　　张	14	
字　　数	202 千	
版 印 次	2021 年 4 月第 1 版　2021 年 4 月第 1 次印刷	
书　　号	ISBN 978-7-308-21166-6	
定　　价	69.00 元